博物館の災害・事件史

椎名仙卓 著

雄山閣

はじめに

明治新政府は、明治五年（一八七二）三月、東京の湯島聖堂構内で、博物館が誕生する基となる博覧会を開催する。これは明治新政府による最初の博覧会の開催であったが、名古屋城の金鯱が出品されたこともあり、予想外の観覧者があり、再三会期を延長した。博覧会終了後は、官吏の公休日である一・六の日（一日、六日、十一日、十六日、二十一日、二十六日）に公開する。これが政府の管理する博物館の始まりであるが、この時を〝博物館元年〟とすると、本年は一三八年となる。

その間、時代は明治から大正、さらに昭和、平成へと移りかわり、明治期には日清・日露戦争、大正期には第一次世界大戦、昭和の世になると、満州事変を契機とする大陸への侵攻で、日華事変へと拡大し、やがては大東亜戦争へと拡大することとなる。これにより我が国は、大東亜共栄圏確立のため東南アジアへの進攻をはかるが、当初の優勢な戦況は長く続かず、昭和二十年（一九四五）八月十五日、ついに敗戦を迎えるに至った。

戦後の日本社会は、物資不足から次第に復興し、民主主義国家を形成する過程において、学校教育のみでなく、社会教育の重要性にも目が向けられ、そのための施設として、〝博物館〟が注目されるに至った。

昭和二十六年（一九五一）十二月、社会教育法の精神に基づき待望の「博物館法」が公布された。これにより一般公衆の博物館に対する関心は一段と高まり、法施行当時の博物館は二〇五館であったが、平成十七年の日本博物館協会の統計表によると、総数で三九六五館園となっており、五十五年間で約二十倍に増加したことになる。その利用者数を見ても、平成十六年度は一億四千五百八十五万八千人余であり、一館あたりの平均は六万七千三百四十人で、社会教育施設としては、目覚ましい成果をあげている。

この急速に発展した我が国の博物館は、そこに「国立博物館」という国を代表する中心的な博物館があり、それを核として周囲に公立博物館、私立博物館が展開している。

この国立博物館にも、内務省系博物館と文部省系博物館の両系統がある。

前者の内務省系博物館は、太政官正院に属した博覧会事務局を出発点としており、それが内務省へ移管されて「博物館」と改称し、農商務省が創設されると、内務省から農商務省へと移り、さらに宮内省に移管されて「帝室博物館」として展開することとなる。この移管により、これまでの殖産興業博物館から脱して、純粋な美術・歴史系博物館としての色彩を強くする。今次大戦後は、政府の施設となり、日本を代表する博物館としての役割を担っている。

後者の文部省系博物館は、その源泉を辿れば江戸時代の蕃書調所物産方にまで到達するが、明治の新政府になると、大学南校物産局として引き継がれ、文部省が創設されると「文部省博物局」として展開する。この時に「文部省博物館」の名を用いて湯島聖堂構内で古器・旧物を主にした博覧会を開催する。その後、この文部省博物館は、博覧会事務局へ併合されたこともあったが、その後に独立してから「教育博物館」となり、学校教育を側面から援助する施設として展開する。大正期に文部省直属の「東京教育博物館」となり、学校教育よりもむしろ通俗教育に深くかかわる博物館として、特別展覧会を開催するなど、一般公衆との結び付きが強くなる。関東大震災で建物、資料のすべてを焼失するが、震災復興という形で上野公園内に飛行機型の博物館を新築し、「東京科学博物館」と改称し、理化学、自然史の両方の資料を展示する科学博物館として展開する。

今、ここに述べた二系列の博物館は、現在、前者が東京国立博物館として、後者は国立科学博物館としてともに上野公園内に所在する。こうしたことから、上野公園は物見遊山の場というよりは、日本博物館の源泉の地であり、日本の学術・文化の発達に大きな影響を与えてきた発信基地としての性格が強い。従って、上野公園内の博物館をよく知ることは、日本博物館の発達を理解することにもなる。

しかし、上野公園内に所在するこの二系統の博物館は、国政の新たな改革である中央省庁等改革基本法を受けて、独立行政法人通則法が公布されたことにより、平成十三年（二〇〇一）四月から独立行政法人に移行された。この新組織により、日本の国立博物館は、独立制をもって自主的に運営する施設として新たな時代を迎えるに至った。

上野公園内にある博物館施設の正史については、すでに昭和四十八年（一九七三）に『東京国立博物館百年史』、昭和五十二年（一九七七）に『国立科学博物館百年史』、それに昭和五十七年（一九八二）『上野動物園百年史』が刊行されている。これらの百年史によって、博物館制度の変遷、施設の移りかわり、人事の移動、資料の収集・保存、教育普及活動の展開など、それぞれの博物館を理解する正史を把握することができる。また、博物館発達史に関する資料を収集してみると、これまで等閑視されがちであった博物館を取り巻く災害や事件などが、博物館発達史上に重要な役割を担っている場合が往々にして見られるのである。そこには博物館の汚点として、あまり外部に知られたくない事件なども存在するが、こうしたことも認識することによって、真の博物館の在るべき姿が理解されるのではなかろうか。

本書は「博物館外史」とでも言うべき内容になっている。当初「博物館をめぐる社会と事件史」と題して十八章に分けて執筆したが、諸般の事情により、二分冊にすることになり、第一分冊が主として災害・事件を扱ったものになっている。

博物館の災害に関しては、情報としては各種のものが挙げられるが、本書では雑誌『博物館研究』に紹介されたものを中心として取り上げてみた。この雑誌は、昭和三年（一九二八）博物館事業促進会によって創刊され、今日なお日本博物館協会により、月刊誌として刊行されている。戦前に発行された雑誌には「内外博物館ニュース」欄があり、博物館の盗難事件や災害に関する記事が散見する。戦後になって発行された分には、災害に関する特集などが組まれており、個々の施設の実態や対策などが紹介されている。こうした記事を土台に、さらに新聞に記された資料を活用することにより、これまでの博物館正史の上では、あまり問題にされなかった事件などを取り上げ、博物館をめぐる社会の実態を把握しようと努めた。

社会生活の中で最も普遍的な犯罪行為は〝盗難〟であろう。博物館をめぐる犯罪で多いのもまた盗難事件である。博物館では貴重な数多くの文化財を保有しているので、それが盗まれたとなると、必ず新聞紙上で取り上げられ読者の話題ともなる。戦前における博物館での盗難事件と言えば、盗人が外部から侵入し、貴重な美術品などを盗んで隠し持っていたり、道具屋で処分したりするものだった。しかし、近年は、公立博物館の館長が所蔵資料を無断で館外に持ち出したり、私立博物館の学芸員が所蔵美術品を持ち出して質草にしたり、最近では、教育委員会生涯学習課の主事が、収蔵庫に保管していた縄文土器をインターネットのオークションにかけて売却するなど、一般の常識では考えられないようなことが起きている。こうしたことは、国際博物館会議（ＩＣＯＭ）職業倫理規程の中でも定められており、博物館職員として、万に一つもあってはならないことである。

現代博物館は、その運営にしろ、学芸員の教育普及的な活動にしろ、博物館資料の収集・保存にしろ、それは社会生活の急激な変化に対応して進めなければならない。その流れの中で新たな目標を見極める必要がある。すでに動きつつある博物館の指定管理者制度の導入、学芸員制度の基本的な改革など当面する重要な課題であるが、そうしたことを思考するにしても、有り触れた言葉であるが「故きを温ねて新しきを知る」という精神を認識する必要があろう。

●博物館の災害・事件史●　目次

平成時代

第一章　明治時代　日本の博物館で発生した最初の盗難事件

第一節　明治新政府による初めての博覧会

明治の新時代になって「日本博物館の父」と言われる田中芳男は、大学南校へ出仕し物産学の研究にあたり、我が国で最初の博覧会を構想し実施に移す。この博覧会を基にして、やがて博物館が誕生するに至り、我が国での近代博物館が発達する基礎を築き上げるに至った。その田中が七十六歳の時に述べた回顧では、当時のことを次のように表現している。

東京の大学南校の官舎に住まいまして、物産局へ出勤致しました。その時の物産局、以前の物産所ではない。これから殖産興業の途を開かねばならぬから、そのほうをやれということであった。それに付いては、一つ博覧会というようなものを開こう、ということになりました。ところが、これという品物も無い。しかし、このころ開成所のほうに、他から引き継がれた物もあり、また西洋から来た物もある。また、私が持っておった物もあるから、それらを合わせて「博覧会」というようなものを開こう、ということになりました。そこで（明治）四年五月に、九段坂上の招魂社《しょうこんしゃ》の祭りの時に、物産会を開設しました。陳列品はそんなに沢山ではなかったが、この開会について取扱御用ということを命ぜられた。こういう博覧会のようなものを拵えたところが、これは面白い趣向だというので、それが方々に弘《ひろ》がって、京都でも大阪でも、それに似寄った事が始ま

日本博物館の父・田中芳男

りましたが、東京で私がやったのが一番始めでありました。

（「田中義信・校注文」から）

ここには「殖産興業」という名のもとに、「博覧会」を開催するということが考えられており、それが実現する方向で動き出すのである。最初の開催は、明治四年（一八七一）五月五日から晦日まで「大学南校博物館」の名で、東京九段坂上の三番薬園を予定した。この時の開催趣旨は「宇内の物産を一場に集め、その名称を正し、その有用を弁じて、人の知見を広める」ことであった。

しかし、開催する間際になって「大学南校物産会」という名称に変わり、期間は五月十四日から七日間となり、開催場所も招魂社境内（現・靖國神社）で開かれるに至った。この時に陳列された資料は、東京国立博物館で所蔵している「明治辛未《しんび》目録」で知ることができる。この目録に記されている出品物の分類は、

鉱物門　化石の部、土石の部、鉱石の部
植物門　澳大利産草木、木の部、草の部、種子果実並木材腊葉《さくよう》の部、海藻の部
動物門　活獣の部、獣骨並画図の部、鳥の部、魚の部、介の部、虫の部、爬虫の部、植虫の部
測量究理器械の部
内外医科器械の部
陶器の部
古物の部

博覧会の計画と実施

		名　称	主催部局	開催期間	開催場所	趣　　旨	備　考
Ⅰ	計画	博覧会	大学南校博物館	明治4年5月5日から晦日まで	九段坂上三番薬園兵部省地	博覧会ノ主意ハ宇内ノ産物ヲ一場ニ蒐集シテ其名称ヲ正シ其有用ヲ弁シ或ハ以テ博識ノ資トナシ或ハ以テ証徴ノ用ニ供シ人ヲシテ其知見ヲ拡充セシメ寡聞因陋ノ弊ヲ除カントスルニアリ	
	実践	物産会	大学南校物産局	明治4年5月14日から7日間	招魂社境内		終了後吹上御所に陳列天覧
Ⅱ	計画	博覧会	文部省博物局（布告摺物には文部省博物館）	明治4年10月1日から10日間	湯島大成殿	博覧会ノ旨趣ハ天造人工ノ別ナク宇内ノ産物ヲ蒐集シテ其名称ヲ正シ其用方ヲ辮シ人ノ知見ヲ広ムルニ在リ就中古器旧物ニ至テハ時勢ノ推遷制度ノ沿革ヲ追徴ス可キ要物ナルニ因リ嚮者御布告ノ意ニ原キ周ク之ヲ羅列シテ世人ノ放観ニ供セント欲ス	
	実践	従来開いたと記した書物もあるが、実際は計画だけで開催していない					
Ⅲ	計画	博覧会	文部省博物局（文部省博物館）	明治5年3月10日から20日間	湯島聖堂	上記の趣旨と全く同文である	
	実践	博覧会	文部省博物局（文部省博物館）	明治5年3月10日から4月晦日まで	湯島聖堂		3月13日行幸天覧

雑の部の三門五部であり、いわゆる鉱物、植物、動物を総称する〝博物標本〟が中心となる物産会であった。このような内容物の陳列は、江戸時代に名古屋、大坂、江戸などで開催された薬品会・物産会などを彷彿させるものがあり「文明開化」を吹聴する明治の新時代に移ったとは言いながら、依然として、古い時代の形が踏襲されているのである。

当初の計画では「博覧会」の開催であったのが「物産会」という名称に変更され、開催する場所、期間も変更されたが、明治新政府にとっては、組織的に〝ものを見せる〟という点では、最初の事業であった。

この物産会は、予定通り終了するが非常に評判がよかったので、宮内省から招魂社境内での公開が済んだら、吹上御所に持ってきて陳列するようにとの命を受けるに至った。これは天皇陛下が観覧なさるということを意味するが、この時に大きな問題となったことは、天皇陛下に蛇や骸骨も並べて見せるべきかどうかであった。結局、蜷川《にながわ》少史（式胤）、伊藤圭介、田中芳男ら関係者の協議により、招魂社で陳列したものをそのままの形で再現し、それを観覧しても

明治５年　湯島聖堂での博覧会

らうこととなった。

『明治天皇紀』によると、天皇陛下は五月二十九日、午前十時に吹上御所に出御し、午後一時に還御あらせられるとあり、三時間かけて見学されたことになる。同時にこの頃、大学南校物産局の関係者は、秋にも博覧会を開催しようと考えるに至り、表示したように明治四年（一八七一）十月一日から十日間、神田湯島聖堂で博覧会の開催が公示される。

この時の摺物には、主催する部局は「文部省博物館」と記されている。ここに初めて〝文部省〟という名称が記されたのであるが、これはかつての「大学」が七月十八日に廃止され、新たに「文部省」を置くという制度の改正によるものであった。

この明治四年（一八七一）秋の博覧会は、我が国で開催した最初の博覧会であると記した書物も見られるが、実際には開催していない。文部省は開催十二日前の九月十八日に突然〝仔細〟あって、中止すると発表しているのである。この〝仔細〟が具体的にどのようなことを指すのか明確ではないが、博覧会の開催を担当する文部省博物局が設立されたばかりであり、組織として博覧会を運営するには、まだ充分に機能を発揮するまでには至らなかったからと考えられるのである。

その後、改めて明治五年（一八七二）三月二十日から二十日間、「文部省博物館」の名前で湯島聖堂構内で博覧会を開くことが布告され、実施されるに至った。これが我が国における官設の最初の博覧会であり、この博覧会を拠所にして博物館が誕生することになる。

この時の博物館開催の趣旨文には、次のように記して配布している。

> 博覧会ノ旨趣ハ、天造人工ノ別ナク宇内ノ産物ヲ蒐集シテ、其名称ヲ正シ其用方ヲ辨シ、人ノ知見ヲ広ムルニ在リ。就中、古器旧物ニ至テハ、時勢ノ推遷《（ママ）》制度ノ沿革ヲ追徴ス可キ要物ナルニ因リ、嚮者《サキニ》御布告ノ意ニ原《モトヅ》キ、周《ヒロ》ク之ヲ羅列シテ世人ノ放観ニ供セント欲ス。然レドモ、其各地ヨリ徴集スルノ期ニ至テハ之ヲ異日ニ待サルヲ得スシテ現今存在ノ旧器ハ、社寺ニ遺伝スル什物ノ外、其用ニ充ツ可キ物少ナク、加フルニ、皇国従来博覧会ノ挙アラサルニ因リ、珍品奇物ノ官庫ニ貯フル所亦若干許ニ過キス、因テ古代ノ器物、天造ノ奇品、漢洋舶載、新造創製等ヲ論セス、之ヲ蔵スル者ハ博物館ニ出シテ、此会ノ欠ヲ補ヒ以テ世俗ノ陋見ヲ啓キ、且古今ノ同異ヲ知ラシムルノ資助ト為スヲ請フ。

とある。もともとこの趣旨文は、博覧会を開催するという公示と国民への出品を呼び掛けるという両方の役目を果すものであったが、その中で博覧会を開く目的も示されている。即ち博覧会開催の目的は、人々に対して〝知見ヲ広ムル〟ためであった。とりわけ古器旧物については、「御布告ノ意ニ原キ」と記されているように、古器旧物の内容を具体的に明示し、こうしたものを保護しようとする認識を普及させるためでもあったのである。

ここに記されている〝御布告ノ意〟とは、前年の明治四年（一八七一）五月二十三日に布告された「古器旧物保存方」の布告を指す。古器旧物保存のために〝集古館〟を設置して欲しいという意図が、文部省博物局から示されていることも念頭に置かれていた。

この古器旧物の保存方の布告は、古今時勢の変遷、制度や風俗の沿革を考証するために役立っている。その布告には、旧いものを嫌い、新しいものを競うという流弊から、古器旧物が失われたり、毀《こわ》されたりすることは実に惜しむべきことであり、保存するべきものとして、三十一部門に分けて品名を具体的に列挙している。以下に示す。

祭器之部　神祭《しんさい》ニ用ル楯矛《たてほこ》　其他諸器物等
古玉宝石之部　曲玉《まがたま》　管玉《くだたま》　瑠璃　水晶等ノ類
石弩雷斧《せきどらいふ》之部　石弩　雷斧　霹靂碪《へきれきちん》　石剣　天狗《てんぐ》ノ飯匙《めしがい》等
古鏡古鈴之部　古鏡　古鈴等
銅器之部　鼎《てい》　爵《しゃく》　其他諸銅器類
古瓦之部　名物並名物ナラズト雖古キ品
武器之部　刀剣　弓矢　旌旗《せいき》　甲冑　馬具　戈戟《かげき》　大小　銃砲　弾丸　戦鼓《せんこ》、哱囉《ぼつら》等
古書画之部　名物　肖像　掛軸　巻軸　手鑑等
古書籍並古経文之部　温古ノ書籍図画及古版古写本、其他戯作ノ類ト雖モ中古以前ノモノニテ考古ニ属スル者　等
扁額之部　神社仏閣ノ扁額並諸名家書画ノ額等
楽器之部　笛　笙《しょう》　篳篥《ひちりき》　太鼓《おおだいこ》　鐘鼓《しょうこ》　羯鼓《かっこ》　箏《そう》　和琴　琵琶　仮面　其他猿楽装束並諸楽器歌舞ニ属スル品
鐘銘碑銘墨本之部　名物並名物ニアラスト雖モ古キ品
印章之部　古代ノ印章類
文房諸具之部　机案《きあん》　硯　墨　筆架《ひっか》　硯屏《けんぴょう》之類
農具之部　古代ノ用品

工匠器械之部　古代ノ用品
車輿《しゃよ》之部　車　輿《こし》　籃輿《らんよ》等
屋内諸具之部　房室諸具　屏障類　燈燭類　鎖鑰《さやく》類　庖厨《ほうちゅう》諸具　飲食器具　煙具等
布帛《ふはく》之類　古金襴並古代ノ布片等
衣服装飾之部　官服　常服《じょうふく》　山民ノ服　婦女服飾　櫛簪《くしかんざし》ノ類　傘笠《かさ》　雨衣《うい》　印籠　巾着　履屐《りげき》之類
皮革之部　各種ノ皮革並古染革《そめかわ》之紋図
貨幣之部　古金銀古銭並古楮幣《ちょへい》等
諸金製造器之部　銅　黄銅　赤銅　青銅　紫金《しこん》　鉄　錫等ヲ以テ製造セル諸器物
陶磁器之部　各国陶磁器等
漆器之部　蒔画《まきえ》　青貝《あおがい》　堆朱《ついしゅ》等ノ諸器物
度量権衡《どりょうけんこう》等之部　秤《はかり》　天平《てんびん》　尺《さし》　斗升《とます》　算盤《さんばん》等古代ノ用品
茶器香具花器之部　風炉《ふろ》　釜　茶碗等ノ茶器　香盒《こうごう》　香炉等の香具　花瓶　花台等ノ花器類
遊戯具之部　碁　将棋　雙六《すごろく》　蹴鞠《けまり》　八道行成《さやすかり》　投壺《とうこ》　楊弓《ようきゅう》　投扇《とうせん》　歌骨牌《うたがるた》等
雛幟等偶人並児玩之部　這子《ほうこ》　天児《あまがつ》　雛人形　幟人形　木偶　土偶　奈良人形等其他児童玩弄ノ諸器
古仏像並仏具之部　仏像　経筒《きょうづつ》　五具足《ごぐそく》　宝鐸《ほうちゃく》等ノ古仏具
化石之部　動物ノ化石並動物ノ骨角介殻ノ類

最後に「右品物ハ上ハ神代ヨリ近世ニ至ル迄和品舶斉ニ不拘」とあるので、その内容は古代より近世に至るまでを含むものであり、国内の資料ばかりでなく、舶来の品物までも含めている。ただ「古器旧物」とは言いながら、今日

錦絵に画かれた明治５年開催の博覧会

の概念とは異なり、自然科学資料である動物の化石などもこの中に含まれている。

この古器旧物保存方の布告は、歴史的な伝統のある旧物の破壊が、あたかも文明開化の象徴であるかのような風潮を戒めることにあった。つまり明治元年（一八六八）三月の神仏分離令により廃仏毀釈へと進み、古文化財に対する取り扱いが、憂慮すべき事態となったことに歯止めをかけようとするものでもあったろう。

博覧会の出品物は、御物《ぎょぶつ》であった楽器、銅器、陶器、古金銀などの他に古美術品、小道具、武器武具、調度品、出土品など、それに名古屋城の金鯱、自然史分野の資料には鳥類などの剥製標本、爬虫類・魚類の液浸標本、実物を展示できない標本を精密に描いた博物画、生きたサンショウウオ、クソガメなど総類六百二十点ほどであった。

これらの出品された資料は、主として聖堂内の大成殿とその回廊に陳列されたが、官品、個人所有の出品物、それにウィーン万国博覧会に出品するために集めた資料の一部が含まれている。

博覧会の状況については、当時描かれた一曜斉国輝の「古今珍物集覧」昇斉一景画「元昌平坂聖堂ニ於テ博覧会図」などで知ることができる。

博覧会は有料であったが、毎日押すな押すなの盛況であった。とくに

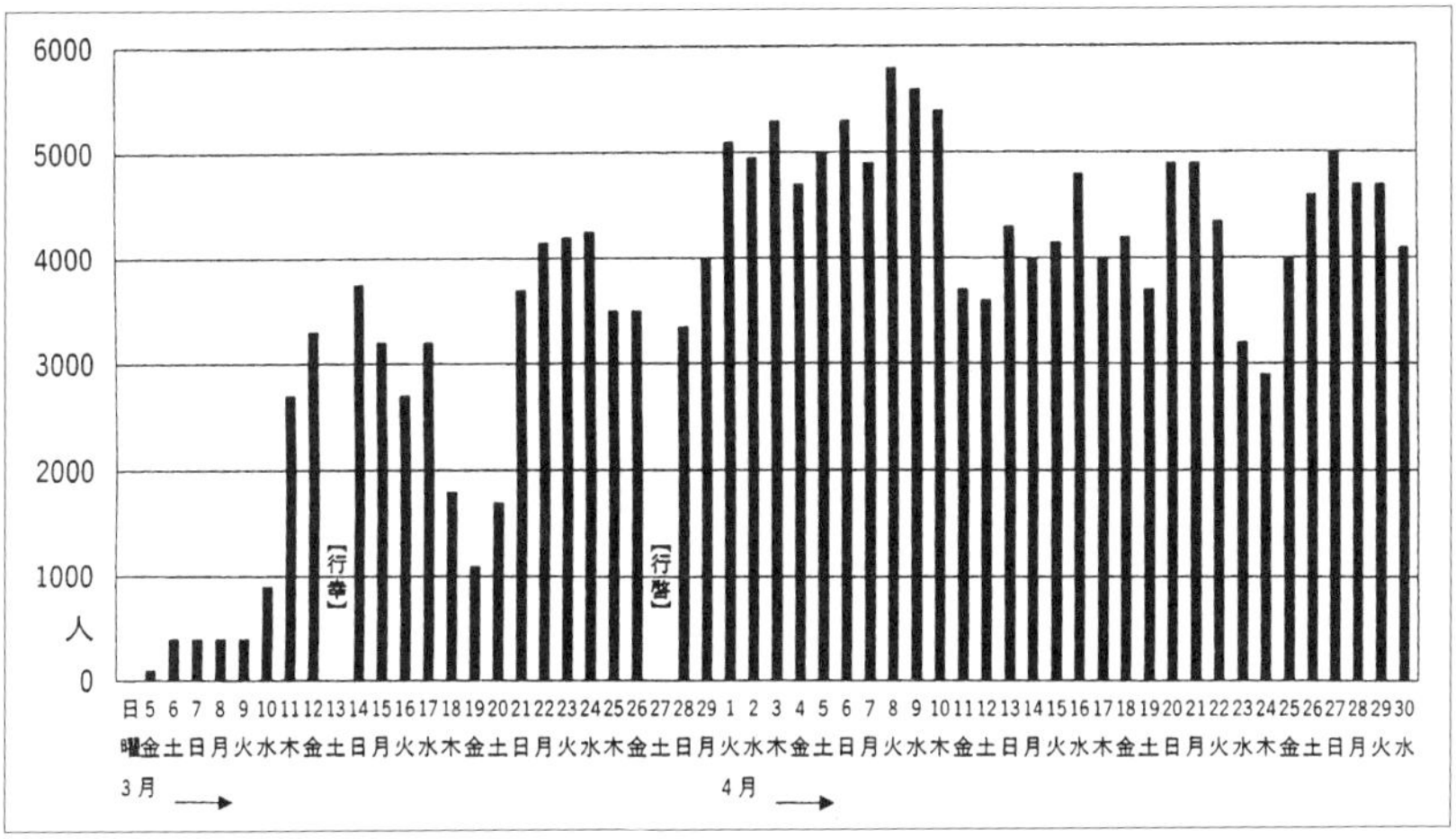

博覧会観覧者数の変化

中庭に出品された名古屋城の金鯱に人気があった。江戸時代にはお伊勢まいりの旅人が、遠くからかすかに眺める程度であったものが明治のご時世になって、すぐ目の前で見ることができたので〝ありがたいことだ〟と腰を抜かす人もあった。

　この博覧会の会期は、当初の計画では三月十日から二十日間の予定であったが、あまりにも観覧者が多く、再三、再四会期を延長して四月末日に終了した。一般の公衆を対象とした公開日は四十八日間であり、その間、行幸・行啓日は休館とした。ただ、一般公開が始まる四月一日前の五日間は、官吏だけに特別に観覧させている。今日でも、特別展覧会を開催するにあたり、一般公開をする前に〝内覧会〟などと称して、特別にお世話になっている関係者を招待しており、それに通じるものがある。

　博覧会の開催にあたり、政府は一〇〇〇両の予算を組んだが、実際には開催準備運営のため、この予算を全額使用するまでには至らなかった。むしろ、会期の半ばで観覧料や出品物の解説一枚刷の販売などで収入が二〇〇〇両を突破しており、博覧会を開催するということは、儲かるものであるという考え方が浸透するに至った。

　博覧会終了後は、かねてから公示していたように、備用資料を返却し、官有品を中心にして、毎月一・六・十一・十六・二十一・二十六日の六日間のみを恒久的に公開することとなった。これを「一・六日の公開」と称しているが、この時をもって我が国博物館の濫觴としている。当時、官吏の公休日は一・六日であったので、公開日はこの官吏の休日を意識したものであった。このことは、官吏が公休で観覧しやすい日に公開を設定したことになり、それは「官尊民卑」の具現であったとも言われる。

名実ともに日本の博物館を代表する東京国立博物館は、この明治五年（一八七二）を創立年としている。しかし、この時には「文部省博物館」という名称を使用しての一・六日の公開であった。この文部省博物館として、公開して間もなく、博物館としては、初めての盗難事件が発生するのである。

第二節　文部省博物館での古金盗難事件

明治五年（一八七二）六月の「新聞雑誌」四三号に

六月六日夜八字頃《ママ》博物館ニ於テ左ノ通金銀貨紛失致セル由ニテ此節厳重捜査最中ナリト云

一、元禄大判　一枚
一、享保大判　一枚
一、古金大判　一枚
一、慶長金　一枚
一、正徳金　一枚
一、享保小判　一枚
一、武蔵小判　一枚

一、元字金　一枚
一、享保一分逆桐　一筒
一、乾字金　一枚
一、馬神小判　一枚
一、山神小判　一枚
一、乾字《けんじ》金小判馬神　一枚
一、大吉小判　一枚
一、小吉小判　一枚
一、古金上ノ字井印　目方三十八匁六分　一枚
一、大佛判　目方四十三匁三分宛　二枚
一、小佛判　目方四十三匁八分　一枚
一、金二十円　一枚
一、金五円　一枚
一、金十円　一枚
一、金二円　一枚
一、金一円　一枚
一、銀五十銭　一枚
一、銀二十銭　一枚

一、銀十銭　　　一枚

と報じている。二十六種の金銀貨であるが、これを追って厳重に捜索中であるとしている。この六月六日という日は、湯島聖堂構内で我が国で最初の官設博覧会が終了し、その後一・六日の公開ということで博物館という名称で公開してからまだ日の浅い七回目の公開日にあたっていた。

ところが、この金銀貨の盗難について、新聞による報道ばかりでなく、太政官は明治五年六月九日・布告第一七二号で次のように布告した。

当月六日、文部省中博物館ニ於テ、別紙員数之古金盗ミ去リ候者有之《これあり》ニ付、地方官ニ於テ精々探索可致。古金両替又ハ地金売買等之者ハ　別而厳重ニ取締可致事

とあり、別紙「古金紛失員数書付」には

元禄大判　　　一枚
古金大判　　　一枚
正徳金　　　一枚
武蔵小判　　　一枚
享保小判　一分逆桐　一枚
馬神小判　　　一枚
乾字金小判馬神　一枚
小吉小判　　　一枚
大佛判　同四十三匁三分宛　二枚

享保大判　一枚
慶長金　一枚
享保小判　一枚
元字金　一枚
乾字金　一枚
山神小判　一枚
大吉小判　一枚
古金上ノ字井印　目方三十八匁六部　一枚
小佛判　同四十三匁八分　一枚

とあり、員数は計十九枚となっている。ここには先に挙げた新聞雑誌に記されている中での金一円、二円、五円、十円、二十円、銀十銭、二十銭、銀五十銭の各一枚の八種が含まれていない。このことから推察すると太政官布告に記された員数は、盗難品すべての員数ではないことになる。

博物館で事件が発生すれば、新聞などで報道されることは当然であったにしても、それを太政官布告によって、人民に周知させるということに何か特別な意味があったのであろうか。

このことを解明する前に、まず〝布告〟とは、何であるか検討してみよう。明治四年（一八七一）七月二十九日の正院事務章程には

全国一般ニ布告スル制度条例ニ係ル事件及ビ勅旨特例等ノ事件ハ太政官ヨリ之ヲ発令ス。全国一般ニ布告スル事件ト雖モ、制度条例ニ係ラザル告諭ノ如キハ、其主任ノ官省ヨリ直ニ布達セシム

とあり、布告は全国に知らせるための、国政上の重要事項を取り扱う場合に限られているのである。しかし、この盗難事件は湯島聖堂内で起きたただの盗難事件であり、太政官布告として、国民に知らさなければならないほど重要な、国政上の大事件とは考えにくいのである。たとえ、それが貴重で高価な古貨幣であったとしても、何か特別な意味があったのではないかと考えるに至ったのである。ところが、新聞輯録第三号にも、この盗難事件に関する記事があり、それには、

文部省博覧会ニ御物ヲ竊ミタル賊捕セラル

と記されているのである。ここに記されている文部省博覧会とあるのは誤報道であり、正確には、すでに博覧会は終了しており、「文部省博物館」という

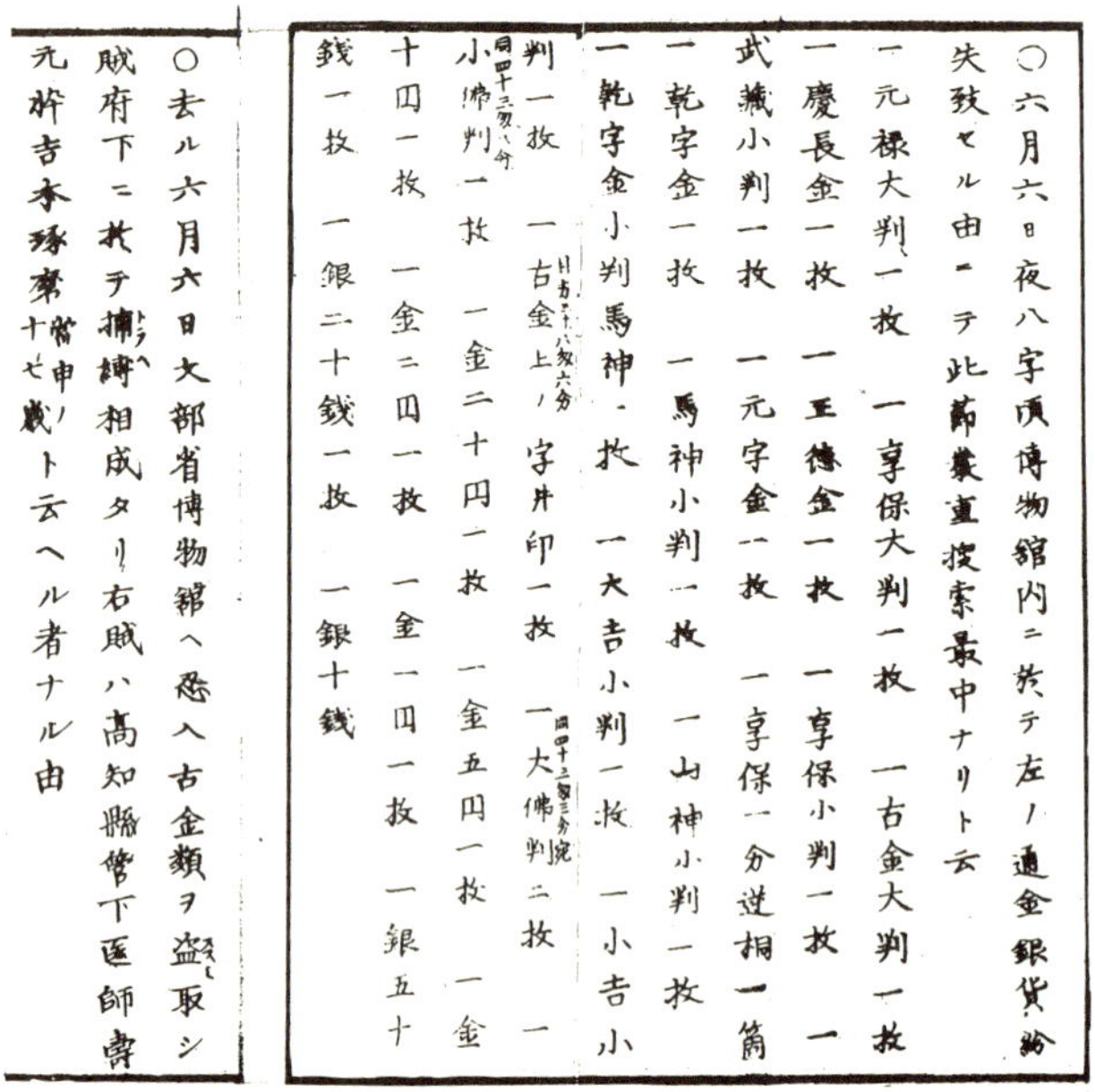

〇六月六日夜八字頃博物館内ニ於テ左ノ通金銀貨紛失致セル由ニテ此節厳重捜索最中ナリト云
一元禄大判一枚　一享保大判一枚　一古金大判一枚
一慶長金一枚　一正徳金一枚　一享保小判一枚　一武蔵小判一枚　一元字金一枚　一享保一分逆桐一箇
一乾字金一枚　一馬神小判一枚　一山神小判一枚
一乾字金小判馬神一枚　一大吉小判一枚　一小吉小判一枚　一古金上ノ字井印一枚　一大佛判二枚　一小佛判一枚　一金二十円一枚　一金五円一枚　一金十円一枚　一金二円一枚　一金一円一枚　一銀五十銭一枚　一銀二十銭一枚　一銀十銭

〇去ル六月六日文部省博物館ヘ忍入古金類ヲ盗取シ賊府下ニ於テ捕縛相成タリ右賊ハ高知縣管下医師齋元忰吉本琢磨十七歳ト云ヘル者ナル由

「新聞雑誌」第48号に掲載された盗難の記事・左側は第55号に記載された犯人逮捕の記事

名のもとに公開していた時のことである。問題なのは盗難にあった品物が〝御物〟であったことである。

そこでまず〝御物〟とは、何であるか考えてみよう。

その御物とは、明治四十三年（一九一〇）の皇室財産令の規定では「その他」に該当するものとなっており、その製作者、年代、由緒などを登録しておくことになっている。形式としては、宮内大臣が指定するものであるが、それ

は皇室の由緒や歴史を証拠立てるものであり、あるいは歴史的に価値のある美術工芸品となっている。

著名なまとまったものとしては、明治九年（一八七六）法隆寺が皇室に献納を申しで、明治十一年（一八七八）に献納された「法隆寺献納宝物」これは法隆寺が天保十三年（一八四二）江戸回向院《えこう》で出開帳した時の出品物が中心であるが、こうした献納物、あるいは、天平美術の至宝として知られる聖武天皇の用いた珍什調度品、大仏開眼の供養に用いた品々などを中心として、今日まで奈良東大寺の正倉院に保存されてきた〝正倉院宝物〟などが、よく知られているものである。

結局、御物と称するものは天皇家のものであり、それが盗まれたということになると、政府としての責任は重大であり、しかも日本の統治者として天皇を神聖視していた時代のことであり、政府としては大事件であったのである。何はともあれ、国をあげて捜し出さねばならなかったのである。

盗難のあった六月六日は、一・六日の公開日であった。この時の展示は、博覧会を開催した時の借用品を返して、残った官品を中心として公開したものであった。したがって博覧会を開催した時の出品目録があれば、当時の展示内容が判明するのであるが、幸いにも展示目録が『明治五年博覧会出品目録・草稿』として東京国立博物館に保存されている。この草稿は、東京文化財研究所編の『明治期府県博覧会出品目録』中にも収載されているが、この目録の中に〝御物〟と記した出品が見られるのである。調べて見ると、この出品目録の冒頭に御物として

御笙　鈴虫　迦陵頻《がりょうびん》　二管
御篁篳　蜩　一管
御笛　占月丸　一管
御琴　聞天　虞舜　南風　大雅　四紘

管公真蹟法華経　元熱田神庫所蔵　一巻
古銅瓶　一筒
古銅鏡　一筒
古銅卣　一筒
山水大理石挿屏　一筒
景泰藍挿屏　一筒
彫漆果盤　一筒
雙口磁瓶　一雙
名護屋城金鯱　一個

などを挙げており、次に員数は記していないが、「古金銀銭貨類（朱）〃日本支那ノ〃」とある。これによって判明するように古い貨幣類が展示されていたのである。また、当時の博覧会を描いた錦絵「古今珍物集覧」を見ても、蜷川親当之像、雪舟筆八景と記した軸物の掛かった下に「金銀品ニ箱入」として金銀貨が描かれているのである。

これらの展示資料は「御物」であったと考えられるものであり、博覧会終了後も宮内省に返還することなく、一・六日に公開するようになってもそのまま展示しており、それらが盗難に遭ったものと考えられる。

石井研堂は、『明治事物起原』の中で、この盗難事件を取り上げている。その中に「陳列品は模造品で事足りるのではないか」と記しているのである。そして更に

模造品めっき物なることを、最初より明々白々たらしめおかば、斯る被害を免るべし。純むくの物たる一点が、却って悪徒の悪意をそそる一因をなすやも知れず、そこに注意なきは、博物館首脳者の不仁なり。

と厳しく博物館首脳者を批判しているのである。しかし、博物館本来の姿は、〝実物資料〟を見せることにあるので、模造品を作製して、本物に代えるという発想は、本物を出品することが困難であるというような特別な場合を除いては、邪道であると筆者は考えている。

この盗難事件の犯人は、やがて逮捕されるが、そのことを新聞雑誌は次のように報じている。

去ル六月六日文部省博物館へ忍入古金類ヲ盗《ヌスミ》取シ賊府下ニ於テ捕縛《トラヘ》相成タリ。右賊ハ高知県管下医師壽元《じゅ》倅吉本塚磨当申ノ十七歳ト云ヘル者ナル由

とあり、また、新聞輯録三五号では

高知ノ游学生ナリト昼マハ聖像ノ後ニ隠レ夜ニ入ヌスミタル由

と至って簡潔に述べている。医者の息子で十七歳と言えば、すでに一人前の人間である。「游学生」と記してあるので、青雲の志を抱いて上京したのであろう。江戸の最盛期には百万人の人口といわれた「東京」のことである。廃藩置県によって諸藩の江戸屋敷は機能を失い、新たな住民が流入し、文明開化のもとに近代化が進んでいる。見せ物や芝居などの興業が盛んになり、博覧会も開催される。勉学にいそしめば、それなりの知識が得られ、医者としての父の跡を継ぐことも出来たであろうが、一生を棒に振ってしまったことになる。

法令全書によると、犯人が逮捕されたことにより、「五年七月十七日　司法省ヨリ盗賊捕縛届出ニ依リ消滅」と記しており、六月九日に布告された太政官布告一七二号は、その目的を達成したことになり、布告としての使命を終えた。

第三節　山下門内博物館での金鯱盗難事件

我が国で最初の官設博覧会を湯島聖堂構内で開催した時に、宮内省から金鯱を借用して公開したことはすでに述べた。このことを博覧会の実務を担当した田中芳男は、七十六歳の時に開いた展覧会の記念誌の中で

明治五年になりまして、今度は聖堂すなわち大成殿において博覧会という名前で開設しました。ところが中々、見る人が多く押合って仕方が無い。それで人を入れない策を取った様なことがありました。其時に尾張城の金鯱を持って来て中庭に陳列したのが評判が宜かった。是は尾張藩から献納したものであります。それが宮内省の物置にあったので、それを貸してやらうということで、拝借して聖堂博覧会の出品としました。其金鯱の一つは澳国の博覧会に持って行きました。それと東京にあったのとは一対である。

と語っている。

山下門内博物館の正門

ところが、我が国で最初に開いたこの博覧会を回顧した和田千吉は「最初の博覧会に一双を陳列した、明治六年澳国博覧会に内一隻を出陳し……」とあるので、金鯱の雌・雄二点を陳列したことになろう。しかし、博覧会を開催した時の記録には、雌・雄二点を陳列したという事実はなく、錦絵に描かれた会場の中庭に展示された金鯱も一点であり、また当時撮影された記録写

真を見ても一点のみである。とすると、宮内省から借用した金鯱は、雌・雄一双（二点）であったので、一点を博覧会場で公開し、他の一点は公開しないで、どこかの場所に保管していたのではなかろうかとも考えられるのである。さらに和田千吉は「……以上の如く一隻は各地を経歴し、其一隻は博覧会以後陳列されて博物館と共に聖堂より山下門内に移されてありしを、其内に金鱗数枚を盗まれ……」と記しているので、聖堂で開かれた博覧会に出品された時の資料がそのまま山下門内へ移されていたことになる。

山下門内博物館の蓄養所　屋外の柵囲には水牛が見える

この山下門内とは、博覧会事務局の所在する敷地内のことであり、この場所が博物館として活用されたことになる。この地は、旧佐土原、中津両藩邸および島津装束屋敷のあった場所で、地名では内山下町一丁目にあたり、現在の帝国ホテルのある場所にあたる。この広大な敷地内には旧藩邸時代の建物が残っており、この場所で博覧会事務局が主催する博覧会を開催しようとするものであった。

博覧会事務局は、明治六年（一八七三）三月八日、正院に対して、四月十五日から六月十五日まで「博覧会」を開催したいと上申して即日裁可されるに至った。この博覧会の開催地は「山下門内博物館」と記されているが、諸書では、この博物館名を「内山下町博物館」「山下町博物館」「幸橋内博物館」「東京博物館」などとも記している。また、この博覧会の開催が、山下門内博物館にとっては、一般公衆に対する初めての公開であり、初めての開館ということにもなる。

博覧会事務局は、この博覧会を一般に公開するにあたり、「今般、澳国博覧会へ列セシ品物並ニ博物館及諸家珍蔵ノ奇品ヲ一所ニ陳列シテ善ク衆人ノ来館ヲ許ス」として、観覧したい人は、一人一枚の切手が必要であり、その代価を二銭としている。また、この博覧会の開催にあたり、個人で珍奇の品物や新発明の器械などを持っていれば、出品するようにと添えている。

博覧会を開催するにあたり、敷地内にある建物を整備し会場に充てた。その陳列場は、

一の陳列所　三百十七坪（古物館・古器物列品所）
二の館　五十六坪（動物陳列所・天造物列品所）
三の館　三十六坪（植物鉱物陳列所・天造物列品所）
四の館　五十坪（農業館・農具類陳列所・新製諸器列品所）
東の館　三十坪（舶来品陳列所・西洋品陳列所）
東の館　十五坪（舶来品陳列所・西洋品陳列所）

であり、東の館はのちに二棟となっているので、合計六棟であった。一の陳列所だけが三百十七坪の広さであり、他の陳列館は五十坪内外であった。

この施設で明治六年（一八七三）四月十五日から「博覧会」という名称で一般公衆に観覧させたのである。ところが、この公開日の二十七日前にあたる三月十九日、太政官は、これまで文部省に属していた博物局、博物館、書籍館、小石川薬園などの教育施設を正院の博覧会事務局に併合させ、文部省の管理から切り離したのである。これにより、文部省側が所蔵していたすべての資料が、博覧会事務局の所在する山下門内博物館へ移されたのである。このことは、文部省博物局の関係者が湯島聖堂で博覧会を開くために集めた資料、あるいは大学の物産局時代から所持して

いた博物資料など、すべてが山下門内博物館へ移されたことになる。当然のことながら、文部省が湯島聖堂構内で博覧会を開く時に宮内省から借りていた名古屋城の金鯱も、博覧会終了後は返却しないで一・六日に公開していたのであるが、この金鯱もまた山下門内博物館へ移されたことになる。

こうして文部省側から得られた各種の資料、さらにウィーン万国博覧会に出品するため全国各地から集められた資料の中で、重複したもの、あるいは諸外国から我が国へ献上されたものなど、それらを前記した六棟の陳列館に並べて、博覧会の開催ということで公開したのである。

山下門内博物館で最初に開かれたこの博覧会は、明治六年（一八七三）四月十五日から六月十日までを予定したが、観覧者が予想外に多かったので六月三十日まで延期し、さらに再延期して七月三十一日に終了している。この時には、博覧会列品目録として、人造物の部二枚、動物の部三枚一組が発行されている。大部分の資料は博覧会事務局の所蔵品であるが、その他の省庁や個人としての出品物には、

教部省　伊勢大神宮古劍三口
蜷川式胤《にながわのりたね》　理忠鍔　兜（早乙女家貞作）一、油滴一、竹帙一、古製金魚袋一
町田久成《まちだひさなり》　銅鉾一、羯鼓二、太鼓一、散米盆（伊勢社司所用）一、採桑老面一
織田信徳　家伝具足一領、家伝羽織一領、一具サシ一、豹皮尻鞘一、見セ鞘二、飾冑二、甲冑下ノ袴一、指物一
印書局　三輪神社額字原本一
柏木政矩　古代櫛八枚
（以上・人造物一）
宮内省　尾張城中旧物金鯱一、地球儀（魯国製造）一

神田孝平《かんだたかひら》　霹靂碪四
小野職慤　曲玉六、玉細工物一、雷斧一八
神奈川県　曲玉一、古鏡一、同破片二
蜷川式胤　石帯一、瓦硯（東大寺所傳）一
松浦武四郎　古瓦六、興福寺瓦硯一面
柏木政矩　播州極楽寺経瓦二
鎌倉八幡神社　平矢箙（源義家所献納）一掛
町田久成　古鏡台一、東大寺庫中所蔵笛模造三
田中芳男　笏拍子一揃、西洋扇一、フルノルヂー測脳器械一、西洋手札入一、貝葉経一、西洋骨牌数十葉、同金網袋一、同蚊鉤三、仏国製提籃一、西洋漁鉤一四、錫蘭岳寄木箱一、油画一枚
内田正男　西洋製鋳物蜥蜴一、油画額一枚
医学校　顕微鏡二
辻新次　盲人ニ教ル凸字文典二冊

などがある。金鯱もまた宮内省の出品物として挙げられている。なお、この博覧会の列品目録の人造物部、動物の部は、東京文化財研究所美術部編の『明治期府県博覧会出品目録』の中に収載されている。

この博覧会が終了すると、山下門内博物館では湯島聖堂で開いた時の博覧会と同じように、やはり、一・六日の公開を実施している。東京国立博物館百年史の記載によると、明治六年（一八七三）の入場者は、博覧会が一〇五五六五人、一・六日の開館が六二一七人、合計一一一七八二人となっている。

翌明治七年（一八七四）になると、再び博覧会の開催が計画され、二月には太政官の決裁を得た。その開催は三月一日より五十日間の会期であった。前記したように前年（明治六年）の博覧会の時には展示館は六棟であったが、新たに鉱物館（五十坪）を加えて七棟の展示館が公開されるに至った。

この七年（一八七四）の博覧会には、新たな展示資料として、ウィーン万国博覧会の開催にあたり日本から出品した資料、またこの博覧会を機に諸外国から購入した資料なども帰着すれば、目玉商品として展示することを考えていた。しかし、それを積んだフランス船ニール号が、明治七年（一八七四）三月二十日、暴風雨のため伊豆沖において座礁し、沈没してしまったのである。この船に積まれていたウィーン博覧会関係の荷物は、官物が一五三個、私物三八個、計一九一個であったが船とともに海中に没したのである。したがって、山下門内博物館の博覧会には、後の船で送られてきた若干の資料と出張者が直接持ち返ったわずかな資料を展示したに過ぎなかった。

博物館場内の陳列（「東京開花繁昌誌」から）

東京国立博物館百年史の記載では、この時の博覧会の開催にあたって、山下門内博物館で所蔵している物品が中心であったが、各方面に積極的に出品を依頼したとある。

京都府へ依頼して双林寺の国阿上人藤衣、妙法院の朝鮮王李昭書簡並貢物目録、朝鮮人所用の冠・佩・装・束・裳・脚絆・履、東寺の空海請来目録・羅城門釘かくし金物、仁和寺の細字華厳経などを借用した。開成学校からは究理、化学その他の諸機械のうち圧水櫃、メロニー器、デュマス器（蒸気ノ緻密ヲ測ルモノ）、凹銅鏡（反射ノ理ヲ試験スルモノ）など六品、医学校からはキュンストレーキその他医学に関する機械画図、宮内省からは鳳輦一輿と同付属品など十八点のほか御即位大礼の節着御の衣冠、皇后の御衣服なども借用して出品した、とある。また、華族に対しても出品を呼びかけている。

とにかく、この年の博覧会によって、博物館運営の基礎が築かれ、陳列館が一段と整備されるに至った。さらに敷地内に棚を設けて動物を放し飼いにして観覧させたり、あるいはウィーン万国博覧会で得た技術の実践のために伝習所を設けたり、殖産興業博物館としての性格を強くしているのである。明治七年（一八七四）の入場者は、博覧会の開催が九〇七四六八人、一・六日の公開が二二三八二人であり、合わせて一一三一二八人となり、前年より増加している。

明治八年（一八七五）には博覧会を開催していない。これは恐らく、博物館内部の諸制度の改革や、一・六日の公開以外に二月二日からは日曜日も開館するようになったため、無理をしてまで博覧会を開く必要はないと考えたからであろう。

日曜日に開館するための博物館から吏官に対しての上申書には

海陸兵営及ヒ諸学校等ノ如キハ何レモ日曜日ヲ以テ休業致候儀ニ付、右一・六ノ日而巳ニテハ兵士生徒等ノ内自然有志ノ者モ一覧致兼候儀モ可有之

とあり、日曜日が休みである兵隊さんと学校へ通う子供たちが見学できるように配慮したものであった。

さらに三月三十日、これまで正院の所属であった博物館事務局は「博物館」と改称され、内務省の管理に移されたのである。ここでの「博物館」という名称は、行政事務上の役所の名称であるが、品物を展示するための場所として

の「博物館」という二種類の意味を兼ね備えたものとなっている。

この内務省への移管により、町田久成、田中芳男、蜷川式胤、小野職愨らが業務を担当し、自然史資料、文化財資料、書画資料、古今の舶載資料、発明品に至るまで、あらゆる資料を収集する施設として、〝皇国の主館〟であるという位置を築き上げたのである。同時に主館としての位置付けには、立派な建物の必要性が考えられ、上野公園内に新たな博物館の創建が構想されるのである。

ところが五月二十五日、勧業寮の責任者であった河瀬秀治が博物館の責任者に任命される。そしてその直後の五月三十日には内務省内部の組織改革があり、博物館は「第六局」と改称されたのである。これにより内務省の部局はすべて数字で示された部局に変わったが、しかし博物館関係者の間では、この第六局では博物館の仕事が理解されないとして、前の「博物館」に戻して欲しいと上申するのである。

こうして明治九年（一八七六）一月四日、再び「博物館」という名称に復するのである。この官制が目まぐるしく変わる中にあって、今度は二月十日付けで、内務卿大久保利通が、太政大臣三条実美にあて、博物館の呼称に関して伺いを立てるのである。それには、内務省の博物館は内外の物品を収集して、かつ分類表（天産・農業樹木・工芸機械・芸術・史伝・教育・法教・陸海軍の八部）にしたがって資料を整理し一般に観覧させている。また、浅草文庫を設立して和書・洋書を保管し、整理し閲覧させている。そのため「博物館」という名称は、内務省の博物館だけが用いるものであり、その他の博物館は地名などを加えて「〇〇博物館」と称するように布告して欲しいと上申したのである。太政官はこれを受けて二週間後の二月二十四日に「自今、内務省所轄ノ博物館ノミ単ニ博物館ト称シ其他各庁ニ於テ設置ノ分ハ地名又ハ他ノ文字ヲ加へ何博物館ト称スベク」と達したのである。

内務省は何故このような館名問題にこだわったのか。内務省という〝権威の形成〟にあったろうが、その象徴となるものが「博物館」であったのである。そのためには常時公開して広く世論などに訴えることが必要になる。こうして明治九年（一八七六）には、博覧会の開催ではなく「連日開館」という表現で三月十五日より開催するに至った。この時には、博物館が所蔵している品物が中心であったが、借用品としての御物なども公開していた。ところがその矢先の四月二十八日夜、泥棒が忍び込み、展示してあった金鯱の鱗が剥ぎとられるという事件が発生するのである。明治九年（一八七六）七月二十九日の「郵便報知」は、この山下門内博物館で起こった盗難事件を次のように報じている。

先頃、山下御門内の博物館にある金の鯱鉾の鱗三枚紛失せしかば、しきりにその賊の捜索中、一昨二七日、四谷伝馬《てんま》町辺の小道具屋へこれを売り払わんと持参せしものありければ、かねてお達しのある品ゆゑ、忽ち御用となりましたが、その賊は山田といふ立派な士族さまだと申すこと。

これは山下門内博物館に展示してあった金鯱のうろこが紛失した事件に関する報道であるが、これは事件が発生した時の報道ではなく、犯人が御用となった時の報道である。あまり重要な事件とは考えていなかったのであろう。犯行のあった日については、〝先頃〟とあるだけで、事件の発生がいつの日であったのか明確に記していない。

ところが、「東京日日新聞」は、この事件を発生当初から逐次報道している。

去ル二八日（四月）夜、内山下町の博物館へ泥棒が入り、金の虎魚《しゃちほこ》の鼻先から左りへ五寸ばかりの鱗四枚剥取《はぎとり》たるよし、跡に古い鑢《やすり》が一本と鉋《かんな》の刃が一つ小刀が一本捨てて有ったと申します。（明治九年五月一日付）

ここには盗難のあった日付と金鯱の剥ぎ取られた箇所まで記している。事件の日は四月二十八日金曜日であり、この時博物館は「連日開館」中であった。盗難枚数も「郵便報知」には、その数「三枚」となっているが、ここでは「四枚」となっている。そして、それ等を剥ぎ取った時の工具と考えられる鑢、鉋、小刀が置いてあったとされる。これ等の工具は、犯罪捜査からすれば、犯人の遺留品として有力な手掛かりになるものであろう。

次に明治九年（一八七六）七月二十九日の報道では、

悪業《わるいこと》をすると此の通りだ。去ル四月二八日の夜山下町の博物館へ忍び込み金の虎魚の鱗四枚を盗み取りたる泥棒は、溜池榎木町に住む東京府士族の山田義高《ママ》（二五歳）にて、この者は、兼て奉還金を資本《もとで》にして商法を始めしか為るとなすと的《あて》がはずれ、遂に其日の煙《けぶり》も立ち兼る様になりし処、よい拠《より》ところなく、女房を上総（千葉県）の大多喜へ娼妓に遣かはし、自分は一人暮らしで古道具の宰取《さいとり》などをして働いて見たが一向に儲かりはせず、ハテ嗅も可愛そうな、ただ、どうかして早く取り戻し度ものだが、何ぞ宜い分別が無からうかと手を拱《くん》で考かへ付たが、金の虎魚にて甘《うま》くも四枚の鱗を盗み来りて五月一日に売り払ひ、その金で六月の初旬ごろ女房を受け出し連れ帰り、其のたハ、残して置た地金と指輪にして売てハ喰ひ、喰ひして其日を送るうちに、金の耳掻を売る処を探索掛に見認られ、遂に一昨二七日午後二時ごろ、居宅にて捕縛に成りしよし。天網恢々疎《てんもうかいかいそ》なりと雖とも虎魚の鱗を漏さず。

とあり、この報道は、〈悪い事をするとこの通りだ〉として、文章を始めており、最後は、悪い事をすれば遅かれ早かれ天罰があるという、〈天網恢々疎にして漏らさず〉という教訓で結んでいる。

犯人は、溜池榎木坂町に住む士族の山田義孝であったとされる。士族は、華族につぐ社会階級の一つに数えられるが、封建社会の解体にともない、それまで持っていた政治、経済、社会上のあらゆる特権を失い、近代社会の中で生きて行かねばならなかったが、禄制改革によって大きな生活上の打撃を受けることとなった。政府はこうした中で、士族に対して帰農や帰商を勧めるが、多くは失敗に終わっている。また、家禄を奉還した士族には、その代償として公債を交付しており、その額高によって利子の比率が相違していた。

こうした世の流れの中で士族であった山田義孝は、奉還金を資本として商売をしたのであろうが、為すものすべてがうまくゆかず、いわゆる〈士族の商法〉であったのであろう、ついにその日の生活にも困るようになったのである。

そこで女房を上総（千葉県）の大多喜へ娼妓に出し、自分は一人暮らしになって、古道具の売買を仲介して口銭を取っていたが、なかなか儲かるものではなかった。ところが大多喜へ娼妓に出した女房がかわいそうなので、何とか取り戻したいと考えたのであるが、それには金子を用意しなければならなかった。

そこでふと考えついたのが、山下門内博物館に展示されている金鯱から鱗を盗み取り、それをお金にかえることであった。それを実行に移したのが四月二十八日であったのである。この時のことを「東京曙新聞」は、「東京府士族やまだ義孝は、夜暴風雨を幸い博物館に忍び込み、かねて見ておいた列品中の名護屋の金の鯱の鱗を三枚程はぎとり……」となっているので、この日は暴風雨という悪天候の日であったのであろう。ただ、どのようにして博物館内へ入ったか明らかではない。

当時報道された「東京曙新聞」には、盗んだものは七五匁、百十二円五十銭であったと記している。盗み取った金鯱の鱗はその一部であるが、三日後の五月一日にどこかで売り払っており、その金で六月の初めころ、娼妓に出した女房を請け出して連れ帰った。その他は地金と指輪に鋳つぶして売って生活していたが、耳搔を作って売っていたところを見つかり、ついに七月二十七日午後二時頃自宅で逮捕されたとある。この新聞の報道は盗みに入ってから三ヶ月後のことであった。「東京日日新聞」の第三回目の報道は、明治九年（一八七六）八月三日に関係記事として掲げられている。それには、

去る二九日に記したる山田義高《（ママ）》が盗み取りたる金の虎魚の鱗を買ひ取りしは、浅草旅籠町一丁目の地金屋鈴木卯吉と云ふものなる事が分り、既にお召捕になりたる由なり。此鱗を盗まれたる時、直に地金屋などへは、殊に

厳しきお達しもありしに多分の地金を買ひおきながら、何とも申し出ぬのが怪しいと近所にて評判。

と報じている。七月二十九日の報道では、盗んだ金をどこで売ったのか明確に記していないが、ここでは地金屋鈴木卯吉であったと記してある。地金屋もまた警察へ通報しなければならなかったが、届けなかった。そのため地金屋もまた逮捕されたのである。

山下門内博物館の盗難は、士族のおちぶれた姿であったろうが、その最後の公判が明治九年（一八七六）十一月二十一日東京裁判所であり、懲役十年に処せられている。このことを「東京曙新聞」は明治九年（一八七六）十一月二十四日号で報道している。この時犯人山田義孝が裁判所に提出した上申書が掲載されている。これによって事件の経緯と金の売りさばき先などを知ることができるので、再び事件の経過を繰り返すことになるが、上申書を紹介しよう。

東京第二大区六小区溜池榎坂町二番地借店

東京府士族

山田義孝

二七年七月

一　自分儀明治六年家禄奉還致シ、種々商法相企テ候得共、何レモ損失物而已《のみ》遂ニ活計ニ差支、京橋五郎兵衛町ニ借住、母さきハ弟山田正勝へ同居致サセ、妻六儀ハ常州忍堀村へ下女奉公ニ遣シ、一時独身ト相成リ、尚又赤坂溜池榎坂町へ借住細々糊口ヲ凌キ居候得共、追々貧窮ニ差迫ル而已心痛罷在候、折柄明治九年四月中、日失念、博物館へ列品拝見ニ罷出候処、金ノ鯱ヲ拝覧スルニ実ニ壮大ノ者ニテ、鱗一枚ニテモ金量目ノ多カルヘシト心中竊《ひそか》ニ、一二三枚モ持チタラハ生活ノ道モ可ニ相立一哉ト存候ヨリ、忽然盗心相生シ候得共厳重ノ圍ヒ、且人多キニ付容易ニ剥キ取ルヘキ場合ニ無レ之、尚何カ良キ折モ可レ有レ之ト其日ハ其儘帰宅、其後可ニ忍入一相考ヘ候得共思ハ敷手段モ無レ之相過キ候内、明治九年四月二八日夜暴風雨ニテ実ニ真ノ暗晦《くらや》ミ、此夜コソ幸ト存シ、兼テ所持ノ小刀ヤスリ等ヲ携ヘ、右博物館ヘ忍入、鯱鱗少々宛切外シ、凡三枚程剥キ取リ其儘逃走、右小刀ヤスリハ右館内ニ落失、金ハ袂ニ入レ塀ヲ越シ候節何程カ落シ候ト相覚候、右剥キ取リ候金鱗ハ鋳潰シ小玉指輪等ヲ拵ヘ……

とあり、以下に鋳潰して作った品物、その重さ、売り払い先、その代金などを挙げている。そして最後に、

鋳潰して作った品物の売り払い先

品物	目方	売り払い先住所	氏名	代金
小玉	4匁5分	京橋泉町 袋物渡世	山村八十五郎	6円75銭
小玉	11匁2分	浅草旅籠町1丁目 地金渡世	鈴木卯吉	15円94銭
小玉	2匁8分5厘	源助町 古道具渡世	長浜源二郎	3円54銭1厘6毛
小玉等	1匁3分	神田栄町 古道具渡世	赤尾源三郎	1円84銭1厘5毛
指輪	1匁2分	南佐久間町2丁目 古道具渡世	村上茂吉	1円60銭
指輪	6匁1分	麹町8丁目 古道具渡世	黒沼松五郎	8円28銭8厘
指輪	1匁9分	柴田1丁目 古道具渡世	木内幸吉	2円69銭2厘
指輪	2匁5分	四ツ谷忍町 古道具渡世	柴田兼二郎	2円41銭6厘
指輪	1匁5分	愛宕下町2丁目 古道具渡世	村上松五郎	2円20銭
指輪	9分	神田辺ノ者ニテ 友ト申者ヘ途中ニ於テ		1円28銭4厘7毛

各売払残リ目方拾五匁九分貳厘五毛所持罷在候、尤モ盗取候節博物館外ニ於テ多分落失致候ニ付、何程盗取候哉判然不仕候処、今般御吟味ノ上、七拾五匁盗取候趣承知仕候、右今般代積金百拾貳円五拾銭ニ相成ル、前書売払代金ハ不残飲食ニ費用致候事

右之通相違不申上候　以上

とある。本人の自供と新聞報道などでは、かなり相違した事実も見られるが、それはそれとして、これで一件落着である。

数々の話題を提供した金鯱は、「名古屋城叢書」の『名古屋城年表』によると、明治十一年（一八七八）六月十日、名物保存の説が起こる、として、金鯱復旧の与論が次第に高まり、「この日、伊藤治郎左衛門、関戸守彦、岡谷惣助

の三氏が、有志総代となって、さきに無用の長物として献納した名古屋城天守閣の金鴟尾（きんしび）を、古来の勝区名人の偉績を永遠に保存するの主意にて、特別の儀をもって、名古屋城天守へ御還付掲揚致したいとの願書を提出し、それに要する経費は、有志にて負担する」と記してある。

これによって宮内省からは、明治十一年（一八七八）九月四日付で「上申の趣聞届候事」とあって、「一個は博物館から、一個は博覧会へ出品中であるから、開催地の愛媛県から直接受け取れ」との通知があったと記されている。ここでの博物館とは、山下門内博物館のことであり、博覧会とは、愛媛県松山公園城閣で開かれた松山全国物産博覧会であろうか。

そして、愛媛県博覧会出品の金鯱は、九月二十七日に松山を出発し、十月九日熱田港に到着し、東京の山下門内博物館に陳列してあった金鯱は、十月二十日に熱田港に到着した。これによって、十一月二十一日から天守閣へ引き上げるための復旧工事に着手した、とある。

ところが、このような年月を追って記した年表であるが、明治十一年の項の最後に「九月十五日から、名古屋南門前博物館内において開催の愛知県博覧会へ、雌雄二尾出品したのを最後にして、七年目に名古屋城（陸軍省の直轄）の天守閣へ引き上げる」と記してある。

ここに記されている愛知県博覧会とは、明治十一年九月十五日から十一月三日まで開催された第二回愛知物産業博覧会のことであろうが、前述したように金鯱が熱田港に着いたのは十月九日と十月二十日であった。すでに博覧会が開催されてから一ヶ月を過ぎており、それから博覧会会場に展示されたことになる。したがってこの博覧会が終了した後に、雌雄二尾を天守閣へ引き上げたことになる。

第四節　名古屋城での昭和期の金鯱盗難事件

数々の話題を投げ掛けた金鯱は、明治十一年（一八七八）無事名古屋城天守閣の大棟に復し、再び人々から注目されることとなった。

明治二十二年（一八八九）十月名古屋に市制が施行され、人口十五万七千人余の「名古屋市」が誕生する。それまで名古屋城の城郭外にある北部の土地は、依然として尾張徳川家の私有地であったが、この地を練兵場とするため、この年に名古屋城の土地、建物のすべてが陸軍省の管理下に移された。その後の名古屋城は、明治二十六年（一八九三）五月になって陸軍省から宮内省に移管され、御料地に編入されたことによって、宮内省主殿寮が所管するところの「名古屋離宮」となったのである。

それが昭和の御代になって、昭和五年（一九三〇）十二月に離宮が廃止され、名古屋市に下賜されたのである。同時に下賜された二日後には、国宝保存会の決議を経て、名古屋城二十四棟が「国宝」に指定されるに至った。そして翌六年（一九三一）二月には、名古屋城管理事務所が設置され、一般に公開されることとなった。

名古屋城は慶長年間の築城以来、尾張徳川家の居城として整備され、日本築城芸術の頂点に達した名城として注目されて来た。そこには、また〝金鯱〟が存在したこともあって、〝伊勢は津でもつ　津は伊勢でもつ　尾張名古屋は城でもつ〟と唄われるまでに至った。しかし、これは旧幕時代における庶民の率直な心情を示したものであったろうが、この頃はまだ遠くの金鯱をかすかに眺められる程度であった。

それが近代社会の形成により、かつての城郭のイメージから脱して、誰でも自由に城内に入り、金鯱も近くから眺めることができる博物館的な施設になったのである。

昭和七年（一九三二）十二月、金鯱のある名古屋城内が、歴史上、学術上価値の高い由緒ある地として〝史跡〟に指定され、保護されることとなった。名古屋市役所の庁舎が旧三之丸に移されたり、城内で毎年、菊花大会を開催するようになったり、名古屋市民にとっては、親しみのある憩いの場所ともなった。こうした矢先の昭和十二年（一九三七）正月、金鯱の盗難事件が発生するのである。

本丸御殿跡から見た現在の天守閣（中央）と小天守閣（左）

昭和十二年（一九三七）一月八日の「大坂毎日新聞」に「名古屋城の怪・金鯱鱗四十数枚消ゆ　築城の謎、調べの櫓を上って剥ぎ盗ったものか」という見出しで、次のように報道している。

名古屋城は、昨年八月ごろから築城の謎を解くため市当局が櫓を組んで天守閣を大が〻りに実地調査し、毎日のように市の係員や人夫らが上つて調査などを行つていたのであるが、七日朝例によつて市の係員らが上つてみると、これはいかに、大屋根の北側に乗つている大鯱にかぶせてある金網が鋏かなにかで切りとられ、胴体の左側がほとんどまつ黒な地肌が現れるまでに、金のうろこが剥ぎとられてゐるのを膽をつぶして調べて見ると、なんとうろこが四十余枚も盗まれてゐることがわかつたので、いよいよ仰天、新栄署へ届け出た。

なにしろ名古屋の観光的な意味からいへば鯱はまさに「大名古屋の生命線」なので名古屋検事局、愛知県刑事課でも事件を厳秘に附し

西の丸展示館に陳列された金鯱

て、直ちに現場の指紋調査を行ふ一方、当時現場へ上つた人夫ら関係者を続々召喚して取調べ、さらに刑事を八方に飛ばして、貴金属類商や古物商方面へ手がゝりを求めて活動中だが、被害額の見積りはおよそ八十万円に達する見込みである。

そして次に「新聞集成昭和編年史」に挙げられている報道では、活字を小さくして「明治年間の相場で三百万円」という小見出しで、金鯱の構造や大きさ、今日の貨幣に換算した場合の相場、名古屋城の来歴などを概観している。今、その内容記事を挙げると、

●明治年間の相場で三百万円

金鯱は南北相対して飾りつけてあり、南は雌で直高八尺一寸五分、長さ四尺一寸五分、北は雄で直高七尺七寸五分、長さ六尺三寸五分、鯱の構造は木上に鉛をもつて覆ひ、その上を銅をもつて再び覆ひ、これに黄金を張つたもので、使用された黄金は、千九百四十枚、小判に換算して一万七千九百七十五両であつたが、慶長小判一枚を明治二十九年（一八九六）八月の相場百八十円の割として換算すると約三百万円となる。

また鯱の頭に当初黄金を張らないところがあり、文政年間修理の時、金を延ばして全体を蔽うたので現在のようになつた。また、修理の度毎に銀を多く混ぜたので、最初のときより黄金量は減じたといはれてゐる。

とある。この盗難事件について、財団法人名古屋城振興協会が発行した『特別史蹟・名古屋城』（名古屋城叢書Ⅰ）に

よると、盗難事件は正月七日に発見されたとある。また、新聞集成の『昭和史の証言』によると、当時は国宝になった恩賜名古屋城の実測図、修復図を作成中であり、一月六日朝十一時すぎ、名古屋市建築課工手山田資明、同工手長谷川金明の二人が組立てた櫓から天守閣の屋根にのぼって見ると、櫓の踏板の上に金鯱の鱗片が光って落ちているのを発見した。驚いて金鯱の鱗片を仰ぎ見ると、無惨にも北側の鯱（雄鯱）のヒレの上部の金鯱がそっくり剥ぎ取られており、大騒ぎになったとある。そして、同日の夕方六時になってから所轄新栄署へ盗難届を出したのである。

朝発見された盗難事件を夕方まで警察に届けなかったのはなぜであったのか。それは鯱が国宝建造物であり、名古屋市の管理下にある名古屋城管理事務所に手落ちがあったことになると、管理責任者としての市長の進退伺にまで発展するような重大な問題と考えるに至ったからである。同時に管理事務所としても、前代未聞の事件として、実態を把握するまでに時間がかかったものと思われる。

翌七日朝になって、愛知県刑事課の永山刑本課長、佐々木同次席、中村新栄署長、名古屋検事局小室検事等によって検証が行われ、重大事件として全国に手配され、これに関する報道記事の掲載がすべて差し止められた。警察では内密で犯人の捜査に当たったのである。この時に事情を知った新聞社は、記事に出来ないじれったさに毎日天守閣だけの写真、あるいは明治初年に金鯱を降ろした時の写真のみを掲載していたので、一部の市民は、城に何か不祥事が起きているのではないか、と感じとっていたとも言われる。

こうして極秘で捜査していた時に大阪の金属商に金塊を売り歩いていた紳士が警備の網にかかるのである。

ところが、昭和十二年（一九三七）一月二十九日、「大朝新聞」が発行した号外には、「大膽・中空に櫓を攀ぢ、鯱の金鱗五十八枚剥ぎ盗る　正月四日・大阪から逢々出か　怪盗・大阪船場署で捕る」という大見出しで、次のように報じている。

名古屋城金鯱の怪盗

大膽！空中夢を實現
"昭和金助"大阪で就縛
ミシン職 佐々木賢一（四〇）

記事解禁

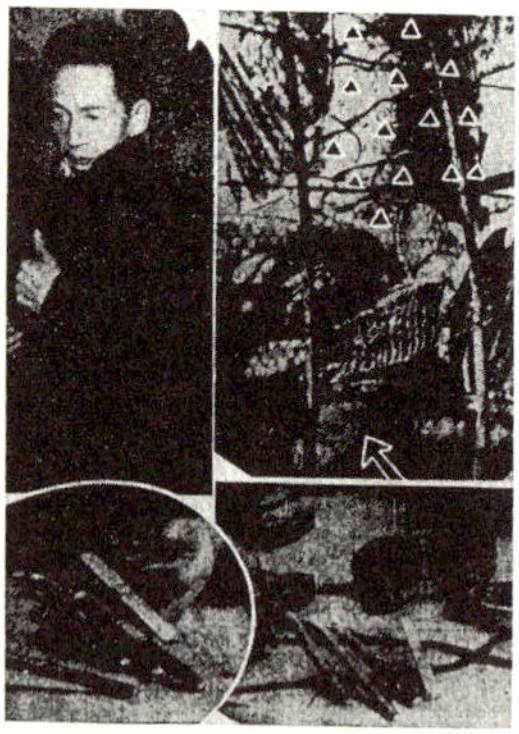

上右は被害の金鯱、△印は鱗をはぎとられた個所、矢印は破壊された金網の穴、同左は捕はれた佐々木、下右は鋳潰し道具、下左は延棒になつた金の鯱＝昭12・1・29

【大阪電話】「日本一の盗難事件」として城でもつ尾張中京つ子は勿論全国的に衝動を与へた名古屋城金鯱異変——金鱗五十八枚の盗難は宝暦年間凧《たこ》を利用して二鱗を剝とつたと伝へらるゝ怪盗柿木金助以来の怪事件として名古屋検察当局では重大視して事件を発見した去る一月七日夕新聞記事掲載を禁止、愛知県刑事課は全員をあげて犯人捜査を開始、全国に手配中のところたまたま去る廿三日大阪市東区平野町今岡貴金属時計店に金の延棒六本を売却せんとしたことから足がつきこの昭和の柿木金助は同市住吉区昭和西一ノ三〇ミシン職工佐々木賢一（四〇）と判明、二十七日夜十時自宅から船場署に検挙厳重追究の結果翌二十八日朱明犯行一切を自白、身柄は愛知県刑事課に護送本格的取調べを進める事になり二十八日午後十一時右記事掲載禁止方を解除された

164

名古屋城金鯱の怪盗
（朝日新聞社編「奇談珍談巻談」から）

天下の名城名古屋城の大天守閣上に旭光、夕陽を浴びて燦然と輝く金鯱の黄金の鱗五十八枚が新春早々無惨にも剥ぎ盗られドス黒い地肌を現はしてゐるのを去る七日朝発見されたが、なにぶん国宝建造物として天下に名だたる名城に起こつた怪盗事件だけに一大センセイションをまき起し、当局ではこの記事の掲載を禁止するとともに全国に手配して犯人捜索中、はしなくも金の延棒を売捌きに歩く怪紳士が手がかりとなつて二十七日夜、この昭和の柿木金助ともいふべき〝黄金の鱗〟剥ぎ盗り犯人が大阪船場署に捕へられ、二十九日午前一時新聞記事などは解禁となつた。

このように犯人が捕えられたので、報道管制の解かれたことを記している。そして、次の大見出しでは「金の延棒売込みと、現れた洋服紳士　白昼・張込みの網の中へ！　遂に捕はれた犯人」として、事件の内容を初めて詳細に報道したのである。

奇怪な〝黄金の鱗〟盗難事件発生と同時に愛知県刑事課では盗まれた金の鱗が大阪方面で売捌かれるおそれ多分にありと見て大阪方面の捜査に全力をそゝぎ大阪府刑事課の応援を得て市内の貴金属、地金商について厳重捜査中去る二十三日午後大阪東区平野町二丁目今岡時計貴金属店に四十歳くらいの洋服紳士が金の延棒（長さ七寸、

直径四分）六本（重さ百八十四匁）を持つて訪れ
「九金の延棒だが一匁五円二、三十銭で買つて貰ひたい、まだ二貫目ばかりあるのだが、売つてもよい……」
と売り込まんとしたので同店両替部主任眞鍋郁也氏が調べると十四金でとても素人では出来ないほど巧に分析されてゐるのに九金だなどといつているのに不審を抱き分析先を聞くと「心斎橋の根本さんで分析した」と答へ
「また明日来ます」と言つて立去つた。
以上の事実を察知した船場署では、〝もしや鱗剥ぎの怪盗ではないか〟と刑事を張り込ませる一方、南区大宝寺仲之町金属分析業根本静方について調べると去る十五、六日ごろ住吉区昭和町中二丁目津村達之助と称する紳士風の男が「延棒にし売り先きを世話してもらひたい」と金塊六十匁を持ち込み、さらに同夜同様な金塊二百二十匁を持つて来たので、同店では注文通りの延棒に鋳直し同店出入りの金銀ブローカー南区南綿屋町水樋安弘を通じて同区順慶町某家庭薬販売所大島佐市氏に二千二百一円六十四銭で売つた。ほかに浪速区恵美須町一丁目垣内時計店などに委託、売捌かんとしてゐたことが分り、捜査陣はこゝに俄然緊張、水も漏らさぬ張り込み陣を布き、津村と称する怪紳士の現はれるのを待つてゐたところ、二十七日午前十一時例の怪紳士が金塊の売却代を受取りに来たので、直ぐ取押へ宮司法主任らが徹宵取調べた結果、二十八日午前五時に至り、津村とは偽りで住吉区昭和町西一丁目佐々木賢一といひ一切の犯行を自供す
とあり、犯人がついに逮捕されるに至ったことを報道したのである。犯行日が正月四日であり、逮捕が正月二十七日となるので、三週間という短期間で解決したことになる。そして最後に犯行に及んだ動機などを報じている。

●犯人の述懐・闇の天守閣に恐怖で

佐々木は初め取調に対しては、固く口を敢して語らず、たゞ「上海から密輸した金を阿倍野の墓地に埋めて隠し

ておいたのを掘出した」と逃げていたが、浦野刑事部長、長峰刑事の峻烈な追及に遂に包みきれず二十八日朝にいたつて「私がやつた」と口を開き重荷をおろしたやうに軽い口調で
「金鯱を見た時、あの黄金を盗むことが出来れば母親を喜ばし行方の知れない妻子を捜し、これを資本に一つ商売でもやつて親子揃つて気楽に暮さうと考へたのです。天守閣の屋根上に漸く這ひ上つて名古屋市を見下したとき空は眞暗闇だつたが足もとから誰かに掬ひ倒されるやうな恐怖を胸一杯に感じた。鯱の金は固くて剥ぎ難いだろうとペンチで剥いだところ案外脆く腐つた魚の鱗のやうに指でボロボロと簡単に脱落した。
とさすが大胆きはまる怪盗も涙にくれつゝ述懐していた。

ここに記された内容などは、記者が犯人の自供を基にして綴ったものであるが、まず犯行の動機はやはり親子揃って暮らしたいという願望である。金さえあれば母親を喜ばすことが出来るという単純な発想が悪の道へと盲進することになったのであろう。青木淳郎編の『明治九十九年』によると、「犯人は一年まえに名古屋の刑務所をでた前科二犯の男だつたが、出所した時に迎えに来てくれた母といつしよに名古屋城を見物し〝よし、あいつを盗んでやろう〟と決心したのだそうだ」と記してある。更に続けて「永らく自分の出所を待つていてくれた母子がやつと一緒に暮らせると喜んでいたが……」とあり、こうしたことからも判明するように、犯人は刑務所に入っていた前科のある男であったのである。ただ、この時には「行方の知れない妻子」とあるので、妻や子どもは家出をしており行方不明であったのである。

ここで犯人の素性を紹介しておこう。

犯人は前記した如く、佐々木賢一である。明治三十一年（一八九八）十二月、広島県神石郡田頭村で出生した。同村の小学校を卒業して家事の手伝いなどをしていたが、両親が大阪へ引越したことにより、大阪では私立大阪薬学校

へ通った。ところがこの学校に在学中、不良仲間に加わり、一旗あげるための資金を得ようと日本刀を携えて強盗をかさね、大正六年（一九一七）二月六日、強盗と強盗予備罪で懲役六年の刑に処せられ大阪刑務所に収容された。

刑を終え、大正十二年（一九二三）二月出所し、しばらくは大阪で暮らしていたが、昭和三年（一九二八）名古屋へ転居した。熱田市東町に居を構え、この頃、岡山県津山市出身の川田すえと結婚する。彼はミシン職人として生活を支えていたが、なぜだかわからないがまた悪事を働くようになった。昭和三年（一九二八）七月十七日には、中区鶴舞町の朝比奈美術館へ忍びこみ、仏像、刀剣など、価格にして五千六百円ほどを盗み、また、有価証券偽造行使で二十円券を種に千九百円を搾取するなどの犯行を重ね、同年十一月八日、名古屋地方裁判所で懲役八年の刑を言い渡された。その後、昭和十一年（一九三六）十一月八日名古屋刑務所を出所するに至ったのである。

そして、三度目の犯行が名古屋城の金鯱盗難事件であったのである。

自供などを基にした新聞報道によると、犯人佐々木は、昭和十二年（一九三七）一月四日、午前十時二分湊町駅発関西線に乗り、午後二時十六分名古屋駅に着いた。萬松寺の知人を尋ねたがわからなかったので、午後三時すぎお城へ入った。天守の五層へあがり、小天守閣前の下駄箱に潜み夜を待ったが見廻りは来なかった。かたわらの側溝に悠々と二度小便をしたという。夜十時頃になって門を外して屋根へ上った。

鱗を剥ぎとる時の様子を〝足もとから誰かに掬ひ倒されるような恐怖を胸一杯に感じた〟と供述しているので、地上百八十尺（五十五メートル）の場所であり、暗闇であれば、やはり怖かったのであろう。名古屋城双書の『特別史蹟・名古屋城』には

あたかも年末年始の参観者の少ない時を見すまし、昼間から天守内に潜んでいて、夜陰をまつて屋根によじのぼり、北の方（雄鯱）の金網の一か所を切りあげて潜りこみ、鯱の首に馬乗りとなり、鱗五十八枚を剥いだ。

とかなり具体的に表現している。盗んだ金は風呂敷に包んで、五層楼に降りるまでは夢中であった。不明門を出て西外濠に持っていたペンチを投げ捨てた。その時の水音には追いかけられているような思いであった、という。正門横の小門も門をはずして難なく脱出し、陸軍病院裏から景雲橋に出て、タクシーをひろい名古屋駅へ向かった。三等待合室で一時間ばかり待っていて午前二時十七分発の大阪行きに乗り、家に帰ったのは五日朝六時少し前であった。母はまだ帰っていなかったので、盗品は押入れにかくした。

「新聞集成昭和編年史」では「二百四十匁の行方がまだ不審・処分を急いだ犯人」という小見出しで犯人の家宅捜索などの様子を次のように報道している。

五、六十枚の金鱗を手にした佐々木は「一時も早く金にしたい……」とあせり、金鱗を実母の眼にとまらぬやう押入や箪笥の引出しに隠し母の注意を引かぬやう直径二寸余の素焼坩堝数個と鉄製鋳型などを買い求め慣れぬ手つきでボツボツ鋳直しを始めたもの、思ふように鋳直されぬことから思索にくれつゝ心斎橋筋をうろつくうち〝金銀細工所〟と書いた根本方の看板をみて同店に鋳直しを依頼する一方、自分で鋳直した金の小粒十七、八個（二十五匁）を十三日天王寺区上汐町三丁目貴金属商勝村敬之助氏方へ百五十四円九十銭で売り、さらに東成区大今里町時計貴金属商日高達一氏方へも小粒十三個（六匁）を三十七円八十銭で売捌き、前記のごとく根本（金属分析業）方から水樋（金銀ブローカー）を通じて大島（家庭薬販売所）氏に百八十四匁を売ったもので、同人の自供に基づき同署では二十七日午後司法主任らが佐々木（犯人）方を襲ひ家宅捜査の結果、神棚から大事にハトロン包装紙に包み、まだ手のつけてない現金二千二百円を発見、根本方からも金の延棒五本、垣岡（時計店）方から一本（合計重さ百六十四匁）を発見、押収した。

同人が目下売捌いた延棒と押収された延棒は全部で約五百十匁となり、名古屋市および愛知県が算定した七百四十一匁四百六にはまだ二百四十匁近い開きがあるので、他に隠匿してゐるのではないかと同人を厳しく追及してゐる。

『新聞集成昭和編年史』には、以上に挙げたような記載が見られる。これによって事件のあらましを把握することが出来るであろう。

その後、これらの事件に関連した裁判については、二月十三日の名古屋新聞夕刊、名古屋市が編集した『名古屋城史』によって知ることができる。

裁判は二月十二日朝十時半から名古屋区裁判所で渡辺判事、小室検事立会で開かれた。一般傍聴人は百五十名余であったが、前夜の十一時頃から傍聴人がつめかけ、当日の九時には六百人余がつめかけ構内は押すな押すなの騒ぎだった。さすがの大法廷も傍聴席はすし詰状態であった。

裁判は、金の鱗を剥ぎとった大阪市住吉区昭和町の前科二犯佐々木賢一、大阪市南区大宝寺仲ノ町金属分析業根本静、同人方貴金属ブローカー水樋安弘の三人がさばかれた。

公判廷で小室検事は「佐々木は去る一月四日夜天守閣に登り鉄製ペンチで、金鱗五十八枚を剥ぎとった事実、並びに根本、水樋の両名は、佐々木の持ってきた金を不正品と知りながら、一月二十一日夜この内の一部を大阪南区の貴金属店に売り、残りの金を根本宅に保存隠匿した」との公訴事実を述べ、次いで渡辺裁判長から逐一訊問があった。

被告たちはこれに対して、隠すところもなく、明瞭に犯行の動機、行動、その後の心境などを応えている。今その一部を取り上げてみる（一部会話が成立していない部分もあるがそのまま掲載した）。

（佐々木）大阪では金鯱を盗む考えはなかつた。

名古屋で別れた妻と子供に会いたさの一念から、正月四日は朝十時名古屋駅へ下車、知人を訪ねて中区万松寺へいつたが訪ねる知人がわからぬので、本町を経て名古屋城見物をやつた。ところが足場がかゝつていたので、世はゴールド・ラッシュ、いよいよ金鯱を仰ぎ見ながら、剥ぎとりの大決心をしました。そして午後三時半頃城内へ……。

といひかけた時、判事はそのヘンでよかろうと注意。

（判事）金が欲しかつたんがネ。労銀はどこへ使つた。
（佐々木）母に預けて生活費にしました。
（判事）母はこれからお前が刑務所へいけば、どうして暮らすか？
（佐々木）親戚や弟妹二人が何んとか面倒はみてくれるでしょう。

と、しんみりすれば、裁判長は、後日その事については一応、私と相談しようとなぐさめれば、母の親切が今さら身にしみて仕様がないと、さすがの佐々木も涙を流した。

つゞいて天守閣上の場面へと訊問は進められると

（判事）鯱のところへいつたのは？
（佐々木）夜の十二時過ぎです。
（判事）天候は？
（佐々木）曇つており、風が多少ありました。
（判事）寒さは？
（佐々木）暖かかつたやうです。
（判事）登る時、こわくはなかつたか？

（佐々木）そりや怖しくてたゞ夢中でした。

（判事）金鱗剥ぎ取りを思ひついたのは、城の前へ立つた時だといふが、被告は大阪から道具を持つてきたネ。

（佐々木）爪切りの便にペンチを持つてゐましたが、その時はやれたらやらうといふ程度で始めから決心をしてゐたわけではありません。それが思ひがけなく使うことになつたのです。風呂敷包みはタオルや石鹸を入れるつもりで金の鱗を入れる考へではなかつた。

（判事）服装は？

（佐々木）三ツ揃ひの服とオーバーです。

（判事）人の気配はなかつたか？

（佐々木）一時ごろ城を抜け出てバスで名古屋駅へいき、午前一時五十何分かの汽車で大阪へ帰りました。

（判事）思ひつきは一人か？

（佐々木）一人です。

（判事）子供の時か、あるひは現在探偵小説かなにかを耽読したことはないか？

（佐々木）十八・九のころ武侠世界を読んだことがあるだけです。

（判事）支那革命の思ひつきは？

（佐々木）第三革命に刺激されたのです。

（判事）酒は？

（佐々木）やりません。

〔中略〕

（判事）発覚せぬときはどうするつもりだつたのか？

（佐々木）運送船屋でもやらうかと思つてゐたが、大判遊びをする気はなかつた。

（判事）順序を考へなかつたネ。発案は奇抜だが非難が多い、もし閣上からブチ落ちたら死ぬに決つてゐるが、その時の母親や妻子のなげきを考えなかつたか？

この事件は国宝保存法にふれてゐるし、同じやるでも国宝を盗むほど大胆になつてはいかんではないか。殊に名古屋市としては多額な金で保存してゐるのだから、百万市民はもとより国家に対してすまぬとは思はなかつたか？

と、こんこんと諭せば、佐々木は「皆さんに対し申訳ありません」とうなだれた。

この事実調べが一応終わると、小室検事の論告がなされた。

市当局の届出によると、被害金鱗は七百四十匁となつているが、被告等三名の供述では五百四十五匁となつて居り、其の間二百匁の食い違いはあるが、とに角この二分の一程度剥がれている。佐々木は門を三カ所までも抜いて、しかも命がけの遣り口は大胆極まるもので、その手口から云えば大盗の種類だ。今度の動機は母や妻子を養うためで、人情の点からいえば同情もするが、その手段といい且つは三度目の悪事を重ねるに至つたことは遺憾にたえない。本件は建造物侵入と国宝毀損並に窃盗の罪に該当し、名古屋市に与えた被害は僅に数千円でも全国民に与えた衝動は、非常なものである。最後に天守閣の取締りにも遺憾の点があつた事実は、其の責当局にもある。

と論告した。佐々木は懲役十二年、根本には懲役一年罰金三百円、水樋には懲役八ヶ月罰金二十円の求刑であった。

これに対して渡辺裁判長は、佐々木に懲役十年、根本には懲役一年罰金三十円、水樋には懲役八か月罰金二十円と処し、根本、水樋には三年間の執行猶予つきの即決判決の言い渡しとなった。三人とも直ちにこれに服することになったので、ここに世間をさわがせた昭和の金鯱事件は、名古屋市長が責任をとって辞職するまでもなく、解決するに至ったのである。

後日譚になるが、『名古屋城史』には、盗難にあった金鯱のうろこを名古屋市が時価で買い戻すことになり、大阪の貴金属商Hから二百八十三匁で代金三千七百九十二円、同じくKから二百十六匁、代金三千十四円、外に数人が買い取ったものを合わせて六千八百六十八円と、押収返還された少量の金塊金延棒六本計二百七匁、総計七百十一匁を、大阪造幣局に届け、それに新しい金、合金、銀などを加えて全体で全鱗六十枚分を製造した。

こうして三月九日には、金鱗の釘付は終了し、十日には、両鯱の洗浄作業をして再び元に復することが出来たのである。

日本国内で数々の話題を提供し続けて来た金鯱は、江戸時代には遙か名古屋城の天守閣にあったものを遠くから眺めるだけのものであったが、明治の新時代になっては、国内の各地で開かれた博覧会に出品されることによって、展示の目玉として広告塔の役目を果たすことにもなった。それがまた、慶長金銀を使用した良貨の金鯱であったとされることから、格好の餌食となり盗難事件がつきまとってしまった。本書では取りあげなかったが、明治四年（一八七一）二月には、陸軍名古屋分営の番兵が金鯱の鱗三枚を盗み、斬罪に処せられたとされる。黄金の魅力に自制心をおさえることが出来なかったのであろう。すでに述べたように金鯱は、ウィーン万国博覧会にも出品している。しかし、ウィーンでの博覧会では、金鯱はほとんど問題にされていない。それは現地の新聞は、金ではなく〝ブロンズ品〟と紹介されたことにもよるであろう。もしそれが〝黄金製〟と記されれば、新たな話題を提起することにもなったであろう。

しかし、この金鯱も昭和二十年（一九四五）五月十四日の名古屋空襲により姿を消すこととなる。この日、朝から空襲警報がなり、数十機の編隊飛行によって、名古屋城を中心とした地域も焼夷弾、爆弾の投下によって、空は黒煙におおわれ、太陽も煙のためにかくれ、日食時のようであったと言われる。「黒い空高く紅い蛇の舌にも似た焔が、めらめら又めらめらと立ちのぼる。空一杯の黒さがいよいよ深まるとともに、火箭のごとき落下弾の光が、斜めに天空からふりそそぐのがはっきりと見え、無数の爆発と物の焼けくずれる音が骨の髄まで震わせる。これが石壁の高さ八十五尺、五層上端まで百十八尺、合計二百余尺の名古屋城天守閣終焉の日であった」と『名古屋城物語』に記されている。そのあとには、燃えかすだけを残すこととなった。

昭和二十年（一九四五）十二月二十一日の「読売新聞」は、「金鯱の正体は、金無垢など真赤な嘘、木身に金メッキ張り焼屑の鯱片」との見出しにして、金鯱の行方を追っている。

空襲が激化したので、名古屋市では金鯱の疎開を急ぎ、天守閣から南側の鯱を天守閣の二階まで引きおろし、続いて北側の鯱も降そうとして足場掛けの作業中に空爆を受けて消失した。市当局では直ちに捜索隊をつくって、その行方を尋ねたが、天に馳せたか地に潜ったか、杳として所在をくらまし、金の鯱は何処へと大きな謎を残し、捜索が日毎繰り返されていた。

それから六ヶ月、調査の苦心は報いられた。辛くも焼失の難を逃れた表二の門前にうづたかく盛り上る屋根瓦と焼土のなかから天守閣上の雄金鯱と覚しきやけただれて変色した金鯱を発見したのである。

これがそもそも二十二金の慶長小判一万七千九百七十九枚を以てして造った豪勢なる小判の成れの果てとは捜索に当った人々は呆然とした。まさに焼けのこる金片は、加熱変化のため詳細は判明しないが、大体金の含有量は三・五程度といはれ、実に九金以下のしろものであった。

すでによく知られているように、慶長十五年（一六一〇）に築城された名古屋城は、その百年あまり過ぎた享保十一年（一七二六）、金鯱の修理にあたり一部の木身を取り替えている。更に文政十年（一八二七）に大修復をしている。この時には、心木のさわら材を桧材と取り替え、金、銀、銅の三品を吹き直した。当時、名古屋城内では新御殿とよぶ広大な邸宅を建設しており、藩の財政は極めて苦しい時であった。その苦しい藩財政を救うための一方策として金鯱を改鋳し、金を取得することになった。また、改造鋳後に金の質が低下したことを隠すために、本磨きではなく、半磨きにしたとも伝えられている。

この財政立直しのため修復の名にかくれ衆目を欺きひそかに鯱の身皮を剥ぎとり真鍮金にも等しい九金製の粗悪金と取り替へ藩の財政を救つたものと推断される。

以来こゝ百二年余、金鯱は涙ながら封建武家政治の暴挙の犠となり心ならずも、金無垢で御座イ……とけふが日まで日本はおろか外国の人々の眼までごま化して来たもので、ついにその身を焼いて、日本倒るるの日哀れな欺瞞の正体を世間にさらすに至つたのである。

と金鯱の最後をかなり過激な表現で報じている。

第二章 大正時代 関東大震災による博物館の被災

大正時代は、その前の明治時代やその後の昭和時代に比べると、十五年間という短い期間である。しかし、その間は、第一次世界大戦の渦中にあり、国際情勢は大きく変化し、科学技術などが著しく発達した時代でもある。

この頃はまた、我が国では〝通俗教育〟が強く叫ばれた時でもあった。その目的は教育勅語の趣旨を広く一般に徹底させると同時に敬神崇祖の普及に努め、国民思想の健全化を図ることにあった。それを世間に浸透させる施設として、博物館の利用が考えられるに至った。東京教育博物館における通俗教育館の開設、日常生活と深くかかわった特別展覧会の開催は、通俗教育の発展・充実に大きな役割を果たすこととなった。

しかし、大正十二年（一九二三）九月一日に発生した関東大震災は、博物館の運命を大きく変えることとなる。人文系の総合博物館であった東京帝室博物館は、震災を機に純粋な美術・歴史系博物館としての性格を強くし、自然科学系であった東京博物館は、建物、資料のすべてを焼失してからの再出発となり、これを機に新たな性格の科学博物館として展開することとなる。

大正十二年（一九二三）九月一日、午前十一時五十八分、マグニチュード七・九の激震が関東一帯を襲った。家屋は軋り、屋根は踊り、電線は唸り、瓦は落ち、塀は倒れた。樹木は生命があるかのように樹身をよじらせた。初期微動は、十二・四秒、主要動は十分だった、と姜徳相はその著『関東大震災』（中公新書）の中に記している。地震による直接の死者一〇五三八五人、全壊全焼流失家屋数二九三三八七であった（『関東大震災八〇年・地震展』による）。

関東大地震で頭部が落下した上野大仏

明治以降我が国においてマグニチュード八・〇以上の地震は、明治二十四年（一八九一）の濃尾地震、明治二十九年（一八九六）の明治三陸地震、昭和八年（一九三三）の三陸地震、昭和二十一年（一九四六）の南海地震などがある。中でも、明治三陸地震では津波による被害を含めて死者が最も多い二万一千人余であったが、関東大震災では、それらよりずば抜けて多い十万人余となっている。

自然の災害によるものとは言いながら、関東大震災では、地震そのものによる被害よりは、付随的に発生した〝火災〟による被害の方が大であった。家屋の被害もまた三十万戸に近く、二次的な災害となっている。東京府だけを取り上げてみても住居全潰三五四六棟に対し、住居の焼失は、六六五二一棟である。地震による直接被害を受けた住居の十八倍余にわたる住居が、地震後に発生した火災により焼失したのである。

こうした状況下にあって、博物館などの教育施設もまた大きな被害を受けるに至った。

当時、文部省の管理下にあり湯島聖堂構内に所在した東京博物館は、地震による直接の被害では、土塀が数か所崩壊した程度であったが、夜間になってからの飛び火により、一瞬にして建物、資料のすべてを失うに至った。

一方、上野公園内に所在した東京帝室博物館は、コンドルの設計によって建てられ中心をなす建物であった旧本館の第一号館が著しく破損するに至った。

更に上野公園では、関東大地震により、上野大仏の頭部が落下し、今日に至るまで何かと話題になっている。

上野大仏は、東照宮の鳥居のある小高い丘に安置されていた。江戸の寛永年間に掘丹波守直時が六丈あまりの漆喰の像を造立したが、正保四年（一六四七）の地震で頭部が落下し破損されるに至った。その後、萬治年間（一六五八～一六六一）に僧浄雲が再建し、青銅製の大仏に造り替えたが、安政二年（一八五五）十月の江戸地震によって頭部が落下し、その後修理された。しかし関東大震災によって、またまた頭部が落下するに至った。昭和の時代になって、日中戦争が始まり、兵器生産のため金属類の回収が国を挙げて組織的に進められ、昭和十五年（一九四〇）に、上野の大仏も顔面をのこした頭部、胴部以下の部分が金属資源として供出されるに至った。現在は写真で示したように、供出しなかった慈悲深い顔の部分だけが置かれており、〝もう落ちることはない〟として、受験生の合格祈願に人気を集めている。

関東大地震で破壊された上野大仏の顔（公園内大仏山）

東京博物館と東京帝宝博物館は、いずれも国立の施設であるが、それに対して私立博物館の被害状況として、港区虎の門に所在する大倉集古館を紹介する。やはり地震そのものから発生した被害よりも、その後の火災によって、陳列館とともに貴重な美術工芸品の大部分を焼失するに至っている。

第一節　東京博物館の焼失と復興

東京博物館は、文部省直轄の教育博物館として東京・文京区の湯島聖堂構内に所在した。江戸時代に幕府の学問所のあったこの湯島の大聖堂構内は、明治になって新政府の直接管理するところとなる。明治四年（一八七一）七月十四日、廃藩置県の詔書が出され、四日後の七月十八日には、これまでの大学が廃止され、新たに「文部省」が設置される。同年九月には文部省内に「博物局」が置かれ、かつての物産局の業務を引き継ぎ、新たに殖産興業政策の一環としての博覧会の開催なども考え、大成殿を文部省博物局の展観場と定めるのである。

文部省博物局は、すでに第一章第一節で述べたように、翌明治五年（一八七二）三月十日から、我が国で最初の官設博覧会を湯島聖堂構内で開き世間から注目された。博覧会終了後には、官有品を用いて毎月一と六のつく日に博物館という名称で公開することとなる。その後、聖堂構内にあった博物館は、正院付属の博覧会事務局に併合されることにより、博覧会事務局のある山下門内の地に、古器旧物などすべての所蔵物が移されるのである。

湯島聖堂構内にあった文部省が明治五年（一八七二）八月、常盤橋内の旧津県邸へ移転したので、その後には「師範学校」が創設され、翌明治六年（一八七三）に「東京師範学校」と改称される。しかし、東京師範学校は、明治十五年（一八八二）十二月の失火により、創立時代の建物をほとんど焼失したことなどもあって、明治十八年（一八八五）隣接していた東京女子師範学校と合併するのである。しかし、五年後の明治二十三年（一八九〇）十月には分離され、「高等師範学校」として独立するに至った。

高等師範学校官制第一条には、「高等師範学校ハ文部大臣ノ管理ニ属シ師範学校中学校及小学校ノ教員ヲ養成スル所トス」とあり、その第三条に「高等師範学校ニ東京教育博物館ヲ附設ス　東京教育博物館ハ普通教育ニ関スル諸般ノ物品ヲ陳列シ参考ニ便スル所トス」となっている。これにより、「東京教育博物館」が高等師範学校の付属施設として設置されるに至ったのである。この博物館は、聖堂構内に一棟を新築して陳列場となし、それに大成殿に続く左右の廊下も陳列場として使用した。

明治三十五年（一九〇二）三月、高等師範学校が東京高等師範学校と改称されたので、博物館も東京高等師範学校附属東京教育博物館となり、学校の教材などを展示した施設としての役割を果たすことになる。しかし、大正三年（一九一四）六月十八日、東京高等師範学校の附属から分離され、文部省普通学務局所管の独立した「東京教育博物館」となる。これにより、学校教育のために貢献する博物館というよりは、明治末期から次第に浸透しつつあった〝通俗教育〟のために活用する施設であるという観念が強くなる。そのため通俗教育の一環として、日常生活と深い関係のある特別展覧会を頻繁に開催するようになり、社会から注目される博物館となるのである。

災害防止展覧会で設定した安全第一のシンボルマーク「緑十字」

今日なお続いている六月十日の「時の記念日」、毎年七月に実施される「全国安全週間」（当初は「安全週間」）、更に安全のためのシンボルマークである「緑十字」などの制定は、この当時開催された「時展覧会」（大正九年五月十六日～七月四日）、「災害防止展覧会」（大正八年五月四日～七月二十日）の折に館長棚橋源太郎らの考案により実行に移されたものである。

この東京教育博物館は、大正十年（一九二一）六月二十四日「東京博物館」と改称される。官制には「文部大臣ノ管理ニ属シ自然科学及其ノ応用ニ関シ

東京博物館全景（現・お茶の水湯島聖堂構内）

社会教育上必要ナル物品ヲ蒐集陳列シテ公衆ノ観覧ニ供スル所トス」とあり、ここで初めて「自然科学博物館」であるという性格が示されたのである。これにより日本で唯一の国立の科学博物館として発達することになるが、大正十二年（一九二三）の関東大震災で建物、博物館資料のすべてを失ったのである。

東京博物館の焼尽

大正十二年（一九二三）九月一日、午前十一時五十八分、御茶の水の東京博物館事務室では、棚橋源太郎館長以下数名の職員が小卓を囲んで中食の最中であった。突如として起こった地震に職員一同は裏山のイチョウ林に避難したが、しかし、この頃は地動も最大に達し、もはや立っては歩けないような状態であった。

当時、東京博物館は写真で示したように、第一陳列場が独立した中心的な陳列場であり、第二・三陳列場が大成殿の回廊であり、両陳列場はかなり離れている。その大成殿が台地上に位置しているのに対し、第一陳列場の方は低地に移行する斜面上にあった。しかしこの時点では、両所とも建物の倒壊するようなこともなく無傷で、ただ、周囲の土塀が数か所崩壊した程度の被害だった、館内の陳列品も、数個の標本瓶が割れた程度で大きな被害ではなかった。

当日、午後は休館であったので、職員は家族の安否確認のため、宿直員を残して全員帰宅した。その時のことを東

京博物館の学芸員であった森金次郎は「思い出の大震災」の中で

やがて、聖堂構内の空地は、罹災者の避難場所となり、附近の病院からは重症患者が運び込まれるようにもなった。その後、神田方面で火の手があがり、日が暮れる頃には、それが更に燃えひろがり、神田、本郷方面は火の海となつていた。（中略）

私は十時頃、本郷一丁目辺まで来てみた。最早両側とも凄じき一面の猛火に包まれ、この先一歩も進むことは出来ない。人の話によると既に女高師も聖堂も博物館も焼け落ちて仕舞つたと聞いて実に驚いたが如何とも仕様がない。

恐怖の一夜は明けて翌二日の朝、早速御茶の水に来て見ると、館長（棚橋源太郎）を初め二・三の館員も来て居られたが何れも呆然自失の体であつた。焼跡の一角に立つて見渡すと、陳列館も事務館も今は影かたちもなく、唯赤い余燼の中に煉瓦造の小変電塔と一個の金庫がポツンと立つて居るのみである。聖堂の台地に上つて見ると将軍綱吉の建立した大成殿と杏壇門も廻廊も悉く烏有に帰したが入徳門と水屋と外に裏山の官舎一棟が残つて居るのみが見える。一夜の中のこの変化は実に感慨無量である。

後に聞くと、前夜九時女子高等師範の方から聖堂に延焼し、次で十時頃本館倉庫より事務室に燃え移つた。而して一旦衰へた火勢は再燃して十時半頃遂に陳列館をも全焼したとの話であつた。

とある。被害は地震そのものによる倒壊というよりも、それに伴い夜になって発生した火災によって類焼したものであった。

地震発生当初の風速は、十二メートル程度の南の風であったが、当時の風向きなどを『東京の消防百年の歩み』には、次のように記してある。

東京博物館所蔵資料（大正 12 年 3 月末日）

品名	現在数	品名	現在数
家庭及幼稚園用品	600	物理学器械及製造具	652
実物教授用具	114	科学器械及薬品	548
教学科教具	80	生理学標本	81
図画標本及器具	212	動物学標本及器具	397
体操遊戯及身体検査用具	80	植物学標本及器具	216
校舎建築図及模型	74	鉱物学標本及器具	473
内外国学校写真	1,158	手工科教具及成績品	1,270
学校用卓子椅子及其模型	55	農学標本	15
教場用具	103	幻灯器械及映画	363
生徒用具	189	工芸材料及製品標本	2,244
賞与品及卒業証書類	1.507	裁縫科教具	75
音楽科用具	35	諸学校生徒成績品	1,471
歴史科教具	75	其他雑	1,317
地理科教具	133	図書	12,800
星学用具	31	合計	26,368

最初、南風にあおられた主流は、たちまち水道橋と神田川とを結ぶ線を突破し午後二時三十分ごろ、本郷区元町および御茶の水の北岸に飛び火した。次いで午後五時三十分ごろ、風は西に変わつて神田川沿いに駿河台、万世橋方面に拡大し、午後七時ごろ、日本橋区本石町から延焼拡大してきた火流と須田町で合流した。その後火流は、北の風十五メートルの強風にあおられて猛烈な勢いで拡大し、淡路町から駿河台、甲賀町、小川町、錦町に至る大火流となつて南進、午後十一時三十分ごろ、一つ橋と神田橋とを結ぶ線を突破した。

この時に焼失した博物館としての建物は、

陳列館二階建　一棟

一九八三・四七平方メートル（約六〇〇坪）

講演室ならびに事務室・小使室・湯呑所平家　一棟

三六三・六四平方メートル（約一一〇坪）

倉庫平家　四棟

二六七・七七平方メートル（約八〇坪）

図書閲覧室平家　一棟

九九・一七平方メートル（約三〇坪）

その他付属建物平家　八棟

九九・一七平方メートル（約三〇坪）

であった。総計すると、二八一三・二二平方メートル（約八五〇坪）となる。

焼失した資料は明確ではないが、震災時には長崎新聞社主催の衛生展覧会へ貸し出していた運動体育に関する参考品三一九点のみが焼失を免れた。表に示す所蔵資料（大正十二年三月末日現在数）は、すべて焼失したことになる。これらの資料の中には、蒙古の土俗品、動植物の標本、南洋の土俗品など再び入手することの困難な貴重な資料も含まれていた。

震災の翌二日、館長棚橋源太郎は、出勤した館員を集めて協議し、取りあえず焼けなかった切符売り場を仮事務所とし、職員一名、傭人二名を毎日交代で勤務させることにした。翌三日より焼残り品の取り片付けを始めた。一方、仮事務所は六日より大塚の東京高等師範学校内に移転しひとまず落ちつくこととなった。それは校内の講堂の廊下の一隅で小机と腰掛三・四脚を置いただけのものであり、十二名の職員は毎日ここに通勤し博物館の復興に努めたのである。

震災後の資料収集と仮公開

館長棚橋源太郎は、震災の十日後には、復旧が急務であると考え、文部省に対し災害復旧応急設備費として総額一七万五四五三円の要求書を提出している。

それには「従来ノ東京博物館ハ国家ノ経営トシテハ頗ル貧弱ナモノデ、当事者十年来ノ培養ニ依ツテ漸ク萌発シタ科学博物館ノ芽生タルニ過ギナカッタ　併シナガラ、此ノ貴イ萌芽ハ決シテ此ママ震火ノ蹂躙ニ委スベキモノデハナイ」として、これまで科学博物館として芽生えてきたものをそのままにすべきではない。むしろ、この震災を契機に帝都を復興する好機として、是非とも科学博物館の発展を期したいとするものであった。そして、「此ノ際ニ於ケル応急ノ処置トシテハ取敢ヘス最低度ノバラック建ニ復旧シテ本館ノ職能ヲ行ヒ得ラレル様ニ計ラレタイ」として、以下のようにその理由をさらに細かく列挙している。

一、本館仮建物ハ従来モ半永久的木造ナリシ故焼跡ニ於テ平家建トップライト亜鉛板葺コンクリート土間トスレバ本建築出来ルマデノ応急設備トシテ大体不都合ナキ見込ミデアル

二、博物館ノ陳列品ハ広ク内外古今ニ亘ツテ系統的ニ蒐集スベキモノナルガ故ニ何程多額ノ経費ヲ以テスルモ急速ニ其ノ目的ヲ達スル事ハ不可能デアル依テ早速蒐集ノ計画ヲ立テ之レニ着手スル必要ガアル

三、陳列品ノ寄贈を受クル等蒐集ニハ不完全ナガラモ蒐集スルニ随ツテ直ニ之レヲ陳列シ得ル公開陳列所アルコトガ必要デアル単ニ倉庫ノミニテハ不可ナリ

四、博物館ハ事業ノ性質上一朝ニシテ生レルモノニアラズ陳列品ノ蒐集ハ勿論館員ノ養成訓練等ニ対シ相当ノ期間ヲ要ス　故ニ不完全ナガラモ常設陳列所復旧ノ必要ガアル

五、従来本館ハ自然科学参考品ノ陳列所トシテ盛ニ諸学校観覧団体ニ利用セラレ教授用品ノセンタートシテ重要ノ役目ヲ為セリ　今回罹災初等中等諸学校教授用品焼失ノ為メ本館設備復旧ノ必要ガ一層増シテ来タ

六、今回焼失シタル高等専門ノ学校ニ於テモ新ニ設備スベキ教授用機器模型標品類ノ一部ハ之レヲ本館ニ備付ケテ共同的使用ニ供サバ経費ノ非常ナル節約トナラン

七、本館ハ従来全国ノ各種観覧施設展覧会等ニ対シ其ノ中央機関トシテ之レガ指導ニ任ジ、且ツ盛ニ参考品ノ貸

出シ等ヲ行ヒ来ツタ此ノ事業ハ今日各地ノ事情ニ顧ミテ社会教育上極メテ重要デ復旧継続スルノ必要ガアル

とある。そこには博物館を復旧するための直接の理由ばかりでなく、早急に資料を収集する必要があることから、それには保存する倉庫のみでなく、公開の陳列所が必要であるとしている。同時に従来は自然科学参考品の陳列所として、また学校団体に対しては教授用品のセンターとしての役割を果してきた。そのため新たな教授用機器模型標品を備え付けて、罹災した諸学校に共同で利用させるというような、これからの博物館の方向付けなども示されている。

東京博物館震災後の仮建物

東京博物館は、これまで通俗教育を推進するための施設として、毎年数回の特別展覧会を開いてその役割を果してきた。しかし、震災ですべてを焼失し無一文になったとは言いながら、博物館という名称が存在するかぎり、何か新たな博物館事業を考えねばならなかった。この時に館長棚橋源太郎が構想したことは、この震災の時にしかできない事柄の実行であった。それが震災後における新たな博物館事業として示された以下の二点である。

一、大震災の被害に関する参考品の収集

二、罹災学校に対する貸出用理科標本の収集

一の震災関係に関する資料については、東京高等工芸学校建築科の土居教授、橋両教授の応援を求めて実施するに至った。

第一班　横須賀・鎌倉方面

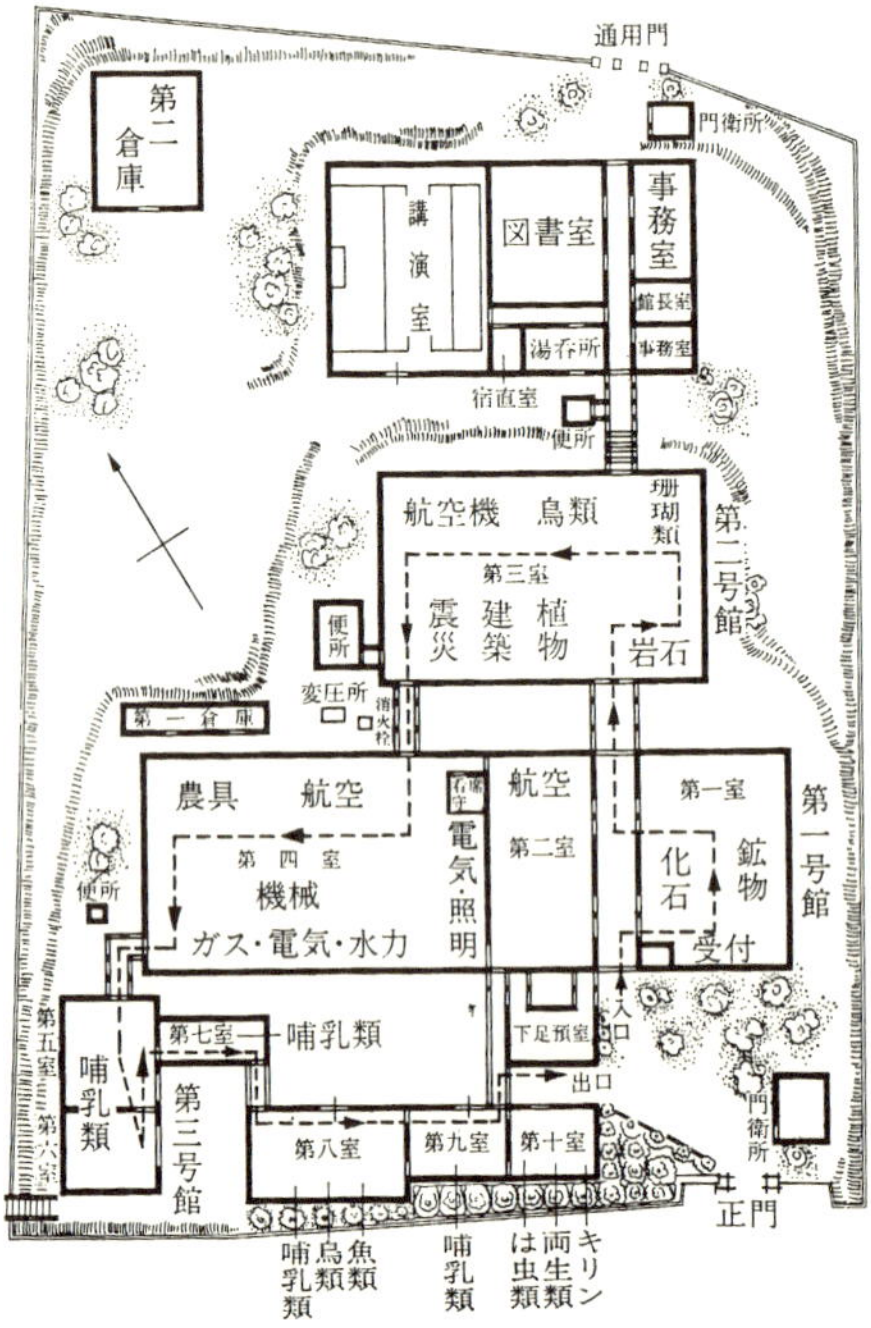

東京博物館震災後の仮陳列

土居教授、森金次郎学芸官
第二班　小田原・伊東方面
山下成徳学芸官補、丸茂忠雄書記
第三班　箱根方面
橘教授、清水蜂太郎学芸官補

上記に加えて、東京市内の資料なども随時職員によって収集されるに至った。これらの収集された資料は、整理され、後日開館する仮陳列館で公開されるに至った。『東京博物館一覧』に掲載された大正十二年度の事業概況によると、常備陳列品は関東大震災参考品と災害地各地の土木建築参考品、震災の惨状ならびに被害の実況などを描いた絵画、写真、図表、および耐震・耐火の建築模型の三種となっている（この時収集された震災関係資料は、昭和六年（一九三一）八月、東京市本所区横網町に東京市復興記念館が設置された時に同館に移され今日に至っている）。

二番目の罹災学校に対する貸出用理科標本の収集については『東京博物館一覧』には具体的な記載は見られないが、学芸官森金次郎は、その「思い出」の中で次のように述べている。

罹災の中小学校等では、当分の内何一つとして教授標本を持ち合せぬので、当館では各府県知事、其他鉱山等に依頼して理科標本の寄贈方を交渉した。これは各方面の同情を得、集つたものが約三千点に達したので、これを整理分類して小箱に収めた上、各学校へ貸付けたがのちに其の全部を東京府市の学務課へ寄贈した。

さきに記した災害復旧要求書に見られるように、この機会にしか収集できない震災に関する資料を収集することはできたが、さらに一方では、これらの収集資料を公開するための場所が必要であった。そこで逸早く仮陳列場の建設が推進されるに至ったのであるが、折しも、運よく震災応急新営費として、一〇九四一〇円が国庫から支出されるに至ったのである。

大正十三年（一九二四）二月に展示館二棟、講演室・図書室・事務室・小使室・湯呑所など一棟、倉庫二棟などが落成するに至った。館内四か所に非常用消火設備、構内のいたる所に専用消火栓が配され、火に関する設備には特に気を配っている。震災に遭遇し火災で建物・資料のすべてが灰燼に帰してから、六か月という極めて短期間での復旧であった。

大正十三年（一九二四）五月十一日から一般に公開したが、この日はまた震災後初めての特別展覧会「乳展覧会」の初日でもあった。陳列品と関連して、牛乳料理の実演や試食会が開かれ好評であった。この乳展覧会を契機にして、震災後における特別展覧会の開催が再び息を吹き返すこととなる。

第二節　東京帝室博物館の被災

関東大震災が発生した大正十二年（一九二三）には、上野公園内には博物館施設として東京帝室博物館、学校施設としては東京美術学校と東京音楽学校、図書館施設としては帝国図書館、それに帝国学士院などが所在していた。

公園内における地震による直接の被害は、大仏山にある上野大仏の頭部の落下、徳川家の墓所にあった石灯籠・寛永寺の鐘楼が崩壊、それに建物としては東京帝室博物館の煉瓦造りの建物が大破したことなどで、たいした被害ではなかった。しかしその後、上野公園は台地上に位置し、樹木が多く、安全な場所として避難民であふれたため、その対策の方が大きな問題となった。内務省社会局がまとめた『大正震災志』には

上野公園は罹災者避難地中の最大収容を為した地点で、其の数一日の如きは三、四十万人に及んで、広大なる同公園も立錐《りっすい》の余地なき状態で、此等避難者は一時相枕藉《ちんしゃ》して夜を明かし、樹蔭水畔も遂に多数を収容し難くなり、各自退散して或は故郷に帰り、或は禍難軽き他所に移り……

と記されており、当時の騒然とした上野公園を彷彿させるものがある。一説には避難民の数は五万人に達したとも言われるが、そのための救助などで臨時診療所、健康相談所、託児所、婦人授産所、職業婦人寄宿舎、巡査合宿所、産院などの仮設物が設けられ、利用されるに至った。

帝室博物館構内にもまた避難者が集まり、内務省がまとめた『大正震災志・外篇』には、

下谷・浅草及本所・深川方面の罹災者は一時に上野公園に避難し、博物館内は殆んど充填して其の数約一万数千人に上つたが、四日頃より漸次退去し始め、十二日には一千二百六十人となり、其の中七百二名は当館事務所廊下及戦利品陳列所に収容し、他は庭前にて僅に雨露を凌いだ。

とあり、宮内省所管の施設内にも避難者を収容するに至ったのである。『東京国立博物館百年史』によると、この地震が発生した当日の観覧人は大人一二九人、小人九人、計一三八人であったが、けが人はなく無事であった。

また、地震が発生した時、館内では、新任されたばかりの大島義脩《おおしまよしなお》総長が三宅米吉前総長から事務引き継ぎの最中であった。三日前の八月二十九日に任命されたばかりの大島義脩新総長は、烈しい余震を冒して自ら館内を一巡したが、陳列品には特別大きな被害はなかったので、安堵の胸をなでおろしたが、建物には被害の大きいことを感じとった。とくに明治時代にイギリス人コンドルの設計で建てられた煉瓦造りの旧本館が使用不可能な状態になっている

ことを痛感するに至った。

本節では、最初にコンドル設計の旧本館が日本建築史上重要な意味をもった建物であるため、その建設から被災するまでに至る、その歴史的な道筋と果してきた役割などを振り返ってみることから始めよう。

コンドル設計の煉瓦造り、再起不能

上野公園で開かれた第一回内国勧業博覧会が明治十年（一八七七）十一月三十日、無事終了した翌月の十二月二十七日、内務卿大久保利通は、公園内に博物館を建設することについて、次のように上申した。

当省博物館ノ儀ハ澳国博覧会事務局へ文部省旧博物館物品ヲ移シ澳国へ出品物ヲ合併致陳列、該所ヲ以テ博物館ト被定、衆庶献納品又ハ出品人重器等ヲモ羅列、広ク縦覧ヲ許来候処、右ハ市街接近ノ場所ニテ往々失火等ノ患有之《ウレイコレアリ》、加之在来ノ家屋ヲ補理相用ヒ候モノニテ不適当ナガラ方今ニ至ル迄姑息相保来候必意廃屋同様ノ者ニ候処、修繕ノ為メ無益ノ費用月々増殖致シ所詮此末保存ノ目途無之、冬時ニ至テハ別シテ火難ノ恐不少如、此危殆《キタイ》ノ場所へ重宝陳置候儀不安事ニ有之候。

とあり、この山下門内博物館は、市街地に近く往々にして失火等の火災の心配がある。さらに博物館は在来の家屋を使用しており、廃屋同様のものに修繕費をかけても保存の目途がたたない。これでは博物館として不安である、としている。更に続けて

抑博物館ノ利益タル今更喋々ノ開陳ヲ閣キ、今般大和国法隆寺所伝ノ古器物等献備ノ儀モ御聞届ニ相成博物館へ保全可致ノ処、右ハ無二ノ珎宝ニテ寧楽ノ朝盛時ヲ考証スヘキ重器トモ可申、其他国内ノ古器重宝及有名社寺ノ秘仏等、往々外人ノ手裏ニ落チ今其監護ノ方法ヲ不設之ヲ等閑ニ附スル時ハ将来噬臍《ゼイセイ》不及ノ悔可有之、且方今館

中陳列ノ品ニモ再ヒ購求難致モノモ不少何分ニモ此儘難差置儀ニ有之、就テハ兼テ御裁下ニ相成居候上野公園内へ一宇ノ博物館ヲ設ケ漸次蒐集移転致シ永久保存ノ順序相立申度

とあり、博物館で保存しなければならない資料に関して説明している。その具体的な一つの例として、奈良時代を実証することのできる法隆寺所伝の古器物を挙げている。

この法隆寺所伝の古器物とは、奈良の法隆寺が明治十一年（一八七八）皇室に献納したものであり、現在、東京国立博物館の法隆寺宝物館に保存され、公開されている宝物を指している。一般には「法隆寺献納宝物」と称す。献納宝物は四八体仏の名で親しまれている小金銅仏をはじめ、鵲屋形柄香炉、伎楽面、灌頂幡、木・漆工品の仏具、絵画、染織、書跡など、正倉院宝物が八世紀の作品が中心であるのに対し、それよりも古い飛鳥、白鳳時代の作品が数多く含まれており、かつて江戸時代の天保十三年（一八四二）江戸本所の回向院で行われた法隆寺出開帳の時に出品されたものが中心になっている。その数は明治九年（一八七六）に提出された献納目録には、衲袈裟以下一五七体とあったが、戦後、国に移管された時には三一九体の作品となっている。

こうした貴重な法隆寺献納宝物の保存のためにも博物館が必要であり、そのためにも上野公園内に新たに博物館を建設したいとしているのである。そして最後に

因テ右建築費用取調候処、概計金拾万円ニ相成右ノ内金五万円ハ当省定額内ヲ以流用支弁可仕間金五万円別途御下渡相成度、此費額惣高一時ニ支出可致儀ニモ無之候間、当年度ニ不限漸々御下渡ニ相成可然儀ト存候。方今国費多端ノ際ニハ候共前条無止ノ状理厚ク御商量特殊ノ御詮議ヲ以此段御許可相成度、御裁下ノ上ハ築造方工部省へ御下命被下度、尤建築仕様書ハ更ニ取調可及上申此段至急相伺候也

とあり、建築費のことについて述べている。概算は十万円で、そのうち五万円は内務省の定額金から流用し、残りの

五万円は別に御下渡願いたいと言うことになっている。すでにこれ等のことは大蔵卿とは協議済であることが追て書にあり、〝特殊ノ御詮議ヲ以テ〟許可して欲しいとある。これに対し一週間後の十二月二十七日に「伺ノ趣聞届候条金額請取方ノ儀ハ其時々可申出」として裁可されたのである。

コンドルが設計した上野の帝室博物館

これにより、上野公園内の旧本堂跡に概算十万円で、工部省が担当して博物館を新築することとなり、工部大学校で建築を教授していたコンドル（ジョサイア・コンダー、Josiah Conder）によって設計され、工事が進められることとなった。

明治新政府は、日本人の建築家の育成を目指して、明治十年（一八七七）一月、かつての工部寮を工部大学校と改める。この時にイギリスのロンドン大学出身のコンドルを工部大学校造家学科主任御雇教師として迎えるのである。

当時コンドルは、英国の代表的建築家であったパージェスの助手として設計・管理の実務に携わっていた。明治十年（一八七七）に着任してから、講義から製図に至るまで一人で担任し、教師として日本人建築家の養成にあたった。第一回卒業生には、日本銀行や東京駅などが代表作となる辰野《たつの》金吾《きんご》、赤坂離宮や表慶館などを手がけた宮廷建築の巨匠片山東熊《かたやまとうくま》、丸の内の三菱二号館や慶応大学図書館を担当した曾禰達蔵ら、明治建築界で指導的な役割を果たした人々を育て上げている。来日してから十年間を調べてみても、訓盲院（築地、明治十二年竣工）、開

第１回内国勧業博覧会の美術館（のちに東京帝室博物館２号館）

拓使物産売捌所（箱崎町、明治十四年竣工）、東京帝室博物館（上野公園、明治十四年竣工）、川村海軍卿官邸（麻布飯倉、明治十五年竣工）、鹿鳴館（内山下町、明治十六年竣工）、有栖川宮邸（霞ヶ関、明治十七年竣工）、東京大学法文科校舎（元富士町、明治十七年竣工）などを手がけた。

コンドルの設計したこの帝国博物館は、『東京国立博物館百年史　資料編』に記載された工事仕様書によると、建坪七百四拾五坪壱合弐勺三寸、煉瓦石造、二階家で、屋根小棟西洋形瓦等、軒高算盤石上端ヨリ軒蛇腹迄四拾四尺、となっている。

明治十一年（一八七八）三月十四日、位置をきめる杭打ちを行って工事に着手する。当初の工期はおよそ一年余で明治十二年（一八七九）六月には竣工する予定であった。しかし、工事の中途において、重い資料を展示するためには、二階の梁を木材のみでなく、鉄梁を使用して堅固にする必要があるとのことなどにより、設計を変更するに至った。しかし、それを完成させるためには、当初予算の十万円では建設が不可能であると考えられ、そこで工部省に増額の要求をするのであるが、それがまた手間取ってなかなか解決しなかった。そのため竣工予定の明治十二年（一八七九）六月を過ぎても、なお煉瓦を積み重ねているという様な状況であった。

ところが、明治十四年（一八八一）三月に上野公園内で第二回内国勧業博覧会を開くことが決定し、新築中の博物館を博覧会場の美術館として使用することとなった。そのため遅々として進まなかった博物館の新築工事は、ただちに予算の増額が認められ、工事は順調に進むこととなった。かくして新築工事はほぼ完成し、明治十四年一月には、内国勧業博覧会事務局に引き渡すに至った。

たまたまこの頃、内務省が管理していた山下門内博物館の敷地内にある主要な第一号陳列館をこわして、その地に鹿鳴館を建設することとなった。そのため山下門内博物館の敷地をいそいで外務省に引き渡さねばならなかった。

第２回内国勧業博覧会開場の図　三代広重画

このことはまた、山下門内博物館が閉鎖されることを意味するのであるが、それにしても、これまで陳列していた貴重な資料を捨てるわけにもいかず、その移転先となったのが、内国勧業博覧会事務局に引き渡したコンドルが設計した建物であった。

この建物は前記した如く、二階建てであったため、一階を博覧会の美術品陳列の会場として使用し、二階部分に山下門内一号陳列館にあった資料を移動して、仮に収納しておく場所とすることになったのである。

第二回内国勧業博覧会は、明治十四年（一八八一）三月一日から六月三十日までの百二十二日間であった。陳列館は美術館など六館が設置されるに至った。当時の錦絵などによると、高さ五メートルの鶴の噴水がシンボルとして立っており、その奥に美術館が位置している。勧業博覧会事務局が発行した会場案内には、この美術館について「中門を入り正面の中央に峙立せる磚造の一字即ち是なり。高さ四五尺余、長さ三百五四尺余、平積七百二四坪余、正面に円形の雙楼あり高く聳へて美観を極む」

農商務省の創設にともなう組織の移管

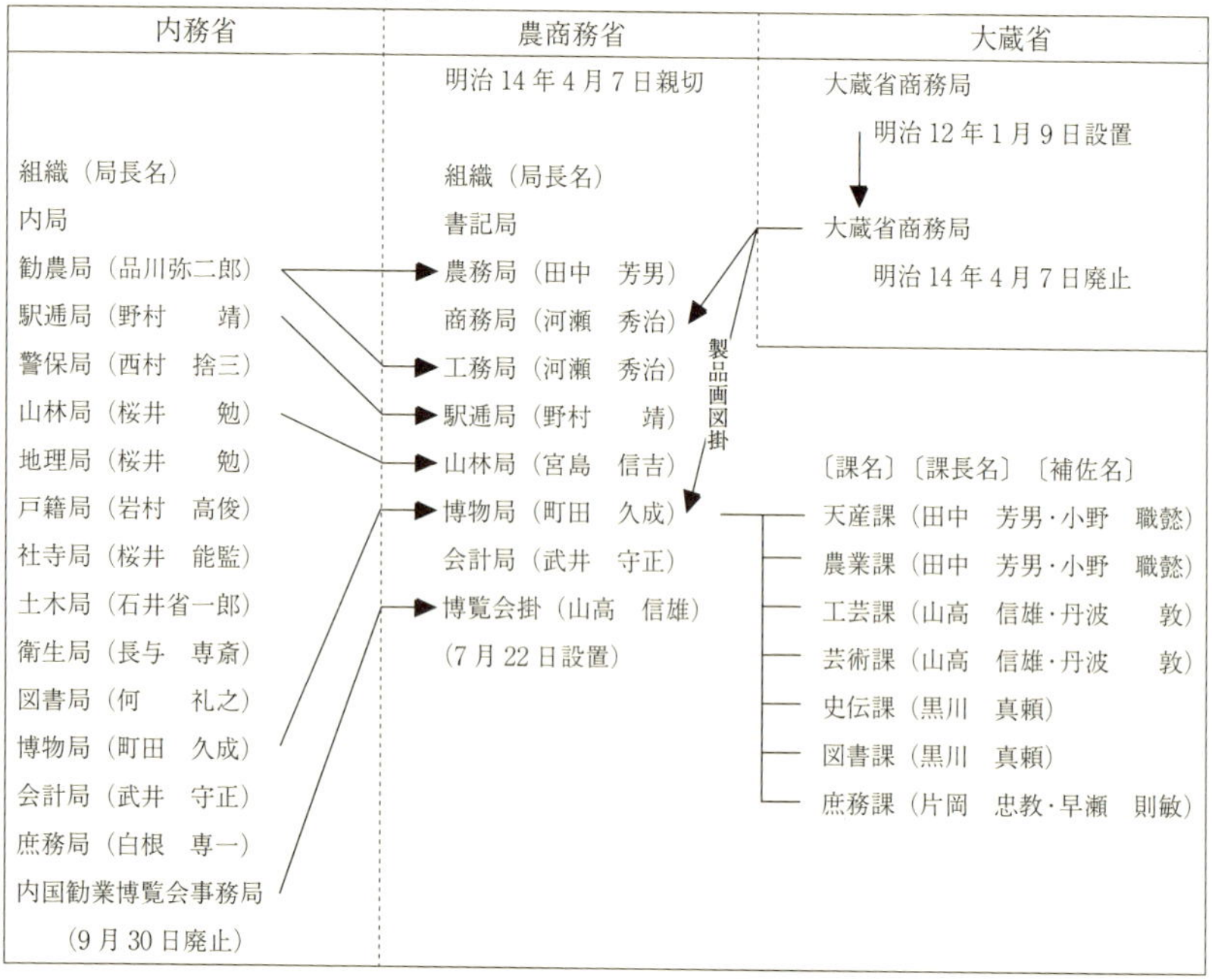

とある。室内には展示ケースが置かれ、陶器などが二段に陳列されている。

　第二回内国勧業博覧会開催期間中の明治十四年（一八八一）四月七日、これまで各省で分管していた農商工行政を一省に統合して、国の行政を改善するため、新たに「農商務省」が新設されるに至った。これは又、日本の博物館制度にも大きな改変をもたらすこととなる。

　この農商務省は、職制では書記、農務、商務、工務、山林、駅逓、博物、会計の八局が設置された。その時に農商務省博物局には、内務省博物局がそのまま移管され、それに大蔵省商務局の製品画図掛が組み込まれるに至った。これにより、農商務省博物局は、博物館事業としての資料の調査、博覧会の実施などに関与することになるが、当面する大きな問題は、内山下町にある山下門内博物館の資料を全部上野公園へ移し、第二回内国勧業博覧会の時に美術館として使用された建物を、農商務省博物館として公開することであった。

内国勧業博覧会に美術館として活用されたコンドル設計の建物は、博覧会終了後に農商務省へ引き継がれ、農商務省博物館として、明治十五年（一八八二）三月二十日、明治天皇の行幸をえて開館式を挙行する。式終了後の午後二時三十分から一般にも公開される。この博物館は、日曜日公開し、月曜日に休館するという方式を採用し、新たな見地に立った博物館として注目されるが、コンドル設計の建物が本館として、法隆寺から献納された宝物なども展示され、博物館の中心的な建物としての役割を果たすこととなった。

震災で崩れた東京帝室博物館本館（コンドル設計）

関東大震災当時、東京帝室博物館の構内にあった主な展示場は、煉瓦造の一号館、二号館、三号館、木造の四号館、それに煉瓦造の表慶館などであった。

一号館は、コンドル設計の建物であり、すでに記したように第二回内国勧業博覧会の時に美術館として活用され、その後に博物館として使用され帝室博物館の中心をなす施設であったが、地震により玄関の石段には露台の一部が崩壊墜して、煉瓦が山となっていた。

二号館は、第一回内国勧業博覧会開催の時に初めて美術館と称された建物であり、天産部資料を展示した施設であった。

三号館は、第三回内国勧業博覧会が開かれた時の参考館であり、彫刻、絵画類を展示していた。

表慶館は、大正天皇が皇太子であった時に御成婚の大典を奉祝し、東京府知事千家尊福、東京市長松田秀雄、商工会議所会頭渋沢栄一らが中心となり、明治三十二年（一九〇〇）三月十六日に東宮御所慶事奉祝会発起人会を組織し、全国から募金を募って美術館を建設し献上したものであった。建設の場所が帝室博物館構内と定められ、寄金も四十万円余に達したので、同年八月五日地鎮祭を執り行い起工するに至った。設計・監督は、内匠頭片山東熊で、ネオ・バロック様式の外観、内部には天井ドームまで吹き抜けとなった中央ホールがあり、優美な曲線を基調とする装飾がほどこされている。明治四十一年（一九〇八）九月二十九日竣工し、十月十日宮内省に献上されたものである。日本人が設計した西洋館としては、傑出した建物であると言われる。翌明治四十二年（一九〇九）五月二十一日、東宮殿下（大正天皇）の行啓をえて開会式を挙行した。近代美術を展示した建物であった。

木造建築物である四号館、事務所はほとんど被害はなかった。

その他の建造物については、茶室六窓庵の寄付の壁全部が崩落し、室内の壁全体に亀裂が生じている。校倉については屋根瓦が小破、土台土止石の崩落程度であった。おおまかに言うと、木造の建物は被害が少なく、煉瓦造の建物が大きな被害を受けたということになる。

展示品の被害は概して少なく、歴史部は土器、陶器がかなり破損したが、修繕すれば学術的価値はあまり減じないで活用できる。美術工芸部の陶磁器にも多少の破損があった。

全体的な被害の調査は、収蔵庫にも及びその結果は順次宮内大臣に報告されている。『東京国立博物館百年史』には、

まず御物関係では、康熙黄竜甕盤一対の大破片のほか小破損をふくめて九件、社寺出品の国宝では、浄瑠璃寺吉祥天像の宝冠飾鳳凰の破損と漆塗亀甲形台座が少しく損傷し、鑁阿寺青磁牡丹花瓶一対のうち一個の口縁と小損

があった。個人、官省の出品では、主として焼成品に損傷したものがあり三七件を数えるが、大破損のものは少ない。

と記している。

東京帝室博物館の復旧については、いろいろと協議がなされており、その結果、翌大正十三年（一九二四）三月二十九日、帝室博物館総長は宮内大臣に対して復旧計画案を上申している。この中に博物館の将来の在り方に対する重要な三事項が示されている。

一．旧第一号館、第二号館、第三号館ヲ至急取毀スコト

とあり「破損セル旧館ヲ其儘ニ放置スルハ、雨漏等ノ為メ後日利用セラルヘキ材料ヲモ腐朽セシムル虞アルニ依リ、至急取崩シニ着手セシメラレタシ」と続き、これは前にも記したように煉瓦造の建物に関する事柄である。修理して使用するという考えもあったが、結局同年十一月には、すべてを取り壊している。その後、帝室博物館復興翼賛会が組織され、新博物館の建設となって示されるに至った。

二．天産課列品ヲ整理スルコト

これには、「天産課列品ハ成ルヘク速ニ政府ニ引渡シ相成様致度モ此際先以テ重複標本、不用標本ヲ調査シ之ヲ学校其他所要ノ方面ニ引渡シ貴重ナル標本ヲ当分整理保管スル外ナカルヘシ、目下右ノ方針ヲ以テ各列品ニ就キ取調進行中ナリ」とある。この博物館は、農商務省所管の博物館から、宮内省の管理下に移され帝室博物館となった時、その経緯から古文化財の調査などを続けて来たこともあって、美術系の資料を扱うことが主体であった。しかし、もともと博覧会事務局として誕生した時から、美術とは異質な天然部資料—すなわち動物・植物・鉱物—などの多量の標本を所持していたのである。つまり美術系資料を扱う帝室博物館としては、これらの天然部資料が不用であり、は

やくから政府機関へ移管することを考えていたのである。これはなかなか進展しなかったが、この関東大震災を機に無一文になった東京博物館へ移管することが決定したのである。これを端緒として、日本の博物館は純然たる美術・歴史系博物館と科学系博物館の二系統に分かれて発達することとなるのである。

三、模造品作成ノコト

ここでの内容には、模造品の製作をすでに既成事実として認めているのであり、本年度は差し当たり経常費より支出するが、「次年度以降ニ於テハ本事業ノ為メ相当ノ経費ヲ計上セラルヘキ必要アルコトハ予メ御含置相成リタシ」とある。これでは地震と模造品の製作は直接関係がないようにも見られるが、『東京国立博物館百年史』の中には、

大震災の際の東京市内外の美術品の被害はきわめて大きかったが、これを機会にこの事業の重要さが改めて認識されたのであろう。事実これ以後模写模造の仕事はかつての帝国博物館の時代と同様博物館の重要な事業の一つとして毎年継続されているのである。

と記されており、次節で述べる大倉集古館のように、多くの美術工芸品を焼失しているので、模造品を製作しておけば、美術工芸史上に益することが多大であったと思われており、模写・模造の必要性を痛感していることがわかる。

関東大震災によって、東京帝室博物館の被害は、不幸中の幸いであったろうか。建物や資料がすべて消滅したということではなく、むしろ、これを機に日本の博物館の在り方が考えられ、新たな方向へと再出発している。禍を転じて福となしているともいえる。

附属動物園での被害

東京帝室博物館の附属であった動物園（現・東京都恩賜上野動物園）の被害について、『東京国立博物館百年史』には、

表門と南ヶ丘便所が全壊、板石橋陥落、煉瓦塀の一部が破損した。『上野動物園百年史』では、表門と便所が一か所全壊、板石橋の陥落や煉瓦塀の一部破損、動物舎の被害は意外に少なく、カバ室、ゾウ室、ホッキョクグマ室などの一部が破損した程度、動物には直接の被害はなく来園者も無事であった、と記している。

また、大正十二年（一九二三）の動物園日誌が伝えられており、その一部を『上野動物園百年史』に収載している。

そこに見られる地震発生当日の様子は、次のようである。

上野動物園切符売場（左）と入口（右）

九月一日　晴　土曜

正午少シ前大地震

六郷不参（注：六郷とは人名、嘱託）

中食前、事務所ニ三宅・黒川両技手、福田技生等執務中大震起リ、三宅起チ、福田又起チ、黒川技手最後ニ玄関ニ来出シタルモ、瓦落チ、震動劇シク行歩自由ナラス、辛フシテ河馬室西方桜樹ノ下ニ避難ス、官舎ノ家族ハ鳴リヲ潜メオル様子ニツキ桜樹下ニ来タラセタル、浅賀園丁、福田技生ヲシテ救出セシメタルニ子息見エズ、問ヘバ神田日本橋方面ヘ学用ニテ出向不在ナル由ナリシカ一時間後表門ヨリ戻ル　震後屢々副震アリ、危険ナレトモ福田技生ト共ニ園内ヲ一巡スルニ

河馬室煉瓦壁ノ亀裂多ク

旧、キリン室、蝙蝠陳列ミナ倒ル
熊室及小肉食獣室、何レモ南壁ノ煉瓦墜チ亀裂シタリ
便所　壊倒
藤堂墓地　裏表石塀全壊倒
表門　門柱一本倒レ従テ鉄扉半壊倒
第一号室　無事
第二号室　無事
第三号室　無事
雉室　無事
水禽室　無事
象室　硝子窓一枚破壊墜落
移転猿室　未ダ基礎備ヘズ
官舎西角入口附近ヘノ字《ママ》ニ人造塀壊倒
但シ外ニ向ツテ溝ヲ越ヘ往来ニ倒ル
事務所　屋根瓦ヲ覆リ特ニ二階ニ於テ著シ
象室ヨリ表門ニ至ル石橋イザル
一、震後神谷事務官安田技手ヲ従ヘ巡園猛獣ニ餓テノ攻撃ニ付テ憂慮セラル
一、本日本館ニ総長ノ新任披露アリ発震ノトキ在館シタルヲ以テ当園内モ見終ハル

一、来観人ニ一ノ負傷無ク園員一同又無事ナリ
一、震後火災各方面ニ起ル
一、本日馬肉ノ納入満足ニ得タル外、動物食物ノ納入ナク、唯見繕人久保田勘次ヨリ泥鰌及活兎ノ一、二〇〇ノ徴発ヲナシタルノミ
一、神谷主事ノ諒解ヲ得テ花園町ノ罹災民ヲ園内ニ避難セシムルコトトナス。集ル者続々トシテ来リ事務所附近ヲ埋ム。他町内ヨリ紛レ来ルモノ又多数ヲ認ム

とある。動物には被害が出ていなかったが、ただ文中に見られる「猛獣ニ餓テノ攻撃ニ付テ憂慮セラル」とあるように、猛獣の食糧不足から来る不測の事態が起こることを憂慮しているのである。日誌の文中に見られるように、馬肉の納入だけは満足であったが、その他の食糧は納入されていないのである。次に二日に記された日誌を見ても、「愈々動物・植物ノ納入杜絶ス」とあり、まったく納入されなかったのである。三日には「甘藷一二貫目、馬令薯、人参合セテ一貫目納入」とあるのみである。これでは飼育動物が飢えに苦しむことは当然であったろう。

また、当時の動物園主任であり、上野動物園としては最初の専任獣医であった黒川義太郎が、体験した震災の状況を記録しており、その著『動物談叢』の中で次のように回顧している。

こゝの動物もあの大震災の時には随分心配をした。最初ゆらゆらと来た時には、あれ程の大惨害を及ぼす地震などとはまるで念頭にはなかつた。しかし続いて頻々と来るので、全然地震に就て知識をもたぬ我々は、まだまだ大きな奴が来るやうに思はれ出したので、いよいよ心配になつて来たのである。当時はまだ猛獣小舎なども木造であつた。若しもつともつと大きな奴が来て猛獣小舎でも潰れたらどうするか、考えればいよいよ心配なので私は当時こゝを管轄されてゐた博物館に相談に行つた。

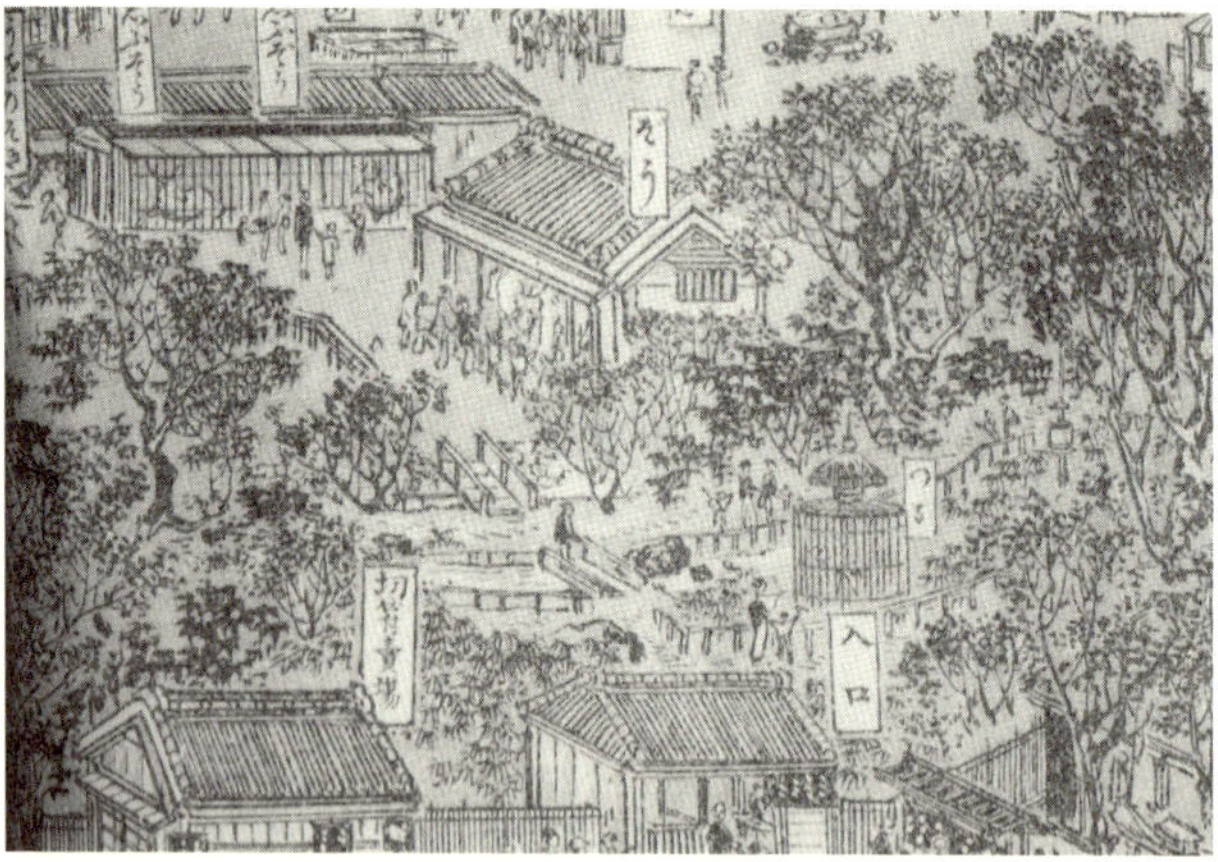

上野動物園（新撰東京名所図会）

私の考へでは、万一の場合に備へる為めに兵隊さんにでも少し来てゐて貰ひたかつたので、宮内省を通じてそれをお願ひ出来たらといふと、ふだんは何から何まで一切の世話を見てゐて下すつた博物館も、その時ばかりは剣もほろろの挨拶で、電話もない、人出もない、交通機関もすつかり駄目になつている。殊にこちらは水一滴かけられないやうな貴重品をみんなどう始末するかに就いて悩んでゐるのだ、そんな事どころでない。君の方の事は君の方で一切やつてくれ。君にすつかりまかすから——という話である。

帰つて来て、どうするか思案に暮れたが、その後、怖れる程の地震も来なかつたし、それにまた交渉もし得なかつたのに、近衛の兵営から自発的に実弾も携帯した一団の兵隊さんが、園内の警戒に来てくれたりしたので、何事も起らずに済んだのは幸ひであつた。

この記載に見られるように、地震により動物舎の壊れることを最もおそれていたのである。それにより猛獣が逃げ出すようなことでもあれば、大きな惨事になるからである。幸いにも、何事もなくすみ事務所などの軽微な被害のみであった。ただ、前記したように、公園内には多くの避難者がおし寄せており、動物園内も一時的には避難場所になっている。このことを内務省の『大正震災志』には

動物園には、一時一千余人の避難者があつたが、漸次減少して本館の分と共に九月末日を以て、上野公園内のバ

ラックに収容した。
是等の避難者救護に関しては、館員協力の上飲料水の供給、燃料の採取分配等をなし、又収容罹災者人名の取調を行ひて其の所在を明らかにし、配給物品の分配方に斡旋し、且つ罹災者中の希望者を募り、毎日構内の掃除を為さしめて人夫賃を支払つた。

とある。帝室博物館の附属施設であったがために実施が可能であった面もある。

第三節　大倉集古館の焼失

東京の港区虎ノ門に所在する大倉集古館は、鶴彦大倉喜八郎が創設した美術館である。これが日本における私立美術館の第一号と言われている。

美術館創設者の大倉喜八郎は、慶応元年（一八六五）二八歳の時、神田に鉄砲店を開き、戊辰の役では、銃器などの販売に当たっていた。明治六年（一八七三）には「大倉組商会」を設立し、貿易事業に手をのばし、日清・日露戦争では、軍の御用商人として、兵器・軍用食糧などの供給で莫大な富を蓄積するに至った。また、大倉商事、大倉鉱業、大倉土木などを創設し、大正初期には産業財閥の頂点に立つに至った。

大正五年（一九一六）十一月二十六日、喜八郎は帝国劇場で開かれた授爵と八十の賀を兼ねた祝いの席上で大倉家の財産から一部を分離し、美術館を設立し一般に公開することを披露した。こうして、大正六年（一九一七）九月五日「財団法人大倉集古館」が登記されるに至った。

大倉集古館の建築物は、第一号館から第三号館までの三館にわかれていたが、新築するにあたって、もともと由緒のある移築された建物を一部活用したものであり、公開するための陳列館ではなかったので、廊下などの多い複雑

大倉集古館の創設者・大倉喜八郎
（大倉集古館蔵）

な構造であった。三号館の階下には、五代将軍綱吉の生母である桂昌院の霊廟を縮小して仕組んだり、また階上の一室には、京都伏見の興正寺に伝えられていた桃山城遺構の一部分である床壁の帝鑑図説の図、帳壹飾の鶴の図、襖の梅竹の図などがあった。敷地内の西北隅霊南坂に沿った高所には、もと京城景福宮の一つの建物であった善朝鮮建築の標本ともみられる資善堂があった。

こうした陳列館に東洋諸国の仏像、道像などの美術品を中心とし、それに日本の蒔絵品、中国の堆朱《ついしゅ》器、石仏、銅仏、古銅器、陶俑、絵画などを加えたものであり、これらの資料は、大倉喜八郎自身が収集したものである。

大倉喜八郎は、美術品を収集したことに関して、それは高い美術眼があって収集したのではない、と言っている。明治維新の時に何でも破壊するという悪い風潮があって、上野や芝の御霊廟などで手当たり次第に金物を剥がして売ったり、金蒔絵、金屏風などをめちゃくちゃに壊して売るなど、美術品に対する扱いが極めて冷淡であった。それが惜しいような、勿体ないような気がして、出来るだけ保存してやろうと考えたのが始まりであると言っている。例えば、シーボルトというオランダ人が芝の御霊廟の一部を買って壊すということを聞き、驚いて買い戻して保存したり、廃仏毀釈などによって、廃寺、合寺が行われ、歴史的な美術工芸品が焼き捨てられたり、あるいは二束三文で古物商の手にわたり散佚するのを見兼ねて収集したりした。中国の美術品については、明治三十三年（一九〇〇）、義和団事件の時に中国の貴重な文化財が海外へ持ち出されたり、売りさばかれたため、中国のため、東洋のためと考え同じ東洋人として東洋の美術品を保護するという立場から、中国へ人を派遣して買い付けたのである。こうして明代の堆朱なども多数集め、古画では主として狩野派のものを集め、朝鮮からは宮殿の一部をそのまま移築した、と説いている。

震災前の大倉集古館全景（大倉集古館蔵）

喜八郎は、大正六年（一九一七）八月十五日、大倉集古館が公開された時の心境を

今度これを提供するという訳は、息子の喜七郎には美術眼はありませんし、このまま私有して居ると大倉組が没落でもして、大倉家の入札などという事になり、散逸などすると私の志が徒になる訳ですから、提供する心には何の虚栄心などもない美しい心のつもりです。

と語っている。東洋の伝統的な美術工芸品の保存に貢献した一人であり、こうして大倉集古館を公開するに及んだが、それが開館してわずか六年目に関東大震災に遭遇し、収集した大部分の貴重な文化財を焼失するに至ったのである。

内務省社会局の『大正震災志』によると、大倉集古館の所蔵品は、総数四千四百六十六点となっている。この中で倉庫にあったもの、火災の時に持ち出したもの、また火災に罹ったが修理して活用できるようになったもの、それらを合わせると、その概数は一千百七十点になるので、約三千三

現在の大倉集古館（大倉集古館蔵）

百点が焼失したことになる。前記したように、この美術館は仏教、道教関係の造像が主であった。著名なものでは、

木造普賢菩薩騎象像（平安時代後期）

木彫法蓮上人坐像（鎌倉時代）

釈迦如来夾紵像（朝鮮李朝初期）

など十七点が残っただけである。西蔵の仏像ならびに仏具類約二百三十点余は、この博物館の特徴的な資料であったが、すべて焼失するに至った。

工芸品では、蒔絵物が総数五百点あまりあったが、幸いにも次のものは搬出することができた。

長生殿図葦手絵手箱（鎌倉時代）

香奩《こうれん》二個（鎌倉時代）

山水高蒔絵書棚（徳川時代）

流水菊蒔絵文壹硯箱（徳川時代）

唐山水蒔絵料紙硯箱（徳川時代）

螺鈿花唐草文様伽羅箱（中国元時代）

などであったが、その他印籠、経箱、机、文台硯箱、料紙箱、文箱、手箱、乱箱、香箱など各種の調度品、蒔絵した武器・鞍具の類などすべてが焼失した。

陶瓷器の類は、支那陶瓷器五十余点、支那青瓷器六十余点、朝鮮陶瓷器約三十点のうち砧手千鳥香炉の名品が救い出されたほかは、すべて焼滅するに至った。

古墳から発掘された副葬品は、唐代のものが中心であったが、これらのものも焼失した。

大倉集古館の特徴的な資料としてよく知られていた〝堆朱器〟は、百五十点ほど所蔵していたが、その中でも

乾隆堆朱円形雲龍文菜盒（清朝宮廷の什器）

明代堆黄円形楼閣人物図香炉盆

明代堆黄八花式陷地紅錦萱草文大盆（故端方旧蔵）

などは、傑出したものとされていたが、「今や全く消えて影だになし」と惜しんでいる。

伎楽、舞楽、能狂言の面、並びに楽器約九十点も全焼した。徳川時代から明治時代にかけて用いられた公式男女の装束類約七十点余も全滅するに至った。紙質資料としての敦煌石窟から発掘された写経二十四巻、日本の写経七巻、神護寺伝来の平安時代の経簀、その他朝鮮新羅、緬甸の写字経などはことごとく亡失するに至った。

ただ、倉庫に保存していた支那誦芬室旧儲の書籍一万三千四百八十二冊と全唐書一千四冊、日本の浄瑠璃丸本四百八十二冊、また、前池田侯爵家のものを取込んだ能衣裳、小道具五百七十余点は、その約六割が倉庫に保存してあったため災害をまぬがれた。

幾多の貴重な収蔵品を焼失した大倉集古館は、その後、伊藤忠太博士の設計による中国風古典様式を活かした耐震・耐火の陳列館を建築して、昭和三年（一九二八）十月二十三日、故喜八郎の誕生日を期して再び開館した。嗣子大倉喜七郎は、父の意志を継ぎ博物館の運営にあたり、自らも収集した文化財を提供し、震災再興後における収蔵品

震災を免れた国宝・木造普賢菩薩騎象像
（大倉集古館蔵）

の充実に貢献した。

現在この博物館の建物は、国の登録有形文化財となっており、国宝三点、重要文化財十二点が収蔵されている。中でも震災で焼失をまぬがれた平安時代後期の木造彫刻「普賢菩薩騎象像」は、特別な名品として称えられている。

普賢菩薩は、法華経第二十八の「普賢菩薩勧発品」に登場するが、それには普賢菩薩が釈迦に対し、仏滅後の濁悪の世に法華経を受持し、修行する者の前に六牙の白象に乗ってあらわれ、守護するであろうと誓っているとされるものである。国宝に指定されているこの騎象像は、白象の背上につけた宝台に坐し、合掌している。胸を引いて背がやや丸みを帯びた穏やかな姿勢で、祈り続けている優雅な顔は、何となく観覧者を惹き付ける特別な魅力がある。

第三章　大正時代　恩賜京都博物館の御物盗難未遂事件

『京都国立博物館百年史』の中で、恩賜京都博物館主事糟谷幸造の記した盗難未遂事件を紹介している。長文であるが、最初にその事件の経緯を再掲しよう。

恩賜京都博物館

私が博物館へ行って二ヶ月後、一大事件がおこった。館内の一ケースに、宮内省から拝借した御物三点（白銅鏡、ちどりの香炉、摩耶夫人《まやぶにん》像）があった。この三点はもっとも大切な品で、香炉は青磁で天下一品といわれる。この三点が白銅鏡、香炉、摩耶夫人の順で、いずれも低い四ツ脚の卓に白い絹布をかけ、その上にうやうやしくのせてある。ケースのガラスも特製の厚板である。梅雨の季節で、観覧者もまれな日の正午ころ、館内に響きわたる大音響が起こり、監視員が音の方角へ集中した。私は別館にいたが、急報で飛んだ。これほど驚いたことは、一生に一度と思う。

御物を納めた特別ケースの厚ガラスの中央下部が、三角形に三十センチ余り割れ、ケースの中、底床全面は大中小あらゆる大きさのガラスの破片と微細な粉末でおおわれて、拳大の石が片隅にころがっていた。微細

恩賜京都博物館彫刻室

に検すると、この石をガラスに力いっぱいなげつけ、その石は香炉から十センチはなれた卓にあたり、絹布を破り卓に小穴をあけていたが、十センチの差で香炉にあたらず、また卓の周辺にあたれば、卓はひっくりかえり、香炉もとんで、みじんにくだけたであろう。香炉は直立のまま三センチ動いただけで、いっさい損傷はなかった。他の二点も全然無事で、全く考えられない不思議の幸いに神仏に心から感謝した。監視人がかけつけた時に、犯人は既にいなかった。窓から飛び下りて逃走したらしい。投石で大きな孔があき、手をさしこめば香炉はとれるが、余りの大音響に驚き、逃げ去ったらしい。

とある。犯人は拳大の石をもって陳列室に入ったのである。それは御物をこわすことが目的であったのか、盗むことが目的であったのか、この時点ではまだ明確ではないが、とにかく計画的な犯行であったことには間違いなかろう。だが、想像もしなかった余りにも大きな音に、犯人は恐怖心をいだき、急いで窓から飛びおり逃げ去ったのである。

その時のことを博物館では、直ちに管理者である京都市長に報告するのであるが、それには次のように記してある。

兼テ当恩賜京都博物館へ拝借陳列中ノ御物、即チ金銅摩耶夫人像（附侍女像三躯）、白銅鏡及千鳥香炉ノ三点ハ、特別製陳列箱ニ納メ陳列致置候処、今七日午後二時頃、観覧人トシテ入込居タルモノ、内一人、看守人ノ隙ヲ窺ヒ、突然御物飾箱之硝子戸ニ向ツテ直径三寸許ノ小石ヲ投ジ、硝子ヲ破壊シ、此刹那看守者之ヲ発見シ、直ニ之ヲ追掛ケシモ、犯人ハ折柄一部ヲ開キ置ケル北側窓ヨリ逸走シ、之ヲ捕フルニ及ハス、其目的御物奪取ニアリタルヤ否ヤ不明ニ候得共、幸ヒ御物ニ何等之故障無之ハ天佑ト存候、兎ニ角意外之出来事ニ付、右之次第一応及御報候間、其筋へモ可然御上申相成度及御依頼候也

大正十三年六月七日　　館長事務取扱名

市長宛

これによって、事件の発生した日時は、大正十三年（一九二四）六月七日、午後二時頃であったことが判明する。さらにこの報告には、追って書きがあり、それには「追テ本文事変後犯人捜索之途夫々手続相運置候得共、未ダ縛ニ就キ不申、又御物三点ハ後来之懸念モ有之候ニ付一先取片付保蔵致候也」とあり、犯人はまだ逮捕されていないこと、展示されていた御物三点は片付けて収蔵庫にしまったことを追伸している。

この事件に関し、先に挙げた糟谷幸造の回想記では、さらに次のように書き続けている。

この事件に対し、私は責任者として、直ちに市長に進退伺いを出し、市長は宮内大臣に進退伺いを出したが、〝その儀に及ばず〟として却下され、落着したが、万一香炉が破損したか盗まれたかしたら、昔なら切腹もので、今でも辞職は当然である。昔太閤の居室に、この香炉があって、石川五右ヱ衛門が盗みに入ったなどの伝説までついた名器である。この時の犯人は、一年後につかまったが陶器関係の者で、「あの青磁に魅了され、石を持って入場、計画的にやった」というそうだ。

とある。恩賜京都博物館は、かつて帝室のものであったが、皇太子殿下（昭和天皇）のご成婚を記念して京都市に大正十三年（一九二四）二月一日下賜された。この新体制になって、まだ四カ月しか経過していない時であった。下賜されたとは言いながら、何かと帝室博物館時代の体制がそのまま引き継がれており、事件が発生すれば、責

任者が進退伺いを提出するのはこれまでの慣習であった。辞職しなければならないようにも思えるが、御物は無事であったので〝その儀には及ばず〟で決着している。

文中に見られる石川五右衛門は、盗賊の代名詞のごとくその名がよく知られている悪人である。五右衛門は、つねに三・四十人の手下を従え、伏見の城下に立派な屋敷を構えていた。手下には槍、長刀、弓、鉄砲などをかつがせて街道を往来し、夜になると盗みを働いていたという。文禄三年（一五九四）八月二十四日、一味十人と子供一人と一緒に京都三条橋南の河原で釜煎《かまいり》の刑に処せられた。絵本太閤記によると、秀吉のいる伏見城に忍びこみ、千鳥の香炉を盗んだ。ところがこの時千鳥が鳴いたので、その音に気づかれ捕らえられたという。恩賜京都博物館での事件もまた、石を投げたらガラスの壊れる音があまりにも大きかったので犯人は逃げ出している。どうも〝音〟にまつわる話が付きまとっている。

ここで御下賜により一公立博物館となった恩賜京都博物館になぜ〝御物〟が陳列されていたのか、その辺の経緯を振り返ってみよう。

帝国京都博物館が明治三十年（一八九七）五月一日、初めて公開する時に、すでに開館している帝国博物館、帝国奈良博物館では御物が陳列に光輝を添えるものとして、そのお貸下が実現していたので、帝国京都博物館でも開館にあたってまた同じことを考えるに至った。

それに対して、明治三十年（一八九七）一月四日付で館長山高信離は、帝国博物館長九鬼隆一に次のような願書を送ったと『京都国立博物館百年史』の中に記載してある。

本館開館之期節御予定相成候ニ付テハ、専ラ寄託又ハ出品勧誘方尽力罷在候、就テハ歴史上参ト可成諸品、及美術上模範或ハ参考ト可成諸品（各国帝室等ヨリ進呈相成候大理石彫像ノ類ニテ当時御飾付等ニ御用ヒ無之品等）

各五六種宛、帝室御物ノ内ヨリ御貸与相願度、已ニ帝国博物館并ニ奈良博物館ニハ御貸与相成居候義ニ付、独本館耳無之候テハ本館之威信ニ関係致候儀ニ付、前陳之義厚ク御詮議相成候様致度、此段稟請候也。

とある。帝国京都博物館長は博物館を統轄する帝国博物館総長に親展で送付した。これにより宮内省では、出品についての検討を始めるが、『京都国立博物館百年史』の記載には

本件については山脇篤蔵に斡旋を依頼し、山脇のもとで進めていたが、豊公軍配扇、蔦細道文台硯箱、千鳥香炉の三点のほかは拝借できそうにないので、この三点の拝借願を文書で出すように指示された。これに従い、三月二十二日あらためて御物貸下願を出し、そして、四月十七日にこの三点の貸与が決定した。

とある。とにかく帝国博物館、帝国奈良博物館と同じように、帝国京都博物館にも御物の貸出しが認められたのである。三点の御物である貸出品は、

①　蔦細道硯箱並文台・上杉斉憲献上
②　千鳥香炉・松平頼聡献上
③　軍配扇・妙法院献上

であった、と四月二十四日付の日出新聞が報じている。こうして三点の御物は、明治三十年（一八九七）五月一日の帝国京都博物館の開館日には陳列され、公開されるに至った。

帝国京都博物館の開館から三年後の明治三十三年（一九〇〇）六月二十六日、この博物館は「京都帝室博物館」と改称された。たまたまこの月には、「古社寺保存法」が公布され、内務大臣の命により、国宝を博物館へ出品させることなどが規定されるに至った。また、この時代になると、すでに工芸部が廃止されており、大幅な陳列替によって時代別な配列に整備されるようになった。順次特徴的な特別展覧会の開催を続けており、明治四十年（一九〇七）

五月には、開館十周年記念展として「和漢書画展」などを実施している。また、広報的な印刷物として、絵葉書や御物三点を掲載した案内リーフレットなども発行している。

ところが、『京都国立博物館百年史』に掲載されている図版をよく見ると、御物は千鳥香炉、金銅摩耶夫人像（附侍女像三躯）と白銅鏡の三点となっているのである。明治三十年（一八九七）五月、帝国京都博物館の開館に際して貸出を受けた御物は、豊公軍配扇、蔦細道文台硯箱、千鳥香炉の三点であったはずが、千鳥香炉はよいとしても、他の二点は入れ代わって別のものになっている。何故二点だけが入れ代わったのか、その辺の事情については、『京都国立博物館百年史』には触れていない。

前記したように京都帝室博物館は、大正十三年（一九二四）二月一日、皇太子殿下の御成婚を記念して京都市に下賜され「恩賜京都博物館」と改称され京都市が管理する博物館となった。それは基本的には土地と建物が下賜されたものであり、博物館の所蔵品はともかくとして、博物館には寺院や個人から借用していた資料がかなりあり、これからそれらに対処しなければならない矢先の事件発生であった。博物館が京都市に下賜されてから、まだ四か月しかたない時であった。

幸いにもこの度の事件は未遂事件となり、御物は無事であった。その経緯については、この章の冒頭に再掲した糟谷幸造の回想記に見られる通りである。その後、御物はどのようになったのか。その結末を『京都国立博物館百年史』では次のようにまとめている。

こののち、御物陳列についてしばしば検討が重ねられ、結局九月になって、これら三点は皇室に返納することになった。返納に関する文書ではその理由について、「今般館内陳列上、模様変更の企画も有之、右拝借の御物は此際一と先返納仕度」とあるが、先の事件に関係していることは言うまでもない。そして十月二十一日、監査員中村市三郎が御物三点を携えて上京し、東京帝室博物館に返納した。これによって開館以来博物館の一つの顔として、リーフレットや絵葉書にも載せられ親しまれていた御物の陳列はなくなったのである。

第四章　昭和時代　『博物館研究』に記された盗難事件

よく用いられる表現に「白浪や浜の真砂は尽きるとも、世に盗人《ぬすびと》の種は尽きまじ」があり、浄瑠璃石川五右衛門の中には「石川や浜の真砂は尽くるとも、世に盗人の種はたへせじ」とあり、これは大泥棒石川五右衛門が捕えられ処刑された時の辞世の句であるともいわれている。延々と続く浜辺にある砂は、無数・無限であって数えることはできないが、たとえその真砂の尽きるようなことがあったとしても、盗人の絶えることは無いであろう、ということになる。

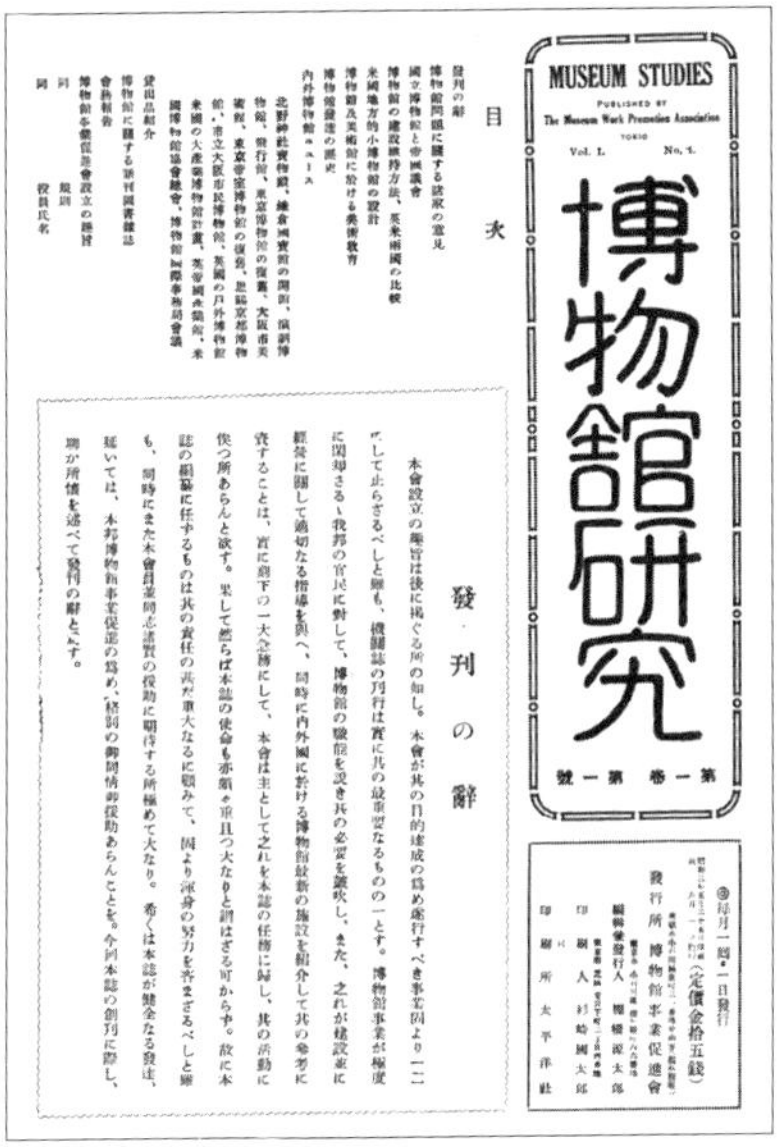
MUSEUM STUDIES
PUBLISHED BY
The Museum Work Promotion Association
TOKIO
Vol. I.　No. 1.
博物館研究
第一巻第一號

目次
發刊の辭
博物館問題に關する諸家の意見
國立博物館と帝國議會
博物館の建設維持方法、英米兩國の比較
米國地方的小博物館の設計
博物館及美術館に於ける美術教育
博物館發達の歴史
内外博物館ニュース
北野神社寶物館、鎌倉國寶館の開館、恩賜博物館、發行館、東京博物館の復興、大阪市美術館、東京帝室博物館の復興、恩賜京都博物館、市立大阪市民博物館、英國の戸外博物館、米國の大產業博物館計畫、英帝國美術館、米國博物館協會總會、博物館國際事務局會議
貸出品紹介
博物館に關する新刊圖書雜誌
會務報告
博物館事業促進會設立の趣旨
同　規則
同　役員氏名

發刊の辭
本會設立の趣旨は後に掲ぐる所の如し。本會が其の目的達成の爲め遂行すべき事業固より一二にして止らざるべしと雖も、機關誌の刊行は實に其の最重要なるものの一とす。博物館事業が極度に閑却さるゝ我邦の官民に對して、博物館の機能を説き其の必要を鼓吹し、また、之れが建設並に經營に關して適切なる指導を與へ、同時に内外國に於ける博物館最新の施設を紹介して其の參考に資することは、實に刻下の一大急務にして、本會は主として之れを本誌の任務に歸し、其の活動に俟つ所あらんと欲す。果して然らば本誌の使命も亦頗る重且つ大なりと謂はざる可からず。故に本誌の編纂に任ずるものは其の責任の甚だ重大なるに鑑みて、固より渾身の努力を吝まざるべしと雖も、同時にまた本會員並同志諸賢の援助に期待する所極めて大なり。希くは本誌が健全なる發達を遂ぐる爲め、本邦博物館事業促進の爲め、格別の御同情御援助あらんことを。今回本誌の創刊に際し、聊か所懐を述べて發刊の辭となす。

毎月一回・一日發行（定價金拾五錢）
發行所　博物館事業促進會
編輯兼發行人　棚橋源太郎
印刷人　村崎國太郎
印刷所　太平洋社

雑誌『博物館研究』創刊号

盗人は、〈他人の所有物をぬすみとる者〉のことであり、普通は〝泥棒〟と言っている。歴史上の事件では〝盗賊〟という表現なども用いられている。こうした表現は厳密にいえば使い分けねばならないであろうが、そこには盗むための品物が存在しており、何を目的にして盗むかによって、その手口が異なりさまざまな問題が提起される。

東京墨田区両国に回向院《えこういん》がある。明暦の大火の死者を供養した回向院は、全国の霊仏・霊宝を公開して見せる出開帳の場であったことでもよく知られている。現在、東京国

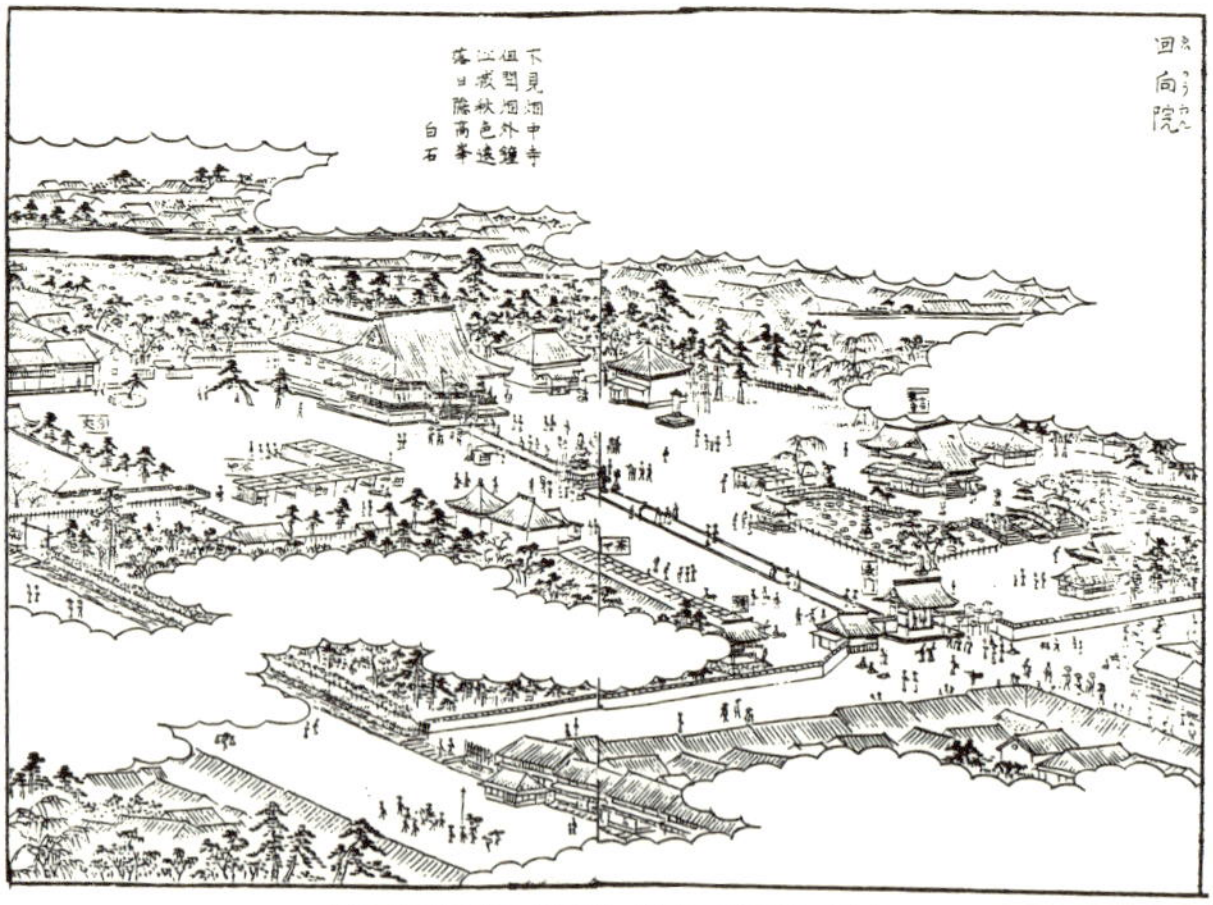

江戸両国の回向院（江戸名所図会）

立博物館の法隆寺宝物館に保管、展示されている宝物は、かつて法隆寺が所蔵していた時、元禄七年（一六九四）と天保十三年（一八四二）の二回、この回向院で出開帳した時に出品されたものが中心である。従って、博物館史を考える時には、この回向院が注目されるのであるが、この院にはまた鼠小僧・次郎吉の墓があることでも知られている。『甲子夜話』には、

貴族の策より始め国士の邸にも処々入りたいと云ふ。然れども人に疵つくること無く、一切器物の類を取らず、唯金銀をのみ取去ると。去れども何れより入ると云ふこと曾て知る者なし。因って鼠小僧と呼ぶ

とある。十両盗れば首が飛んだ時代に三千両あまり盗んだと言われるが、そのほとんどが武家屋敷からであり、それを生活に困っている人に与えたという。そのため〝義賊〟とも呼ばれている。

回向院には、世話物歌舞伎で大当たりした市川団升がお礼をかねて明治九年（一八七六）に建立した供養墓がある。この墓の石片を持っていると金持になるという信仰があり、今日なお人気のある墓である。だからと言って義賊を称賛するわけにはいかない。やはり盗むための目的が何であったにしろ、他人の持物を盗むということは、〝悪事〟なのであり、絶対にしてはならない行為なのである。

「泥棒せぬは氏神ばかり」と言われるように、神さまだけは、絶対に盗みをしないが、人間であれば多少の盗み心

を持っており、それが時と場合により、自制することが困難となり、盗みを働くこととなる。「泥棒（盗人）を捕らえて縄を綯う」「泥棒（盗人）を見て縄を綯う」と言われるが、ふだんは用意することを怠っていて、事件が起きてから準備をしては間に合わないということである。事件は、とつぜん襲ってくるものであり、普段からそれに対応できる心掛けが大切である。

現在の回向院山門

本章では、雑誌『博物館研究』に記されている盗難事件を紹介する。

雑誌『博物館研究』は、昭和三年（一九二八）五月、博物館事業促進会によって創刊された。その発刊の辞には「博物館事業が極度に閑却さるる我邦の官民に対して、博物館の職能を説き其の必要を鼓吹し、また、之れが建設並に経営に関して適切なる指導を与え、同時に内外国に於ける博物館最新の施設を紹介して、其の参考に資する」となっている。博物館のかかえている様々な問題を取り上げており、また最新の博物館情報なども提供している。中でもこの雑誌の「雑報欄」に内外のさまざまな出来事を紹介しているが、とくに目に留まるのが、〝盗難事件〟である。

本章の第一節においては、我が国の博物館発達史上において、収蔵し保存するという機能を備えた奈良東大寺の正倉院で発生した盗難事件について最初に考えてみよう。この盗難は、すでに諸書に紹介されているものであり、それらも概観することによって、仏の道を説く僧侶も出来心から罪を犯しているという一面を考えさせられる。

第一節　正倉院の歴史に見られる盗難事件

正倉院の正門

「正倉院」と称する正倉は、最も重要な倉を意味するもので、もともとは官衙や寺院にもそれぞれに属した正倉があった。それらの中で現代にまで伝えられたものに東大寺に属する正倉があげられる。「院」は建物を意味する言葉なので「東大寺正倉院」と称すべきであろうが、今日では、単に「正倉院」という名称で呼んでいる。

正倉院の創立は、天平勝宝八歳（七五六）六月二十一日、聖武天皇の七七日に際し、光明皇后が先帝の御遺愛の品を東大寺に施入したのが始まりであるとされ、さらに大仏開眼の供養に用いられた品など、仏教関係遺品から日常の生活品に至るまで、各種の文化財が伝えられている。現在は勅封として宮内省が管理している。

記録によると、正倉院には前後三回話題になる盗難事件が発生している。この盗難に関しては、すでに由水常雄の『正倉院の謎―激動の歴史に揺れる宝物』の中で詳しく記している。今、これを参考にして事件の内容を概観する。

第一回目は、平安中期の長暦三年（一〇三九）三月三日節句の夜のことである。盗人は、勅封蔵を焼きうがって宝物を盗み去った。この盗人は翌長暦四年（一〇四〇）五月十八日に捕らえられたが、長久という僧侶が主謀者であり、それに菅野清延、その他の連中が加わっていた。彼らが所蔵していたものは銀三十両であった。これだけのことしか判っていないのであるが〝勅封蔵を焼きうがった〟とあるので、火を使用したのであろうが、まかり間違えば火事になるという大変な事件であった。先にあげた由水常雄は、床下を焼きうがてることのできる立場にある人となれば、東大寺の関係者であろうから、長久も東大寺僧であったと考えている。菅野清延は盗品の売りさばきを担当した俗人であったのではないか。銀三十両も盗品を売りさばいた代金であったとされている。

正倉院宝庫（天沼俊一『日本建築図録』より）

第二回目は、鎌倉時代の寛喜《かんき》二年（一二三〇）十月二十七日のことである。雨がひどく降っていた夜のことであり、盗人は中門堂の後戸の階（段）を持ち出し、これをかの橋（正倉の縁側）に立ち渡し、蔵の上に登って、中倉の扉の金將の根もとを一尺ばかりを焼きやぶり、門戸を開いて庫内に入って宝物を盗み去った。

寺では大騒ぎとなった。何しろ寺には、庫内にある宝物の名を記した代々の日記が官で保管されており、手許にはないために何が盗まれたか判らなかったからである。

ところが十一月二十九日になって、吉野山蔵王堂の前執行の下人が密告し、葛上郡の顕識という僧の挙動に不審があり、この男が宝物を盗んだ人に間違いがないと申し立てたのである。そこで興福寺の大衆がその男を搦めとるために自宅に向かったところ、その坊主は刀をとって立ち向かい抵抗したのである。そこで武術に長けた興福寺僧延実とその弟の弘景に応援をたのみ、ついに顕識を斬り伏せて搦めとった。そして共犯者は春密であることなど、すべてを白状させたのである。

盗んだ品物は、鏡八面、銅小壺一口、銅小仏三体であった。鏡は白銅鏡であったが銀であると考えたのであろうか、これを小さく砕いて京都へ持ってゆき、売ろうとしたが余りに安いので、大仏殿前の五百余所社の社殿の中に隠しておいた、と白状したのである。

この鏡は、自白どおりただちに発見され、今日でもなお砕けたまま正倉院に納まっていると『正倉院の研究』（飛鳥園発行）の中に記されている。読売新聞社発行の『道は正倉院へ』によると、この時に破砕された鏡の大部分は、明治の新世代になってから修理され、不足部分は新たに補って原型に復したとされ「修理のあとも生々しい花鳥背八角鏡」という説明で、修復した写真も掲載されている。平成十九年（二〇〇七）十月、奈良国立博物館において第五十九回正倉院展が開催された。この正倉院展の中でも目玉商品として、この花鳥背八角鏡が公開されている。この時の出品目録によると、鏡背の文様は、珠を連ねた綬帯を頚からなびかせ、葡萄の一枝をくわえてはばたく二羽の鳥が、中央の花形鈕座の円鈕を中心にして螺旋状に配されている。この鳥はこれまでオウムと言われてきたが、近年の研究でホンセイインコ属のインコと推定されるに至った、と記してある。また、破損した四・五片は、銀製のかすがいでつなぎ、足りない部分は復元補修している。

当時盗人らは、鏡があまりにも美しく光っていたので、銀製だと思い込み、また銅壺や銅小仏も鍍金で金色に見えたので、これらを地金にして売ろうと考えたのであろう。

また、この事件では東大寺の僧春密が主犯であることが判明した。この春密という人は前に実遍という僧を大湯屋で殺害したという前科のある犯人であり、当時一乗院領である大和廣田庄の江三入道の所に隠れていることが判明し捕らえられた。こうして遂に盗人たちは佐保山で断罪に処せられ、その首は奈良坂にさらされた。

第三回目は、徳川時代初期の出来事であった。慶長十五年（一六一〇）七月二十一日、戦乱で焼失した大仏殿は、假堂が建てられていたが、大風のために吹き飛ばされ倒れたので、東大寺の僧たちが出張して材木などの整理にあった。その時に仕事を取り仕切ったのが、塔頭《たっちゅう》の福蔵院、北林院、中澄院の三人であった。夏の酷暑の時であったので、宝蔵の床下で涼をとった。この時代は茶華道が興隆した時であり、これに使用する古器物が高値を呼んでいた。そこで三人は、宝物を盗んで売れば高値で売れるであろうと思い、共謀して北の蔵の床を切り破って、宝物を盗み出したのである。それを京都まで運び、表沙汰にならないよう密かに売りさばいており、これを一年八ヶ月もの間、続けていたのである。

ところが妙な骨董品が時々出てくるという噂が広まったので、不思議に思った塔頭の上生院、無量寿院、清涼院の三人が正倉院に保存されていたものではないかと思い、慶長十七年（一六一二）三月二十一日に宝蔵を検査したのである。すると、北倉の床下が切り破られており、盗難にあっていることが判明したのである。

そこで、大和国の守護代大久保石見守の代官鈴木左馬助に訴え、さらに京都所司代の板倉伊賀守に相談した。こうして十月二十一日になり、東大寺の僧侶全員を集めて現場検証をしたところ、犯人は福蔵院、北林院、中澄院の三人であることが確認されるに至ったので、彼らを奈良の中坊で搦めとるに至った。

同月二十四日になって、京都所司代の前で犯人と買手とを対決させると、すべてを白状するに至った。この時に中澄院の娘婿である学順も、盗品を売りさばく使いの役をしていたということで捕えられた。

十二月三十日夜半、中坊の籠に入れられ奈良へ曳下げられ、その夜から猿沢池のほとりに籠詰にされ、さらし者になった。昼は十人、夜は二十人の見張り番がつけられた。中澄院は籠の中に閉じ込められたまま慶長十八年(一六一三)二月まで生きていたので、二月十七日ついに奈良坂の北高座で幡物《はたもの》に処せられた。

以上に挙げた三件の盗難事件は、東大寺関係の文書に記された外部からの侵入により宝物を持ち出したものであり、その他にも歴代権力者による持ち出し、或は関係者による宝物調査や虫干しなどで庫外へ持ち出しそのまま不明になったものなどがある。

今、ここに記した三件は、諸書に記されているが、これまでにしばしば引用した和田軍一の『正倉院案内』には、盗難事件は四回あったとしている。それには、これまでに記した三事件とは別にもう一件記載しており、そこには次のように記録されている。

三度目は、嘉暦三年(一三二八)四月、宝庫のうち、元東大寺羂索院雙倉にあった寺宝が納めてある綱封倉《ごうふうそう》の盗難である。盗難の時刻、犯人の人数、犯行の手口、盗まれた品物などいっさい明らかではないが、四月二十日安倍友清が占ったところによると、

一、犯人は東南の方からきて西北の方へ逃げたらしい。
一、失せ物はすでに犯人の手をはなれているが、急いで手配をすれば出る見込みがある。
一、犯人は東大寺に関係のある者がまじっているらしい。

ということであった。この事件に東大寺の者が関係していると占われているのには、たとえそれが「うらかた」であるとしても、人の思惑というものが考えさせられる。

と記してある。占いで事件を明確にしようとしており、こっけいな話である。

最後に正倉院文書の中に記されている盗難届について説明しておこう。それには「申所盗物事」となっており、盗

難品十三種類の名称、点数を挙げている。

麻朝服《あさのちょうふく》一領、葛布半臂《くずふのはんぴ》一領、帛褌《きぬのこん》一腰、麻糸抜《あさいとぬき》一箇、帛被《きぬのふすま》一蓋、紵帳《ちょのとばり》一張、調布帳《ちょうふのとばり》一張、被莒《ふすまのはこ》一合、
緑裳《みどりのも》一腰、青裳《あおのも》一腰、斜《とう》（酒の器）一面、赤漆真弓《あかうるしのまゆみ》一枝、幌《ほろ》二貝

であった。最後に「右等物六条二坊安拝常麻呂之家以去八月廿八日夜所盗注状、解」とあり、年代の手がかりは、

天平七年閏十一月五日
中宮職舎人少初位上中臣借人宿祢久治良
左大舎人寮少属大初位下安拝朝臣常麻呂《ひだりのおおとねりりょうしょうさかんだいそいげあへのあそんつねまろ》

この正倉院文書に記された内容は、天平七年（七三五）八月二十八日に発生した。被害者は左大舎人寮少属大初位下安拝常麻呂であった。その盗まれたものは十三種である。被害者は三ヵ月後の閏十一月五日になって、左京職に盗難届を出したのである。これを受理した左京職は、盗難品が売りに出されるかも知れないとして、その旨を東市司に通達している。

第二節　戦前の『博物館研究』に記された事件

戦前における盗難の記事は、昭和六・七年に集中している。この時期、国民の目は大陸に向けられている。関東軍が満洲占領をくわだて、奉天郊外の柳条溝の満鉄線路を爆破したことから満洲事変へと進むが、国内では不況が続き、東北地方では凶作で農家の経営は苦しくなり、都会では大学を出ても職のない時であった。

昭和七年（一九三二）三月には、満州国の建国宣言がなされ、また国内では、この年の五月に海軍青年将校と陸軍士官学校生徒らによる首相官邸への侵入により、犬飼毅首相が射殺されるなど騒然とした世相の時でもあった。

こうした時に博物館界では、郷土博物館や宝物殿などの設立が奨励され、博物館施設に対する意識は一段と高揚される。ところが、日本博物館協会が発行する月刊雑誌で、各種の博物館情報を提供している『博物館研究』では、盗難事件に関する記事が特に目立っている。今、その表題をまとめて見ると、

讃岐博物館の盗難
『博物館研究』四巻七号　内外博物館ニュース欄
醍醐寺霊宝館
『博物館研究』五巻一号　内外博物館ニュース欄
博物館の盗難……一記事
『博物館研究』五巻五号
海外博物館の盗難
盗難御物の修理
三井寺の盗難
『博物館研究』五巻五号　内外博物館ニュース欄

などである。主として内外博物館ニュース欄に記されているが、研究的な報文もあり、ここでは、それらの概要を紹介し若干の意見を述べてみたいと思う。

讃岐博物館の盗難

香川県讃岐博物館の盗難は、昭和六年（一九三一）七月発行の『博物館研究』にいたって簡単な記事が掲載されている。

この程香川県観音寺町琴弾公園内讃岐博物館所蔵の刀剣及び模型大判小判その他の陳列品を盗み去る者があるので、所轄観音寺警察署では犯人厳探中である。（『博物館研究』四巻七号）

この讃岐博物館は、香川県観音寺市観音寺町甲四〇二八―三にある。日本博物館協会の『全国博物館総覧』によると、大正三年（一九一四）三豊郡農会農事試験場として建築されたもので、後に産業勧業館として使用され、その勧業館内に観音寺町立讃岐博物館が併設されていた。その讃岐博物館の正式な発足は昭和二年（一九二七）三月十日となっている。しかし、『日本博物館沿革要覧（野間教育研究所紀要別冊）』によると、その設立を「一九二六年四月」としており、「一九二七年一月、一九二八年三月の説」ありとしている。第二次世界大戦のため一時閉館したこともあったが、昭和三十年（一九五五）市制の施行とともに市立讃岐博物館と改称した、とある。

昭和五十四年度（一九七九）になってから建物の保存と資料館的機能をもたせるために、半分解体修理して翌五十五年（一九八〇）六月、観音寺市立郷土資料館として再出発した。

日本博物館協会発行の『全国博物館総覧』によると、収蔵品は古美術、近代美術、考古、民俗、歴史、地学となっており、人文、自然両分野にわたる色彩の強い郷土博物館になっている。化石、鉱物、土器、石器、民俗資料、古銭、陶器、鎧、武具に特色があると記されている。

盗まれた資料の中には模型の大判・小判のあったことを挙げている。第一章で記したように、文部省博物館が明治五年（一八七二）に公開されて間もなく、展示してあった古金銀類が盗難にあった。このことを石井研堂は『明治事物起源』の中で、金銀類は本物でなく模造品を展示すれば、それで事足りるのではないかと博物館を非難している。しかし、この博物館での展示はたまたま模型品であったために大きな問題にまで発展しなかったが、盗んだ犯人は恐らく本物と思っていたのではなかろうか。

醍醐寺霊宝館《だいごじ》

醍醐寺は、京都伏見区醍醐東大路町にある。真言宗醍醐派の総本山である。雑誌『博物館研究』には、後醍醐天皇御忌《おんき》一千年法要奉修記念事業として、三十五万円の予算で昭和八年（一九三三）三月に竣工させるため工事を急いでいるとして、

霊宝館竣成の上は直ちに彫刻、絵画、美術工芸の国宝物から優秀な品々が移されることになつてゐるが、頗る遺憾なのは明治三十九年（一九〇六）以前に同寺の什物蔵より世間に持ち出された国宝の逸失品が少なくなく、現に所蔵せる寺院にある品で国宝に編入されてゐる名品が多々あるぐらゐで、現に判明してゐる分では、清流権現《せいりゅうごんげん》の御影、住吉踊宗達屏風、曼荼羅《まんだら》図、論語、萬葉切、その他調査すれば相当の数に上るであらう。しかし惜しいことには、いづれも時効になつてゐるので、如何とも手のつけやうがないため、本山当局も持て余してゐる。昨年もかつて本山の重宝だつた開山の墨蹟を四条あたりの古物商より発見して、本山では巨金を投じて買取つたことがある。本山としては、さうした旧蔵品の市場に出て来るのを待つてゐるわけで、かかる事実は醍醐寺本山ばかりでなく、数ある市内の名刹に少なくない。現在では各山とも厳重に保管されてゐるから、什宝を持ち出されるといふやうなことはないようである。

と記している。この醍醐寺は貞観十六年（八七四）聖宝《しょうほう》が勅願によって笠取山に如意輪堂、准胝《じゅんてい》堂、五大堂を建立したのが始まりであると言われる。延喜七年（九〇七）醍醐天皇の勅願寺となって醍醐寺と名づけられ、上醍醐の地に薬師三尊を安置する薬師堂が建立され、山下に釈迦堂を始めとする下醍醐の堂塔が建立され、朝廷の加護などがあって栄えるに至った。室町時代の応仁の大乱で文明二年（一四七〇）七月、五重塔をのこして下醍醐の伽藍堂舎はすべて焼失するに至った。その後、慶長年間になって豊臣秀吉の帰依により、金堂や三宝院などが再建され復興する。現

在は五重塔、金堂、薬師堂が国宝の建造物であり、彫刻、絵画、工芸の分野にわたり数多くの指定文化財が保存されている。

それらの文化財は広い寺域の各所に散在しており、その管理も充分とは考えられていなかった。それが前記したように盗難に遭い、時効になってから古物商で売り出されたり、さんたんたる被害にあっているのである。

こうした被害を未然に防ぐため、醍醐寺は明治以降積極的に対応して来たが、その集大成とも言うべきものが醍醐天皇御忌一千年を記念して建設された霊宝館（宝聚院）であった。

霊宝館は、各所に分散し管理されていた文化財を永久保存するために、醍醐寺奉賛会を組織して建設にとりかかり、昭和十年（一九三五）四月一日に開館したものである。その後、新館が設置され 平成十三年（二〇〇一）十月十日、薬師堂の本尊である国宝の薬師三尊像などを展示して再オープンするに至った。平成十七年（二〇〇五）四月現在、絵因果経、五大尊像など国宝四十一点、重要文化財三万九四〇四点、その他に指定されていないが、彫刻、絵画、工芸、書跡など十五万点におよぶ寺宝がある。八百箱におよぶ醍醐寺文書の調査整理は、大正三年（一九一四）以来、今日に至るまでなお続いている。

次に、筆者名が〝一記者〟となっている「博物館の盗難」について、長文ではあるが全文を掲載して、一、二の問題点について考えてみよう。

●博物館の盗難（一記者）

この頃のやうに博物館に盗難の多いことは、大いに考ふべきことである。尤も海外でも博物館の敵は、泥棒と火事と塵埃だといはれてゐるくらゐで、泥棒を防ぐには、彼等が乗ずる余地のないやうに設備しておくことが最も肝要である。すなはち建物の構造に注意し、美術・歴史の博物館のやうに掛替のない貴重品を陳列して置く所では、窓に硝子扉の外に、鉄格子を取付け、閉館時にはブラインドを降ろすやうにしなければならぬ。そして陳列館の公衆の出入りする口を出来るだけ少なくし、大概の場合これを一ヶ所に限り、外来者の出入を容易に監視することの出来るやうにしなければならぬ。そして入館者の手荷物類は受付でこれを預かるやうにし、雇入れの職工や出入商人等が館外へ物品を持ち出す場合には、事務室から証明書を貰い受けて、出口の番人に示さなければ、持ち出せぬやうにするのが必要である。これと同時にまた看守人の看視をも厳重にしなければならぬ。殊に雨雪の際の如く観覧人の少ない場合には、盗難に罹り易いから、格別に警戒を要するのである。故に博物館の間取設計にあたっては、なるべく見透しに便利なやうにし、少ない看守人で広い面積の看視の出来得るやうにする必要がある。また、夜中は構内の巡視を厳にし、監視時計を応用して、巡視者の勤惰を監督するやうにしなければならぬ。建物の構造、窓や出入口の設備に次いで大切なことは、貴重品を収容するケースの構造を堅牢にすることである。陳列ケースの構造上最も重要な点は、相当厚い硝子板を使用した上に、確かに錠の掛かることである。この戸締を確実にするためには、錠前の選択が肝要である。錠は三つのボルトの掛かるものがよい。すなはち一つはケースの上部に、一つは中部に、一つは底部に於いて掛かるやうにするのである。かやうな錠を用ふれば、通常の錠前では十分出来ないやうな大きな戸を確かと厳密に締めることが出来る。錠前には種々の様式があるが、時にその構造に注意し、普通の位置の外に、他に一ヶ所公衆の気付かぬ場所へ設けて置くやうにし、且つその用途を知らせぬやうにしたい。鍵の数は成る可く少なくするか、或は共通のマスター・キーを備付くべきである。かやうにケースの構造や錠前の製作に注意を要するのは、博物館には貴重品が多いうえに、常にそれが公衆の眼前に曝露されてゐて、自然盗難に悩まされることが多いからである。一九一一年（明治四四年）に筆者が巴里ルーブル美術館を見学した際には有名なレオナード・ダビンチの名作モンナ・レサの肖像画が白昼盗難に罹り、伊太利へ持ち去られた際で、やかましい問題になり、同画を再び見ることは出来なからうといはれてゐた。博物館には美術品ばかりでなく、ダイヤモンドその他宝石類の極めて高価なもの、並に歴史品などで他に掛替のないものもあるので、さういふ貴重品を陳列するには、鉄製フレーム厚硝子板のテーブルケースを使用し、その台の部分を鉄の鞘函のやうな構造にして置き、毎日閉館と同時に、そのテーブルケースを貴重品を陳列したま丶機械仕掛でその鞘函のうちへ降してしまひ込み、蓋に錠をおろすやうにしておくのが安全である。（『博物館研究』五巻五号）

ここに挙げた記事は、盗難事件そのものではない。盗難を防止するための対策を主にしたものであり、看守の在り方などを考えながら、建物の構造上の問題、ケースの錠前など、設備の面から注意しなければならないことを綴っている。

執筆者は〈一記者〉となっているが、文中に「一九一一年にパリのルーブル美術館で見学した際には」とあるので、これは恐らく日本博物館協会の常務理事であり、この雑誌の編集兼発行人である「棚橋源太郎」の記したものと思われる。この頃、棚橋は二年間の留学のためヨーロッパを旅行中であった。

この中に記されているモナ・リザの盗難事件とは、明治四十四年（一九一一）八月二十二日の出来事であった。

この日は月曜日でルーブル美術館は定期休館日であった。休館日に特別許可を得て館内に入ることのできた人は少数で、その中の一人に銅板画家ラギエルミと一緒にモナ・リザの前で髪を結っているお針娘の絵を描こうと、数週間前から名画を模写しに来ている肖像画家ルイ・ブルーがいた。彼は午前八時、いつものように模写する絵のある部屋に入ると、壁にかかっていなければならないモナ・リザが見当たらなかった。ただちに守衛長に知らせ、守衛長から館長代理のベネディトへ、ベネディトからパリ警視総監レピーヌへと急を知らせ、ただちに六十人の刑事が美術館の内外を捜査するに至った。しかし絵の行方は杳として不明で、ただ中身のない空の額縁だけが廊下の片隅から発見されただけであった。

この日、美術館の修理工事に来ていた石工のビヨーは、絵はたしかに七時には現場にあったと証言しており、ペンキ職人のソレルは、エレベーターの中で見馴れない職人風の男と遭った。彼は白い上っ張りを着ていたが、その中にはなにか詰め物でも入れているように異様に膨れあがっていた、と言っていた。結局、モナ・リザは八月二十二日の朝七時から八時にかけて、何者かによって持ち去られたのである。

『博物館研究』五巻五号の内外博物館ニュース欄に掲載された「海外博物館の盗難」は、英国博物館協会の機関誌に掲載されたものの再紹介で、盗難事件三件を紹介している。

●デルビー博物館

デルビー博物館では、去る三月三日金縁の象牙の板に画いた貴重な小肖像画数点と古金貨とを盗み去られた。金貨は一八八七年（明治二十）鋳造の五ポンド、一七六八年（明治五）鋳造のギニー、半ギニー各一個、三分一ギニー一個で、四分一インチの硝子板を破つてケースから盗み取つたものである。肖像画の方は、油画そのものよりは、金縁に目が眩れたものである。僅かな費用で電気版で模造品が出来るではないかと非難してゐる。

●ノーザムブトン博物館

ノーザムブトン博物館では、去る三月十二日にケースを破つて、古い両面硝子の金時計と鍵を盗み去つた。両者ともエメラルドと眞珠で装飾された短い金鎖が付いていた。

●ゲッチンゲン大学人類学博物館

独逸のゲッチンゲン大学の人類学博物館では、去る三月七日、布哇の羽毛製の外套と頭巾とを盗まれた。これは有名なキャプテン・クックが、一七七八年（安永七）布哇から英国へ持ち帰ったもので、ヂョーヂ三世からゲッチンゲン大学へ下賜されたものである。

ここに盗まれたと記されている羽毛製の外套と頭巾というのは、ハワイ王国の王様が宮廷で晴れの儀式のときに着用する衣裳と兜である。これは両方とも黄色と赤色の羽毛で製作したものであり、蜘蛛の糸を織ったように美しいものであったと言われる。この羽毛の鳥は、すでに絶滅しており、同種のものを再び制作することは困難であるとされ、天下の逸品であった。

次に「盗難御物の修理」という項目が続く。ここでは盗難があったという事実よりも、それが発見された時には破損されており、それをどのように修理するか、その対策を検討している内容となっている。

●盗難御物の修理

近年、博物館、古社寺及び蒐集家の所蔵品の盗難事件が頻々として続出することは実に遺憾の極みである。従来、この種類の盗難による紛失物は、いつも発見された例が極めて尠いにも拘らず、今回の帝室博物館の場合は、それが御物であつただけに、各方面の人々の苦心と努力の結果、かなりの損傷をを帯びながらも発見されたことは、不幸中の幸ひである。

然るにその損傷程度を見ると、犯人が犯罪のあとをおそれ、証拠湮滅の目的から、あのうちの最後に発見された銅板鍍金菩薩立像第三十九号の如きは、銅鋳板の裏から押出しになつてゐるだけに、あの推古時代特有の何んともいへない感じのする麗しい慈眼や、いかにも柔らかい御衣の線などが、無惨にも原型を止めぬまでに押しひしがれているのであるが、今後果してこれをいかに修理すべきかゞ問題となつている。

自信ある斯道の技術者は、依然と少しも異らぬ程度に完全に修理して見せるとはいつてゐるものゝ、それが代表的作品だけに、若しも取りかへしのつかぬことがあつてはならぬといふので、同館ではいろいろと愼重に協議を重ねた結果、写眞と宝物とを対照して、一二度つくりあげ、宝物と殆んど同じものが完成したうえで、はじめて宝物の修理に着手するような予定になつてゐるとのことである。（『博物館研究』五巻五号）

本書の第一章で述べているように、文部省博物館が博覧会終了後に常時公開するようになった明治五年（一八七二）五月に、展示してあった小判類が盗難にあった。図らずもこの時に盗まれた展示品は、〝御物〟であったので、太政官布告によって、全国に手配するに至った。ここに見られる盗品もまた御物であった。その御物は小判ではなく仏像であったが、それが発見されたときには、かなり損傷しており、それを修理するための方法を検討する内容になっている。そこには御物であるがために慎重に処理しなければならないことがよく示されている。

また、この仏像が盗まれてから発見されるまでの経緯については、次節の「新聞で追う帝室博物館の御物盗難」で詳記する。

最後に三井寺の盗難についてであるが、その内容は次のように記されている。

滋賀県大津町天台宗寺門派東山三井寺山内金堂内に安置されてゐた宝物で、直径五寸の大鏡に仏像を彫刻した足利時代の作品と称せられた懸仏一面及び金文字で道悳法親王の奥印のある般若経一巻が、去る五月九日紛失して以来、同寺ではひそかに調査中であつたが、更に手掛りがないので、遂に滋賀県警察部に届け出た。（『博物館研究』五巻五号）

三井寺は俗称で天台宗寺門派の総本山である園城寺《おんじょうじ》を指す。三井はもと御井といい、天智・天武・持統の三人の天皇が産湯《うぶゆ》を使ったと伝えられる井泉《せいせん》にちなんで「御井寺」から転じて「三井寺」となり、長等山《ながらやま》山腹の景勝な浄泉の地に占地したと伝えられる。

寺伝によれば、弘文天皇の皇子、大友興多王の創建と言われるが、事実上の開祖は唐より帰朝した智証《ちしょう》大師円珍《えんちん》が貞観元年（八五九）延暦寺の別院として再興したとされる。しかし延暦寺とはしばしば問題を起こし、ついに分かれて独立するが、その後もまた両寺の間には勢力争いなどで抗争が絶えなかった。治承四年（一一八〇）以来、たび重なる兵火によって園城寺の堂宇はすべて焼失するに至った。したがって、現在の寺塔などすべては室町時代以降のものである。

盗難品のあった現在の金堂は、豊臣秀吉の遺志により北政所が片桐且元《かたぎりかつもと》を奉行として慶長五年（一六〇〇）に造営されたものであり国宝になっている。二十二メートル四方の品格のある巨大な建造物は、天台寺門宗総本山の中心をなす建物である。内陣と外陣が明確に区別されており、内陣中央の厨子内には秘仏として弥勒像が安置されている。盗まれた大鏡にしろ、般若経にしろ、さほど大きなものではなかったので容易に持ち出すことが可能であった。

第三節　新聞で追う帝室博物館の御物盗難事件

前第二節で紹介した「盗難御物の修理」に記されている御物であった金銅仏は、昭和七年（一九三二）四月十五日に発生した帝室博物館での盗難事件で盗まれたものの一つであり、ここではその事件の経緯を朝日新聞の報道で追ってみよう。

●上野帝室博物館の御物「金銅仏」三体盗る

上野帝室博物館に怪盗忍び入り御物の佛像三体を盗み去つた事が十五日午前七時中頃発見され目下警視庁上野署で犯人極力捜査中である。十五日早朝、博物館調査員が館内を巡視中、陛下三号室の広さ一間、幅五尺のガラスのケースが眞中から滅茶苦茶に破壊され在中の高さ二尺及び一尺五寸、一尺の金銅物三体が盗まれてゐるのを発

上野公園
（噴水の後方に見える屋根・東京国立博物館）

見。これはいづれも同館としても最高位にある貴重品とて大狼狽、直に大島館長に報告、同時に上野署にも通告したのち矢島事務官は警視庁に急行、土屋第一捜査課長に事の次第と捜査方を依頼し大島館長は一方宮内省に出頭、事件報告を行つた。

この大珍事に博物館では午前十時から午後零時半まで彫刻室の入館を禁じ、宮澤上野署長、小関司法主任及び警視庁鑑識課員、田中警部等がかけつけルパンもどきの怪盗の足跡を発見し腐心し物々しい調査ぶりを行つてゐる。博物館外部には、犯人の侵入と覚しき点は少しもないが、犯人は予め前日から内部に潜入し夜明を待つて犯行を行つたものと見られてゐる。同館は内かぎであるため内部から自由に開いて出る事が出来、窓もいづれも鉄棒や金網が張られて無いため、楽々と出る事が出来るので犯人の逃走は早朝開門以前でも可能と見られ、従って仏像犯人は楽々盗み、かつ逃走したと見るより外はない。なお、犯人は佛像の貴重な所以を知つて、かねてから計画的に犯行を行つたものらしく、とりあへず警視庁及び上野署では全市署に隣接他県の佛像の売捌き場所又は隠とく場所に手配を行つたが、同館では陳列品の盗難は最初で大島館長以下恐縮しきつてゐる。盗難にあつた御物の仏像は俗称四十八体仏といはれてゐるものであるがその数はもつと多い。はじめ奈良法隆寺にあつたのを明治初年に宮内省を通じて明治天皇に献納になつたもので、全体のうち数体を帝室博物館に安置して一般に公開してあつたものである。

佛像は推古時代のもので、今から千三百年前といふ日本最古の仏像で超国宝の貴重なものである。博物館にあつたものは釈迦仏、菩薩寺の金銅の小仏で金が入つてゐる。尚、法隆寺の前には橘寺にあり、中には銘のあるものがあつて、崇峻四年のものとされ、止利派のもの、その他の流派のものもあり、飛鳥時代の特色を発揮してゐる。

以上に記した報道は、東京朝日新聞の昭和七年四月十六日（土）第二面に掲載されているものである。そして最後に博物館長、宮内省総務課長の談話を掲載している。

帝室博物館正門

東京科学博物館の屋上から帝室博物館を望む
（右側本館、左側白い建物は表慶館）

東京帝室博物館の芸術工芸の陳列
（「東京名所図絵」上野公園の部）

博物館の大島館長は、「責任者の地位にあつて大変申訳ない。博物館に今後貴重品を寄贈することを遠慮するようになると、更に重大な責任だ。盗難について、私からは何とも申し上げられないが、一日もはやく見つかるように念じている」と言っている。

大島館長は盗品の内容については、語っていない。それに対して、木下総務課長は「盗難のあったことは事実である。大島館長より報告を受けたが事件はすべて警視庁へ委任してある。品名や点数は調査の妨害になるので、今のところ発表できない」と語っている。

そして、次に同じ日付の東京朝日新聞の十一面には、「仏像は何処？　厳重な巡視の隙を狙ひ　不敵、飛鳥の如き怪盗」という見出しで

上野帝室博物館の表慶館で何物かに盗み去られた御物金銅仏三体は、博物館としては国宝以上の得難き宝物であるため大島館長以下関係者はひたすら恐懼してゐる。盗まれた三仏像は四十八体仏のうちでももつとも優秀な作品である。上野署では警視庁と協力して犯人捜査の活動を開始したがいまだ何等の目星がつかない。盗まれた金銅仏の陳列してあつた彫刻室は一間四方位の陳列ケースが二十数個置かれてあるかなり広い室で各ケースはいづれも床上三尺位のところから高さ五尺くらいの一枚ガラスで四方を囲つてあるケースの壁に面したガラスには布がかけてあつて、陳列品を見やすくしてあるが、これは犯人が身を隠すには非常に都合がい、ので、当局の見込では犯人は、前日（即ち十四日）閉館前に入館して、このケースの陰に身をひそめ夜になつてから、同室内にあつた昼間看視員の座るイスで大ガラスを破り、三つの仏像を取りだし、悠々窓を開け館外に逃走したものとにらんでゐる。

同室の窓は開き窓で不用意にも金網も鉄棒もなく内部からは楽々開けられるもので、窓から地上までは約七尺位

> ありそこには地下足袋の跡が認められた。博物館では毎夜十数名の宿直・看守が三十分毎に内外を見回り、一時間毎には請願巡査が、その外に一夜のうちに四回にわたつて同館事務員が見回ることになつてゐるが不敵な犯人は、この瞬間の隙をくゞつて巧に犯行を遂行してゐるのには係員もその大胆巧妙には舌をまいてゐるが、犯行は十四日午前五時から同七時までの二時間の間に行はれたものと見ている。
> 上野署では仏像がありふれたものではなく、犯人がこれに目をつけたのは単なる窃盗の所為ではなく、相当計画的な者の所為とにらみ捜査を続けてゐるが必ず検挙すると楽観している。（昭和七年四月十六日（土））

と記されている。ここでの記事で盗難にあったものは、金銅仏三体であり、その仏像の陳列状況などから、犯人のたどったであろう行動を想定し記している。犯行は十四日の午前五時から同七時の間で、看視員の座るイスがあったので、それで陳列ケースのガラスを破り、三体の仏像を持ち出し部屋の窓を開き、そこから外へとびおり館外へ逃走した。犯人ののこしたものは、窓から飛び降りた時の地下足袋の跡だけであった。

ただ、警察では、手口から犯人は仏像が貴重なものであると知りながら、犯行に及んだと思われる点があるので、外国にでも密に売り出す計画があるのではないかということで、三仏像の写真を全国各港のある警察部に移牒し厳重な手配をしている。

こうして犯行があってから三日間過ぎ去ったが犯人に結びつくような事実は何も得られなかった。その間のことを四月十八日（火）の朝日新聞は、「売られたものなら金は望み次第」という見出しで次のように報じている。

> 十七日まではいまだ何事の目あてもつかない。当局では、犯人は単なる金を目当ての窃盗でなく、仏像そのものを目あてにしての犯行とにらみ、極力、古物商、古美術商について調査を進めてゐるが、当局の厳重な手配によつて犯人は盗んだ仏像の処分に困り、今やそれを持てあましてゐるのではないかとも見られている。また犯人は

逃走の際かなり狼狽したと見、窓下に仏像を投下したため三つの仏像のうち金銅観音立像は光背を、また銅板製仏立像は像蓮台を破壊して現場にすて行つてゐるので現在犯人の手許にあるのは、現物とはかなり異つた姿の仏像となつてゐる。警視庁ではこの破壊された立像三体を品觸《しなふれ》として各署に手配してゐるが、一方博物館ではもし仏像がどこかに売られてあるならば、犯人が捕まらなくともいくらでも金をだして買取るといつてゐる。これは万一鋳つぶされたり、犯行をくらますために河川に捨て去られたりすることを極度におそれてゐるからで、捜査当局でも犯人より「御物の仏さま」を探せといふので血眼になつている。（昭和七年四月十八日（月））

ここでの報道には、犯人に結びつくものは何もないが、新たな事柄を報道している。

一つは、犯人が逃走する時に、窓下に仏像を投下し、金銅観音立像は光背、銅板製仏立像は蓮台を破壊したために、それを現場にすてて行ったことと、博物館側としては、仏像がどこかに売られていたとすれば、いくらでも金を出して買い取るということである。結局、犯人を捜すということよりも、仏像を探すということに捜査の主眼が置かれているのである。

そのため、事件から四日目となる十八日（月）には、上野署では午前四時頃から上野公園の山狩を行ない百数十名のルンペンに対して、事件発生の夜のことに関して事情聴取をしている。また、谷中署でも十七日から谷中墓地付近をくまなく捜査している。

こうした大掛かりな捜査を続けたにもかかわらず何一つ手掛りが得られなかったが、ふとしたことから事件は解決の方向へ進むこととなる。朝日新聞の四月二十六日号（火）では、「盗んだ仏像？　大膽な売込運動」として、次のように報じている。

●盗んだ仏像？　大膽な売込運動

去る十五日以来血眼になつて犯人捜査と仏像探しを続けてゐたが、二十五日まで何一つ端緒を得ることが出来ず捜査は行つまりの形であつた。ところが、たまたま淀橋署では一両日前、市外西巣鴨町巣鴨一三一一外務省囑託志村義亥知氏方に市外代々木町上原一三四前商工次官松村義一氏の秘書出頭信氏が博物館盗難発見の当日、即ち去る十五日朝、仏像一体を持込み買入方を交渉したが、不調に終ったといふ事実を聞きこみ、直に志村氏の出頭を求め、田中警部補が事情を聴取した。志村氏の談によれば

「出頭氏が三月十五日朝仏像を持ちこみ一時あづかつたが、同日の夕刻に金銅仏盗難の記事と写眞が出たのを見ると、持込まれた仏像は、光背のところがかけてはゐるが御物の一つと酷似してゐるので、妻女の義兄で美術店主の下谷区三崎二三川崎鐵雄の鑑定を求めると、盗まれた金銅仏の一つに間違いないとの鑑定を得、即日同氏に返還した。然し出頭氏とは知人でもあり、その迷惑を思ひ密告はしなかつた。」

との事実が判明したので、淀橋署では二十五日午後四時出頭氏を連行、同時に上野署の捜査本部に通知したので、この報に土屋捜査課長、田多羅係長等が駆けつけ出頭氏について聴取した。（昭和七年四月二十六日（火））

●行方をくらませた奇怪な古物商

出頭氏の陳述によれば

「仏像は十五日朝、かねて知り合の市外中野町の今村辰三郎といふ古仏ブローカーが持ちこんで来たので、これを志村氏に紹介したが、その日の夕刊に博物館盗難事件がのつてゐたので、夕刻志村氏から仏像を返して来、自分も万一そんなものでは困ると思つて、その晩今村に返してしまつた。」

といふのである。この出頭氏の陳述によつて直に今村について調査したが奇怪なことには、今村は十五日夜出頭

氏方から右の仏像を持つて行つたま丶全く行方が分らない。

当局では今村の行方を突止むべく、同夜は刑事が八方に活動してゐた。出頭氏のいふ仏像は観音立像金銅で丈二尺位あり、光背がなかつたといふのである。が博物館で盗まれた御物三体のうちこれにあてはまる観音立像金銅仏は一尺一寸五分でこれには光背がある。この二つの仏体は高さが多少相違してゐるが、その他の姿が全く酷似してゐるので、丈の相違は、出頭氏の見誤りではないかともいはれ、当局では極力外部事情の調査を進めている。（昭和七年四月二十六日（火））

出頭信は、取調べに対し、あくまでも市外中野町の古仏ブローカー今村辰三郎から売却を依頼されたと言い張っており、それでは今村の居宅に案内せよということで、二十五日夜三回にわたり、出頭を連れて中野に行き今村の家を探したが見あたらず、結局、出頭は出鱈目を言っていると考えるに至った。さらに二十六日朝には、田中警部補が出頭の私宅に行き、母親と女中を取り調べ家宅捜索を行っている。

出頭の自白には統一性がなく、出鱈目な陳述ばかりであったので、疑惑は深まるばかりであった。二十六日午後には、身柄を淀橋署から警視庁に移され、きびしい追求が始まるのである。

二十七日の朝日新聞は、次のように報道している。

●御物盗難発見の前後　行動に疑惑

出頭は取調に対しあくまで仏像は古仏ブローカー今村から頼まれて志村氏に売込まうとしたのだとの一点張りである。それではどうして今村から受取つたかと追究すれば、

「十五日朝自宅玄関前でブラブラしてゐた時、今村がヒヨツコリ現れ、仏像を持つて来て売却方を頼んで帰つた。返すときもその晩今村が再び自宅に来て玄関で仏像は返してしまつた。」

と陳述してゐるとのことである。ところが外部事情捜査に全力を挙げてゐた当局は、重大なる新事実を発見した。即ち去る御物盗難の前日十四日の午前代々木上原の自宅を出た出頭は十七日夕方まで家に帰らず、その四日間の同人の行動が全く不明であるといふ奇怪なる新事実である。これによつて、出頭が仏像を十五日に今村から受取つたといふ自白が全然出たらめであるといふことが明かとなつたのである。当局は出頭に対し十四日夜から十五日即ち博物館で仏像盗難の発見された当時までの同人の足どり並びに外部関係を極力追究中である。（昭和七年四月二十七日（水））

警察では、出頭の取り調べをはじめた当初、博物館から仏像を盗んだ人は別におり、出頭はこの仏像を志村に売込もうとした関係者の一人であると考えていた。ところが追求するうちに、出頭の十四日から十七日までの足どりを自白しないことと、逃走のさい博物館の窓下につけられた足袋の足跡があり、それが九文七寸の足袋をはいた人で、出頭も九文七寸の足袋であったことから、表慶館に潜入して仏像を盗んだ犯人であると考えるに至った。こうしたことを朝日新聞の二十七日の報道では

出頭は御物仏像盗出しを謀り、まづ事前に仏像愛好家の志村氏に九日以来三回にわたつて「すばらしい仏像が手に入るから買つてくれ」と頼みこみ十四日自宅を出、十五日朝遂に博物館から三体を盗み出しその足で直に志村氏方に行つて金にしようとしたが、同氏からはねつけられたので大いにあわて、これをいづれかに隠して十七日夜自宅に帰つたのではないかとにらんでゐる。しかも同人は最近生活の途なく、金に窮してゐたが、満洲行きを計画し、その旅費を得べく色々苦心してゐる事情も明かとなつた。

（中略）

出頭が犯人若しくは中心人物の見込みとなつて来た理由は、二十六日に至り各方面から出頭に関する種々な犯罪

的事実がわかつて来たためで、この事実によると出頭はウソつきの天才で、昭和二年八月代々木の原で大金を遺失したと称し、代々木署を騒がした事あり。当時は帝大助教授と称しておつた。

と報じたのである。出頭は依然として嘘いつわりを続けていたが、捜査当局は代々木上原の自宅を捜査すると同時に、出頭に関係のある知人たちをすべて調べるに至った。それにより最近出頭に愛人のできたことが判明したのである。このことが事件を解決する糸口になるのであった。

二十八日の朝日新聞は「出頭許嫁の下宿から御物一体を発見」として次のように報じている。

突如二十七日午後に至り出頭は最近愛人が出来、これが四谷区伝馬町一ノ二九石川しよう（二四歳）なる事を突き止め、直ちに田中警部補及出頭を事件に登場させた殊勲の淀橋署山川刑事外数名が急ぎしよう方に出張、同女を取調べる一方家宅捜索を行つたところ午後五時半呆然問題の金銅佛像を発見、一隊は歓声を揚げて即刻警視庁に通知すると同時に右の仏像を田多羅係長、田中警部補これに宮澤上野署長が加はつて警視庁の手を経ず、直接上野動物園横の矢島事務官官舎に持ち込んだ。この報にこ踊りした同事務官はこれを大島総長に報告、更に鑑定役たる溝口美術課長、野間彫刻主任を招集、午後六時四〇分かけつけた溝口課長は鑑定の結果、右は盗まれた御物金銅佛の一体十四号観音立像に違いないことを認めるや、間もなく到着した大島総長は唯一目でこれは眞物の御物に間違ひないと裏書き断定したので一同はじめてホツト一息千杯、午後七時十五分御物仏像は黒朱子ふろ敷に包み警視庁に持参、これを尚しらを切る出頭に突きつけ、残る二体の捜索を開始する一方、愛人石川を連行取調べを行つている。（昭和七年四月二十八日（木））

●佛像を突きつけられ、出頭漸く口を割る

警視庁では眞物の御物と判明後、この仏像を出頭に突きつけ「仏像が出た以上もう包み秘しても駄目だから、この際一切を自白してはどうだ」と鋭く追究するやさすがに図々しく係官を手古ずらしてゐた出頭も当局の迅速な取調の進行に一時色をなしたが、間もなく平穏になって「いままでうそを言つてゐたことは非常に済まなかつた。実は今村から預かつたことは事実だが、返したといつたのはうそで、返さうと思つてゐたが、今村がそれつきり来ないものだから遂にそのまゝになり、仏像を見てゐるうちにこれは相当なものだといふ感じがしたので、しようの下宿先に預けてゐたが、自分が決して盗みだしたものではなく今村から預かつたものだ。従つて他の二体の仏像の所在を自白せよといつても、それは全く知りません。」とそれ以上はどうしても自供しなかつたので係官もほどほど手古ずり、この上は同様外部から調べる外なしと決意した。（昭和七年四月二十八日（木））

この時点で警視庁は、出頭を真犯人と確信しているが、ただ他の二体が発見されないことから、他に共犯がいるのではないかと見ており、外部関係を中心に徹底的に捜査している。二十九日には出頭の妹、弟の両名を警視庁に召喚参考人として取調ているが、家人の証言と出頭の陳述などに違いがあり、それだけ出頭に対する疑惑はますます深まっている。しかし、二十九日になって新たな展開が見られることとなる。朝日新聞は次のように報道している。

●自白しかけて　係官を愚弄

「実は博物館に忍び込んだのは私です。そして御物三体を盗んだのに相違ありません。」と一たん自白した。ところが、その言葉もかはかぬうちに又も前言を打消し

「それはうそなんです」といひ張つた。しかるにその後又もや残る二体の仏像について

「その仏像二体は、私の友人で早稲田で歯科医をしてゐる村上君の所に預けてあります」と自供したので、スワこそと刑事は勇躍して同家に駆けつけると、それは全くの偽りで、村上方でも憤慨すると、刑事隊も又してもや

られたかと地団駄踏んで引揚ぐるといふ有様であつた。しかし、右の歯科医村上某氏方では既報の通り仏像の価値を確かめるため例の仏像一体を持込み仏像にやすりをかけたり硝酸をかけたりして、はたして純金であるか否かをためしたといふ事実だけは明かとなつた。

このため村上氏は同日警視庁に招かれ出頭と対室取調べられたが、同氏は右の如き関係があつただけであることが判り帰宅を許された。かくて出頭の取調べは三十日午前一時過に及んだが同人も散々油をしぼられ可なり参つているので、係官はもう一息だと意気込み取調べを続けている。（昭和七年四月三十日（土））

二十五日以来六日間にわたる取調べも、三十日午後からあらためて土屋課長、田多羅係長、中村警部、田中警部補の四人が車がかりの峻烈な訊問を行った。出頭は午後十時頃になって「実は私が盗み出しました」と涙を流しながら、真犯人であることを自白したのである。

この日のことを、東京朝日は五月一日号で、「さらに御物一体　出頭の自白で発見　上野公園共同便所から」と三段見出しで、次のように述べている。

上野博物館で盗まれた御物三体中一体は目下留置取調べ中の出頭信の許嫁石川しよう宅より発見、他の二仏体の行方に就き連日出頭を追究してゐた所三十日午後十時頃になつて、その一体は上野公園東照宮前交番裏手共同便所の中にあることを自白したので、警視庁の田中警部補並に上野署の司法主任の両人が直に現場に行つてみると、自白の如く仏像一体を発見した係官等は直にこれを矢島博物館事務官宅に持ち込み、鑑定を求めた結果確に去る十五日盗まれた御物三体中の鋳銅鍍金如来立像（一尺一寸九分）に間違ひないことを判定したので、直にその旨警視庁に通知すると同時に間もなくその仏像を警視庁に持ち帰り取調べ中の出頭の前につきだし他の一体の所在を追求した所、更に午前二時に至り、他の一体は代々木富ヶ谷一五三九富ヶ谷小学校横を流るゝ小川の中に捨てたと述べたので係官一同直に出頭を現場に同伴捜査中、同時に同人は御物の盗みだしは同人一人の所為で他に共犯はない旨を自白した。（昭和七年五月一日）

とあり、ここに二体目となる鋳銅鍍金如来立像が発見されるに至った。さて、もう一体であるが、それは代々木の富ヶ谷小学校を流れる小川に捨てたと自白した。

出頭の自白により、五月一日の早朝から代々木富ヶ谷の現場から下流に向けて十数町にわたり溝さらいを行ったが発見されなかった。その時、連行されていた出頭は、四月十五日の夜九時頃、新聞紙の二重包みにして棄てたが、翌日午後電車で現場を通った時には、包みは半分水から顔を出していたが、十八日の大雨で流されたのか見かけなかったと話した。そこで大雨によって下流にながされたものと考え、さらに地元青年団の協力で大がかりな溝さらいを続けると、一日は駄目であったが二日の午後になってから、溝の泥の中から遂に発見されるに至った。

これで盗難にあった仏像三体は発見されたことになるが、出頭の許嫁の下宿から発見された仏像には、光背と右腕の一部が欠失しており、自白では上野の共同便所の中にあるとのことであり、二日朝から清掃業者四人で探したが、午後になってもこれは発見されなかった。また、銅板製仏立像の光背も不明であったが、これは上野一帯を捜索中、上野美術館わきの土手の芝刈り中に発見されている。

●ホラ信の犯行は閉館の直後

上野博物館御物盗難の犯人出頭信の取調べは三日迄に大体終了。四日午前六時から警視庁田中警部補は出頭を同行博物館の盗難現場に至り現場引当りを行つた。

出頭はこれまで例の出たら目で博物館に侵入した事情を、去月十四日午後九時頃家人の寝静まつたのを見済し、後日足取りの証拠にならぬやうに家を抜けだし、神田の夜店を素見かし翌朝午前二時頃裏手の窓から侵入したと申立て居たが、四日現場につれて行き実演した結果、今迄申立てたのは全くうそで、実は十四日夕方閉館一時間前の午後四時頃、普通の入場者のやうにして入館、大きな仏像の陰に隠れ誰にも気づかれず午後七時頃まで潜伏し、御物安置のケースにぢやう前を肥後守で破壊しようとしたが果さず、丸イスでガラス戸を打破つたがそんなに大きな音はしなかつた。素早く窓際に小さな二体を並べ一番大きな方のを抱へ飛降り、残りの二体を両腕に抱へて飛んだ時、尻が窓に当つて窓下で転倒した。

「ホラ信」こと、出頭信による帝室博物館の仏像盗難事件は、当時は大きな話題となって新聞では毎日のように報道されてきた。なぜ、博物館で貴重な仏像を盗もうと思ったのであろうか。仏像を盗んで最初に起こした行動は、それを削って、「金」であるかどうか確かめている。それが金でないと判ると、次に「骨董品」としての販売を考えている。

如何に財産を蕩尽したとは言いながら、一流の私立大学を卒業し、国会議員の秘書として働いたこともある知識人であった。自宅には母親、弟妹がおり、女中を置いている家庭である。

彼が中学校二年生の時に県会議員であった父親が急死した。そのため、先祖伝来の耕地を売払って、あこがれの東京へ出て、貸家業で生計を立てることを考えた。しかし、長男であり坊ちゃん育ちの出頭にとっては、上京して何事に手を出しても思うようにならず、あげくの果ては、高利貸にも手をつけるようになり、借金に追われる身となった。また、金があれば満洲へわたり一旗あげようとも考えた。

それで「金銅仏」は、光って見えるので「金」で製作された「金のなる木」と思い込んでしまったのであろう。東京日日新聞の報道では「廿二金の像が三つあるが千円で買つてくれ」と記しているので一攫千金を夢みていたのかも知れない。

仏像を盗むに当たって、出頭信は通常の観覧者として閉館一時間前の午後四時頃に入館し、誰にも気づかれず大きな仏像のかげに隠れ、午後七時頃まで潜伏し、それから行動を起こした、と自供している。展示室には看守もおり、閉館の時よく見つからなかったものと思う。筆者も国立科学博物館の普及課に勤務していた頃、よく閉館時に「本日は閉館時間になりました。出口へお急ぎ下さい」と言いながら、ただ形式的に展示室を急いで回るだけであった。博物館職員がこうした行動をとること自体が、犯人の入りこむすきを与えたのではなかろうか。

仏像を展示してあるケースの錠前を肥後守を使って開けようとしたが、それは無理であった。そこで、丸椅子を持ちあげて展示ケースのガラスを打ちこわした、と言っている。ここでは丸椅子が凶器になっているのである。どうして丸椅子が展示室にあったのか。これは恐らく開館中に事故防止のため、展示室に看守さんが配置されており、展示室の隅などに腰掛けている。それに使用した丸椅子がそのまま展示室に置いてあったのではなかろうか。もし、そうであるとすれば、博物館側にも反省すべき点があるのではなかろうか。もし〝丸椅子〟という凶器が展示室に置いていなければ、これまでとは異なる別の方向へ展開していたとも考えられる。

第四節　昭和十三年に発生した盗難事件

昭和十二年（一九三七）七月七日、中国北京郊外の盧溝橋附近で演習していた日本軍に対し、中国軍が発砲するというわゆる盧溝橋事件が発生する。これを契機として、日本政府は華北の治安維持のため、溝州・朝鮮に駐留していた軍隊を華北へと進め、それが日中戦争へと展開することとなる。そして、この年の十二月には、はやくも南京を占領するに至るのである。

翌十三年（一九三八）四月にはいると、国家総動員法が公布され、国民の生活には欠くことのできない電力を国家で管理したり、物価統制を図ったり、戦時体制が施行されるに至るのである。

こうした時期に博物館を舞台にした盗難事件が集中している。

『博物館研究』十一巻十一号（昭和十三年十一月発行）の博物館ニュース欄に、

最近社寺の宝物が頻々と盗難にあっている。博物館の建築上からは、盗難を防止するということが重要視されているが、古い社寺の建築では、盗難防止などはあまり考えないで、かなり閑却されている感が強い。支那事変が拡大され、金属類が高騰しており、金銅仏その他のものを盗む不審者が増加しつつあるので、関係者の注意を喚起したい、として次の三件の盗難事件を紹介している。

●平壌博物館

平壌博物館で八月二十日、楽浪・高句麗王朝時代の出土品、金銀メッキ金具類二十二点が盗難にかかった。犯人は屋根裏の表硝子戸を破壊して天井裏に侵入、硝子二枚を破壊して綱で陳列場に降りたもので、犯行に先立ち館内見物に来て慎重な計画を樹てたものらしい。なお同館の巡視は夜間四回行われているが、外部の戸締りを見て廻るだけであったので、朝の開館まで気が付かなかった。

The Heijō Munic pal Museum.

朝鮮平壌博物館

ここに記された平壌博物館とは、当時、朝鮮平安道平壌府・牡丹台公園にあった「平壌府立博物館」のことである。この博物館は、昭和三年（一九二八）八月に設立された歴史・考古系の博物館である。創設当初は、総建坪八十一坪の煉瓦造洋館建三階の府立図書館の三階部分が博物館であったが、発掘した遺物の急増や入館者の増大などで狭隘となり、古都平壌にふさわしい新博物館の設置が要望されるようになった。そこで牡丹台公園の南側の地に総坪数二三二坪、鉄筋コンクリート瓦葺の平屋で、陳列室には境壁がない四室に区分された新博物館が設置された。有史以前の土器・石器から楽浪郡時代の布泉や銅剣・銅鉾類、郡治址土城出土遺物、高句麗時代の平壌附近出土品、新羅高麗李朝時代の瓦当、仏像、陶器などが陳列されており、大同江畔を舞台とする文化の発展や民族興亡の歴史を理解させていた。出土品としての金具類がかなり展示されていたので、それを目当ての計画的な犯行と思われるものである。

●兵庫県・鶴林寺宝物館

兵庫県加古川町鶴林寺宝物館所蔵の四点が九月十一日盗まれていることが発見された。賊は宝物館南側の針金入りの硝子窓の錠前をねぢ切り侵入したものである。

天台宗鶴林寺は、兵庫県加古川市に所在するが、高麗の僧恵便《えべん》法師が物部守屋の難を逃れてこの地に隠棲したとき、聖徳太子がはるばる大和の国から来臨して木の丸殿を造り、その後釈迦三尊と四天王をまつり、四天王寺聖霊院《しょうりゅういん》と称したのが始まりであるとされる。養老二年（七一八）武蔵国の太守が聖徳太子の遺徳を顕彰するために七堂伽藍を建立し、刀田《とた》山四天王寺と号した。鳥羽天皇は、この地に臨幸し勅願寺と定め「鶴林寺」の勅額を賜った。これにより「刀田山鶴林寺」と称して、歴代朝廷の国家安穏の祈願の道場として栄えるに至った。「播磨の法隆寺」ともいわれる。

鶴林寺宝物館は、大正十年（一九二一）十月に設立された宝物館である。現在は、「鶴林寺収蔵庫宝物館」と改称している。本堂、太子堂が国宝であり、常行堂、護摩堂、鐘楼、行者堂が重要文化財の建造物であり、仏像、彫刻、絵画、工芸、古文書など二百数十点を収蔵している。名品には重要文化財に指定されている金銅聖観音（白鳳時代）、聖徳太子絵伝（室町時代）、釈迦三尊（藤原時代）、聖徳太子像（鎌倉時代）などがある。

●長野県・上田城内の上田徴古館

八月三十一日の夕刻に長野県の国宝上田城隅櫓の上田徴古館が襲われた。同館南側約三丈の石垣を登り櫓の窓枠を引抜いて侵入している。具足と太刀を盗まれたが、この賊は幸い直ぐ捕まった。

上田徴古館は、昭和四年（一九二九）七月に上田城跡に残っていた隅櫓を改装して、上田藩に関する資料を中心に陳列し、徴古館として開館したものである。

その上田城は、かつて名将の誉れ高い真田昌幸・幸村父子が天正十一年（一五八三）創築にかかわった城郭であり、天正・慶長年間には、二度にわたり徳川勢を籠城戦によって打ち破っている。真田氏が松代に移封された後には、上田藩主となった仙石忠政が上田城を再築し、今日見られる姿に復興した。宝永三年（一七〇六）仙石氏が但馬国へ移封となり、その後に藤井松平氏を迎えている。

城の中でも今日まで伝えられてきた隅櫓は、二階建て二十五坪の広さをもっており、書画、武具、石器及び土器、古文書などが展示されていた。特に武具が目立っており、国の重要文化財に指定されている「小文地桐紋付韋胴服」や真田昌幸の使用した具足、松平家に伝えられた各種の具足、楯、馬具、刀、槍、鉄砲などがあった。

この徴古館は、昭和二十八年（一九五三）八月、二基の櫓を復原したことなどもあって、上田市立博物館と改称し、昭和四十年（一九六五）六月には鉄筋コンクリート造り二階建の新館を落成し、幕末から昭和初期にかけて、我が国の養蚕・蚕種製造業の中心地だった上田を象徴して、養蚕に関する資料などを加えて公開し、今日に至っている。

以上に挙げた三件で共通して見られることは、犯人は窓を利用して侵入していることである。建物の構造上、窓を設けないわけにはいかないであろうが、ガラス窓を打ち破り、そこからの侵入は、今日のような鉄筋・鉄骨構造の建物では困難な場合が多い。それが古くから伝えられて来た木造建築であれば、無防備であり侵入は容易であったろう。

博物館は金目のものが展示してあるので、泥棒は後を絶たないのである。

第五節　戦時統制下に報じられた事件

昭和十六年（一九四一）十二月八日、我が国はハワイの真珠湾を攻撃し、米英両国に宣戦を布告する。マレー沖海戦で勝利をおさめ、グアム島占領、日独伊三国協定の締結も順調に進み、戦争の名称もこれまでの支那事変を含めて「大東亜戦争」と呼ぶことを閣議決定するなど、その目的はこれまで米英の支配の強かった東南アジアの国々を開放し、新たに〝大東亜共栄圏〟を確保することにあった。

この頃、博物館界もまた目を大陸や東南アジアに向けており、博物館研究でもまた大東亜戦争の意義と博物館の使命などがしばしば取り上げられている。博物館人が年一度集合する「全国博物館協議会」の開催にあたっても、文部省は「大東亜共栄圏建設に即応して博物館の採るべき方策如何」を諮問するなどして、国家総力戦に即応する博物館の在るべき姿を模索しているのである。

新薬師寺国宝盗難

こうした戦時下の動きの中で、泥棒だけは絶えることなく、次々に事件が発生し、また解決もしている。昭和十八年（一九四三）三月には、新薬師寺の香薬師如来の盗難、六日には二年前の昭和十六年（一九四一）五月に日光東照宮宝物館から国宝を盗んだ犯人が判明し、九月には六年前の昭和十二年（一九三七）に東大寺から仏像を盗んだ犯人が逮捕されるなど、この年に集中している。

この昭和十八年（一九四三）二月は、日本軍がガダルカナル島から撤退を開始し、五月にはアッツ島の日本軍守備隊の全員が玉砕するなど、戦局は極めて不利となった時であり、国内においては、あらゆる物資が統制され、戦事経済が一段と強化されるに至った。

こうしたことから、国民の生活環境は一段と厳しいものとなり、犯罪行為についても取り締まりが厳重になる。警視庁は六月には、国民徴用令関係違反者（二重稼ぎ・無断欠勤など）として、七七六人を検挙したり、蒲田、川崎、鶴見など軍需工業地帯で暗躍していた工場窃盗団については、首領である安田君七ら七九人を逮捕している。

こうした時勢の中での文化財の盗難であった。新薬師寺の盗難については、簡単な内容であるが、「国宝の盗難」という見出しで、次のように報じている。

●国宝の盗難

奈良県刑事課では、さる三月の世界的国宝奈良市新薬師寺の香薬師《こうやくし》如来盗難事件につき美術品窃盗前科者、古美術研究家など二百名につき取調中、同事件とは別に盗難国宝物三件も発見発表した。（『博物館研究』十六巻七号）

新薬師寺は、もとは東大寺の別院でその末寺であったが、現在は独立している。その草創については、天平十九年（七四七）に聖武天皇の御病気平癒を祈願して光明皇后が建立したものと言われる。また一説には、天平十七年（七四五）に光明皇后の眼病平癒を祈って聖武天皇が発願された寺であるとも伝えられている。

南都十大寺の一つに数えられており、宝亀十一年（七八〇）西塔に落雷があって現在の本堂（国宝）を残して消失し衰亡した。鎌倉時代になって明恵《みょうえ》上人が住して東門、南門、地蔵堂、鐘楼（以上・重要文化財）などを再建した。江戸時代には護持院隆光《りゅうこう》が徳川綱吉の母桂昌院《けいしょういん》の意向を受けて再建にあたり、幕府から寺領百石の寄進を受けた。

小学館が発行した『日本大百科全書』の新薬師寺の項によると、国宝建造物をはじめとして奈良から江戸時代にかけての彫刻、絵画、工芸などの貴重な宝物が多い。本尊の丈六薬師如来像、円形須弥壇《しゅみだん》上の十二神将立像は国宝になっている。そのほかに木造の十一面観音像、木造彩色の准胝《じゅんてい》観音像、絹本着色の仏涅槃《ねはん》図などが国の重要文化財に指定されているとある。この新薬師寺の説明の中に「一九四三年（昭和十八）盗難にあって、現在所在不明の銅造香薬師（国の重要文化財）は、白鳳時代の逸品であった」と記している。それがここでの香薬師如来のことであるが、すでに事件発生から六十年が過ぎ去った。今もなおその所在は不明である。

芸術新潮編集部編の『国宝』には、「この仏像にピンときたら、すぐ一一〇番！」として、仏像の写真を掲載しており、この仏さまを見かけた人がおられたらぜひ知らせていただきたいと添えている。

日光東照宮の国宝盗難

元和二年（一六一六）四月十七日、七十三歳で没した徳川家康の遺骸は、静岡県の久能山《くのうざん》に葬られたが、二代将軍秀忠は家康の一周忌を期して、日光山の地に東照宮を創設し、ここに久能山から家康の遺骸を移し祀った。その後、三代将軍家光のとき社殿の増改築がなされ、この時の建造物がほとんど今日に伝えられている。本殿、拝殿、石の間とこれを回る透塀と唐門、上神務所、神楽殿《かぐらでん》などがあり、それが廻廊によって格され、中央正面に銅瓦ぶき入母屋《いりもや》造りの陽明門がある。その陽明門と表門との参道の西側に五重塔がある。その五重塔と道を隔てた北西に日光東照宮宝物館が位置している。

『博物館研究』十七巻六・七合併号に「日光国宝窃盗犯捕る」という見出しで

●日光国宝窃盗犯捕る

昭和十六年五月三十一日栃木県日光東照宮宝物館から国宝十余点を盗んだ者があり、捜査中であったが、このほど岐阜県警察部が検挙した岐阜県羽島郡正木村坂丸前科三犯近藤千代（四十五）でその自供によって隠匿した宝物全部が発見され、近藤を真犯人と決定した旨二十六日栃木県警察部に通報があった。
盗難品は一文字作太刀《たち》（国宝）
久国作剣（国宝）
勝光・宗光両作脇差（国宝）
康継作短刀、
文昭院御筆（六代家宣）
有徳院御筆（八代吉宗）
惇信院御筆（九代家重）
浚明院御筆（十代家治）
文恭院御筆（十一代家斉）
慎徳院御筆（十二代家慶）
昭徳院御筆（十四代家茂）
慶喜公御筆（十五代）
の十二点で、この他に熱田神宮所蔵の正宗、村正など二十五口の銘刀もかくしてあった。（宇都宮岐阜）

と記してある。これは昭和十六年五月三十一日日光東照宮の宝物館に展示してあった国宝などが盗難にあい、その犯人が検挙されたという記事である。さらにこの事件の詳細な内容に関しては、読売新聞、昭和十六年六月二日号に「日光東照宮へ怪盗─家康公の愛刀ほか国宝二点消ゆ」という見出しで、次のように報道している。

新緑の探勝と一、二両日の大祭で賑う日光で国宝三点と重要美術品九点が盗まれたという怪事件が発生した。三十一日夜九時から一日明け方までの間に日光東照宮宝物館東北隅の鎧戸をバール（金てこ）でこじあけガラス戸を破って主事室から怪盗が侵入、宝物館一階南側に陳列してあった東照宮出品の徳川家康公の愛刀国宝福岡一文字作太刀、同粟田口久国作剣、同備前長船勝光・宗光両作の脇差及び重要美術品の康継作短刀と二階陳列室にあった輪王寺出品の文昭院殿御筆ほか七点の重要美術品が盗まれてゐるのを山内警備班員大野重三郎さんが午前五時ころ発見、東照宮当局では、職員を非常招集する一方日光署に届出た。直に栃木県警察部から田中警察部長以下係員が急行、日光署に捜査本部を設けて大活躍を開始した。

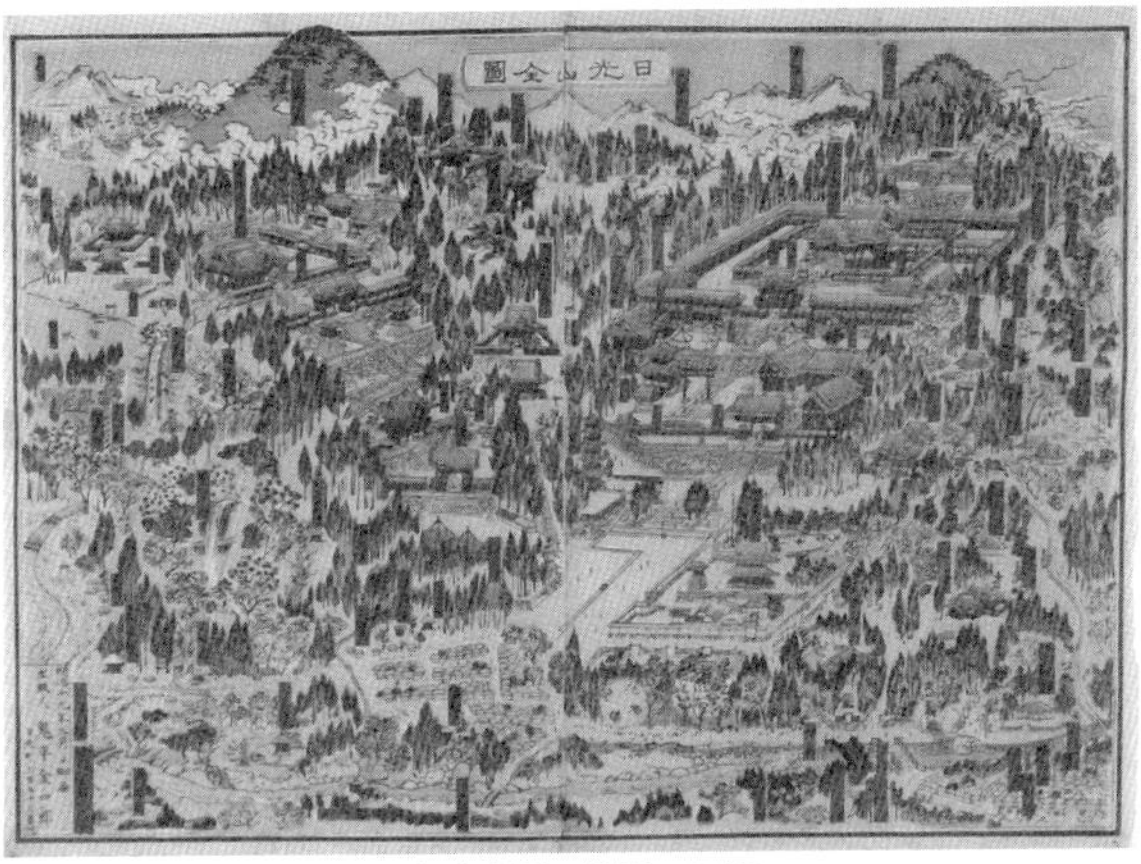

日光山全図（明治19年）

現場には鎧戸《よろいど》を破壊したバールが遺棄され、同館の入口には靴跡もあり、破壊された陳列窓硝子が散乱し指紋も少なく極めて計画的に行われており、前後の事情から犯人は二人から三名位の共謀と見られる。

なお、同夜宿直の東照宮出仕本田彪、片柳平七の両氏は前夜九時半ごろ巡回して就寝し犯行に気づかなかった。

この宝物館は東照宮で管理し、毎夜宿直員二名を配し、うち一名は主典《しゅてん》が監督、宿直しており、被害をうけた国宝や重要美術品のほかに三百十八点（国宝および重要美術品その他）の宝物が陳列されているが、これらはいずれも手がつけられていなかった。

なお、日光署では破壊された鎧戸は勿論、ガラス窓まで国宝類を多数管理する場所としては、あまりにも貧弱なので、犯人はこれらの事情を熟知しているものとみており、被害品触れの全国手配を行う

日光東照宮へ怪盗
家康公の愛刀ほか國寶二點消ゆ

現場

美術

被害

世界に誇る

國寶

女人部隊で賑はふ航空

六月二日開業
廣島支店

日光東照宮へ怪盗
（昭和 16 年 6 月 2 日読売新聞）

一方東照宮当局は厳重警告を発した。東照宮側ではこれを機会に鎧戸、ガラス窓並びに内部に大改造を加えることになった。

と報じている。

この盗難事件のあった日光東照宮宝物館は、大正四年（一九一五）十月に公開されたが、東照宮三百年祭記念事業の一つとして建設されたものである。現在の建物は東照宮三百五十年祭の記念事業として建て替えられた、鉄筋コンクリート造り二階建てであるが、当時はまだ甲乙の両館からなる木造建築であった。甲館は徳川氏の始祖である東照公の画像、在世中の遺品などを展示し、乙館は階下に東照宮に関する祭器類、階上には歴代将軍の筆、古文書、幕府編纂の著書、舞楽装束、楽器類などを展示してあった。また、かつては東照宮宝物館経営のもとは男体山（二荒山）の崇拝を対象として創祀された二荒山神社、維新後に神仏分離令により東照宮とは別になった輪王寺《りんのうじ》の宝物なども一緒に展示されていた。

さて、先に記した読売新聞の記事はさらに続いており、それには「世界に誇る美術品」という小見出しで、盗難にあった国宝三点、重要美術品九点について、次のように解説している。

●国宝（東照宮出品）

粟田口久国作剣　中心銘表久国　弘安三年（一二八〇）三月　奉納日光山東照宮霊前　慶安元年（一六四八）四

月十七日　太田備中守源資宗、長さ一尺二寸
備前長船勝光・宗光両作脇差　中心銘備前国住長船勝光、宗光備中於草監作　文明十二年（一四八〇）二月吉日、長さ一尺七寸五分、家康仕世品
福岡一文字作太刀　中心銘一　長さ一尺五寸七分　徳川家康在世品
この太刀は、加藤清正が徳川家康に献上したものと言われる。日光東照宮が鎮座して以来の宝物である。家康の好みで制作したとも言われる黒漆打刀拵が付属している。

●重要美術品〔東照宮出品〕
康継作短刀　中心銘以南蛮鐵　於武州江戸作之国国喜内堀之　寛永五年四月十七日奉寄進、東照大権現　越前康継、刃の長さ一尺二寸五分、両面に仁王の彫刻あり

〔輪王寺出品〕
文昭院殿御筆　六代将軍家宣《いえのぶ》公、虎松丸と称せられし九歳の時の書「山人」の二字
有徳院殿御筆　八代将軍吉宗公の「井出の玉川園に駒止めて」の歌
淳信院殿御筆　九代将軍家重公の「注連《しめ》に鶯《うぐいす》図」注連縄に鶯が留まっている様子
江戸開府四〇〇年記念「徳川将軍展」の図録によると、紙本着色で二重箱、箱の裏書には、明治十六年（一八八三）に家達が輪王寺に寄付したとなっている。
浚明院殿御筆　十代将軍家治公の「羅漢の図」
文恭院殿御筆　十一代将軍家斉公の「寿善」の二文字
先にも記した「徳川将軍家展」の図録には、絹本墨書で縦一二〇・二、横四八・八、十一代将軍

家斉の筆になる雄渾な二文字、箱書きには「文恭院様御筆」とある。明治十六年（一八八三）七月十一日、十六代将軍家達が登山の際に寄付した品として伝えられたもの、と記されている。

慎徳院殿御筆　十二代将軍家慶公の「月雁の図」
昭徳院殿御筆　十四代将軍家茂公の「尚亥」の二大字
慶喜公殿御筆　十五代将軍慶喜公の清霜秋江五言詩

最後に東照宮宮司斉藤英夫の談として「あれほど厳重にし夜警も一時間置きに八回ほど廻っておるのに、盗難に遭うとは真に意外です。一日も早く品物が発見されるよう祈っております。今後はさらに厳重に監視するつもりです。」とある。

この読売新聞の記事は、事件当時の経過を中心として記しており、犯人が逮捕されるに至ったことについては触れていない。

岐阜県警察部によって検挙された犯人近藤千代は、前科三犯の男であり、その自供により宝物はすべて発見されるに至った。

東大寺の盗難事件

奈良東大寺の三月堂にある国宝が盗難にあった。その犯人が六年半後につかまった。そのことを『博物館研究』十六巻十一号（昭和十八年十一月一日発行）には「東大寺の逸品還る」という見出しで

天平芸術の粋として国宝中の逸品と称せられた奈良東大寺三月堂の本尊不空羂索《ふくうけんじゃく》観世音像（奈良朝時代漆仏）の宝冠前立の化仏阿弥陀立像（銀製金鍍金）と小光史背、瓔珞《ようらく》などの荘厳具が去る昭和十二年（一九三七）三月十二

日盗難にあったことが発見され、捜査が続けられていたが、（昭和十八年）九月十五日右窃盗犯人及び共犯者が逮捕され、盗難以来六年七ヶ月で殆んど全部が無事に還ったのは欣ばしい限りである。（『博物館研究』十六号十一号）

と記してある。これは国宝の一部を盗みとり、犯人とその共犯者が逮捕され、盗品も無事に還ってきたという解決編とも言うべき記事である。それに対して、六年半も前に事件が発生した時の報道を東京朝日新聞の昭和十二年（一九三七）三月十一日号では、次のように記している。

この三月堂は堂内に安置された仏像十九体が全部千二百年前の天平時代の国宝で、本尊の不空羂索観音は、天平時代の代表作、高さ一丈一尺九寸の乾漆像でその宝冠は直径二尺、全部精巧な銀の透し彫から成り細き針金に真珠、水晶、瑪瑙等の管玉、勾玉等一万余個による驚嘆すべき装飾が附されている。盗まれた阿弥陀仏はこの宝冠の正面に付いている高さは約八寸の精巧無比の銀製の仏像である。

三月堂は一般に拝観を許しているが、賊は暗夜床下から床板を繰上げて内部に侵入、胸のあたりに合掌した本尊の手を踏台にして攀ぢ登り阿弥陀仏を捥《むし》り採ったものらしい。

二万余個に上る宝石を身につけた仏像の価格は、骨董的価値から見れば恐らく数千万円に上ると見られているが、盗まれた仏像もこれと相俟つて価格は付し難く同県社寺課では海外への

奈良東大寺に怪盗
國寶をもぎ取る
無比の阿彌陀佛像
海外流出を恐る
保存に手落

奈良東大寺に怪盗
（東京朝日新聞昭和 12 年 3 月 11 日）

流出を憂慮し港方面へも厳重手配し、一方、胡内県刑事課長は、同課員奈良署員を督励し骨董商方面から端緒を得べく大活動を開始した。東大寺では目下お水取行事の最中にこの不慮の盗難事件に遭い狼狽し極秘に付して当局に捜査方を依頼している。

ここに記されている御水取行事とは、東大寺二月堂の修二会の中で毎年三月十二日の真夜中に行われる行事で、この時、閼伽井《あかい》から汲む香水は、聖水とされ除病延命などに効くと信じられている。そのため、疫病平癒を願う人たちが近郷近在から集まり活気づく夜である。こうした人の集まるどさくさに紛れての盗難事件であった。この事件につき、奈良美術院長明珍恒男は、次のように述べている。

金の鯱なら潰しにでもなるが、あの仏像は銀製であり、潰してしまへば只の銀となるだけであるから、犯人はどう考えて盗んだのか見当がつかない。兎に角、東大寺にしても法隆寺にしてもそのほかの社寺にしても、随分たくさんの国宝を持つてゐるのであるから、今まで余りにやり放しになつてゐたといふ感じが深い。今後の保存方法に考慮を要する事件である。

国宝に対する思いは、人それぞれが異なるであろうが、信仰の対象物でも盗難の防止などを常に考えていなければならないという苦言でもあろう。

ところが、この事件が解決したことについて、朝日新聞は昭和十八年（一九四三）十月八日号で「盗難の東大寺国宝、六年半ぶりに発見」という見出しで、次のように報じている。

天平時代の代表的優秀作で国宝の奈良東大寺三月堂本尊不空羂索観音像の宝冠の一部と宝冠中に安置された阿弥陀仏立像がさる昭和十二年二月盗難にかかり、以来奈良県警察部ではたゆみなき捜査陣を張っていたが、この苦心が酬いられまる六箇年半ぶりで犯人とともに発見。犯人はこの程奈良地方裁判所検事局へ送局、盗まれた阿弥陀仏その他は同寺建立勅願一千二百年記念日の十月十五日を前に近く同寺へ帰ることになつた。盗難にかかつた国宝が帰つて来たことは、これが全国最初のことで犯行の全貌判明とともに記事解禁された。

とある。すでに捜査が終了し奈良地方裁判所検事局へおくられている。これによって今まで報道管制のしかれていたものが解除になったことを告げているのである。そして次に盗まれた仏像の内容を説明している。

宝冠の中心をなす御難の阿弥陀仏は、高さ七寸八分、顔長一寸八分の銀製塗金で本尊とともに天平国宝の数あるうちでも最も古く国宝中最高のものとされている。また後背（高さ八寸八分、幅四寸七分）と宝冠飾玉は精巧を極めたもの、これに水晶、瑠璃、真珠円玉、勾玉など約二万数千個をちりばめ世界有数のもので、盗まれたのはこのうち前飾りの勾玉附瓔珞十個（うち八個発見）翡翠の宝玉三連、これに用いた水晶製切子玉、帯飾、瑠璃練の玉二十四個（うち十三個発見）同じく銀製の蓮花蕊一個、後背鏡などで、いづれも価格を超越した絶品であった。

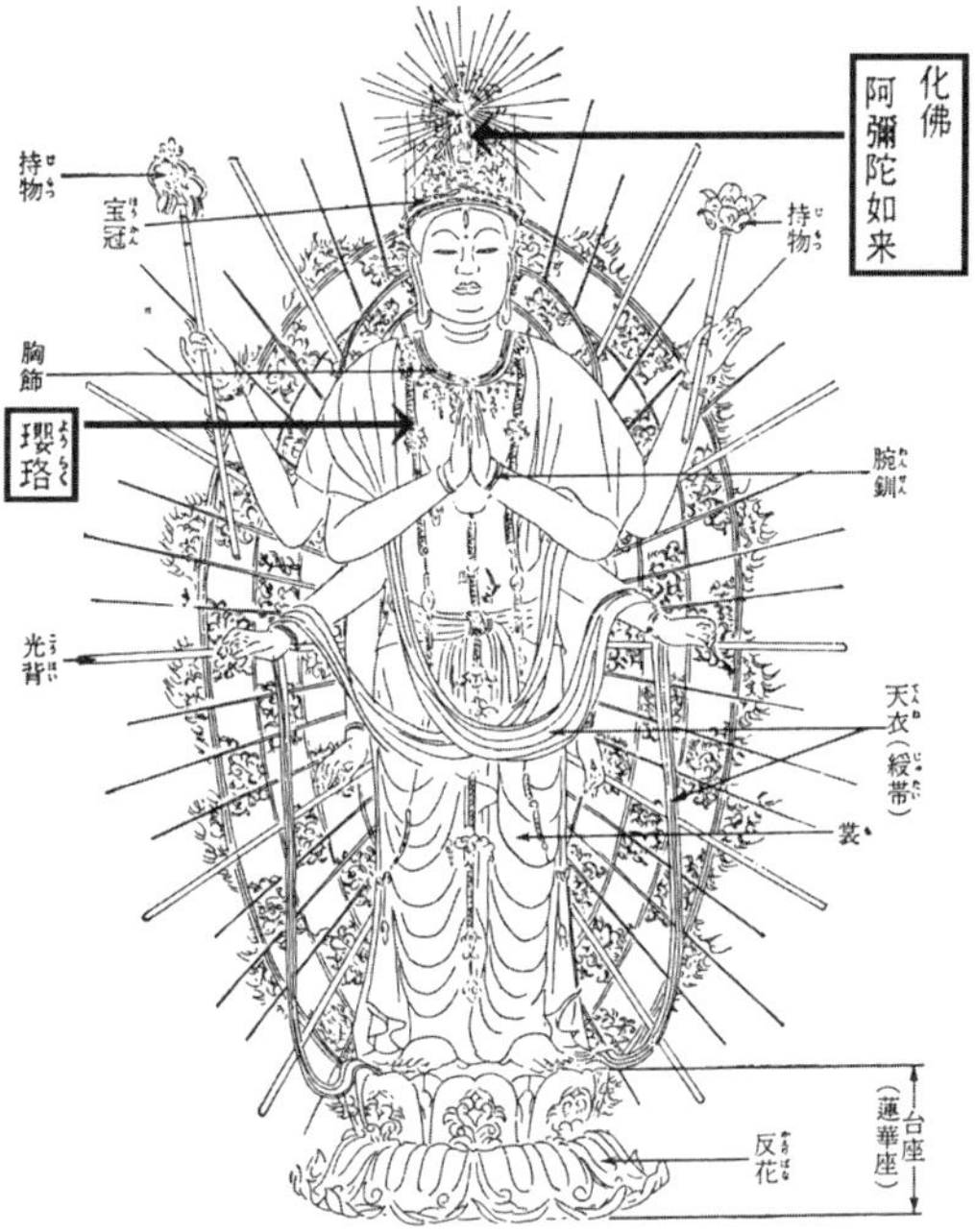

不空羂索観音像図
（図は毎日新聞社編「国宝・重要文化財案内」を改変）

ここでは盗まれた品物の点数などを挙げており、そして最後に犯人についての説明である。

県刑事課では、和泉大津市松ノ浜無職東井空次が最近練玉、切子玉など三月堂のものに類似したもの多数を所有していると突きとめたのが端緒となり、さる九月十五日関西急行生駒駅で東井を検挙したが、同人の自供によってついに同人の住居に隠匿していた前記弥陀仏像一体、後背一枚のほか切子玉瓔珞など大部分を押収、さらに大阪市南区鰻谷中ノ町会社員大松来信を引致取調べたところ、ここにも練玉、瓔珞および後背の破片などが現われ、これまで三月堂で盗まれた大部分のものが揃って発見されるに到った。さらに取調べがすすめられ、これら両人は盗んだ者から事情を知って、仲介または故買したもので、主犯は京都府右京区太泰蚕子社森ヶ東町自動車修繕および書画仲介業浜末松、共犯は同人甥の京都府宇治町朝日川義美であることがわかった。ところが、浜はさる昭和十三年十月他の横領事件で入獄、仮釈放中死亡しており、朝日川は目下所在不明である。

結局、直接盗んだ組とそれを故買した組の計四人によって実行された悪事であった。

国宝は無事—鳥取地震

震災地の鳥取市内寺院に所蔵されてゐる国宝書画並びに史蹟名勝指定庭園の安否が気遣かわれてゐるが、県教学課の調査によつて、いづれも無事災害を免れたことが判明した。

国宝の書画は同市行徳常忍寺蔵の絹本着色普賢十羅刹女像一幅、同市立川町四丁目大霊院蔵紙本金字法華経第二、四巻並びに同市上町観音院の庭園である。なお、東伯郡三徳村三佛寺の国宝建造物投入《なげいれ》堂、納経堂、文殊堂、地蔵堂、阿弥陀堂等も相当な震動に見舞はれたが、建物には少しの被害もなかつた。(『博物館研究』十六巻十号・昭和十八年十月発行)

この記事は、盗難ではなく地震に関するものである。昭和十八年(一九四三)九月十日に発生した鳥取地震に対する速報である。マグニチュード七・二の地震は鳥取市を中心に被害が大きく、死者一〇八三人、家屋全壊七四八五戸、半壊六一五八戸の被害であった。

東伯郡三徳村（三朝町三徳）は、平安時代の嘉祥二年（八四九）、慈覚大師が堂宇をたて、大日・釈迦・阿弥陀の三仏を安置したことから、三徳三仏寺の寺号ができたと言われる。国宝に指定されている投入堂は、けわしい崖を利用した岩窟内に建てられた桁行一間、梁間二間の小さな建物で、もとは三仏寺の鎮守である蔵王権現像を祀っていた。この権現像は三仏寺が山嶽修行所として盛んだった平安後期のもので重要文化財に指定されている。また鎌倉時代と推定される納経堂、室町時代後期の文殊堂、天正八年（一五八〇）建立の地蔵堂はともに重要文化財に指定されている。

文化財や国宝建造物に被害のなかったことは、不幸中の幸いであった。すでにこの頃、戦況は敗色の色濃い中にあって、生産の増強、食糧の自給自足、国内防衛態勢への強化が進んでいた時で、地震発生からまだ一か月もたたないのに、文化財の安否を気遣った内容の記事は珍しい。

第六節　戦後の国宝事故・犯罪行為

徳島県文化財保護委員であった沖野舜二は、その著『文化財保護物語』の中で文化財の盗難・事故について記している。ここではその盗難事故と、京都広隆寺の弥勒菩薩の怪我事件、フランスから借用した名画「マルセル」が盗難にあい、時効になってから発見された事件を追ってみたい。

二品家政所下文・法華経の盗難

昭和二十七年（一九五二）九月四日の朝、徳島県那賀郡長池村に所在する八桙《やほこ》神社（現・阿南市長生《ながいけ》町八鉾神社）の神宝収蔵庫に保管されていた長寛元年（一一六三）九月二十五日の重要文化財に指定されている二品家政所下文《にほんけまんどころくだしぶみ》一巻および法華経八巻が盗まれていることを近くの氏子が発見した。何分にも国の重要文化財（昭和四十三年八月二十九日旧国宝に指定）であり、収蔵庫裏側の土壁を切り破って盗みだされたことが判明し大騒ぎとなった。警察もただちに捜査にとりかかった。

ところが、九月七日に近くの大将軍神社境内の松の木の根本に新聞紙にくるんで捨ててあった盗難品を二人の少年が発見したのである。

収蔵庫と言っても平家建三・三平方メートルの小さな土蔵造りの建物であり、防火のことを考えていたのか神社の境内ではあるが、本殿から離れた場所にあった。そのため、犯人からすれば、盗みやすかったのであろうが、土蔵造りの建物は、四面を土や漆喰で塗ったため、年間を通じて温度や湿度の変化がすくなく、物を保管するという面では日本の気候に適応しており、収蔵庫としての利用価値が高かった。しかし、壁となる部分が主として「土」であるため、やはり破壊しやすいという大きな欠点があった。

犯人は事の重大さを感じとり、換金することもできず、そのまま捨てたのであろう。警察が必死に捜査したにもかかわらず、犯人は逮捕されていない。

八桙神社は、もと郷社で主祭神は大己貴命であり、延喜式内社である。日本歴史地名大系の『徳島県の地名』（平凡社）によると、元慶七年（八八三）十二月二十八日、八桙神は従五位上を授けられている。長寛元年（一一六三）九月二十五日の二品家政所下文によると、竹原野庄鎮守八桙社に紺紙金泥法華経八巻が奉納され、天皇・上皇および二品家の長寿と加護を祈願して庄内の水田五反が寄進されたとある。寛保改神社帳には八桙大明神とあり、往古は竹原庄十八ケ村の総鎮守であった。社伝によれば、社地のある宮内村《みやうち》はすべて神領とされたため、肥料に屎尿の散布が禁じられており、墓地もこの村には設けてはならないとされている。この神社には、二品家政所下文のほかに平安時代末期の作とされる木造男神立像一体が重要文化財に指定されている。

弥勒菩薩の怪我

この事件は昭和三十四年（一九五九）のこととされる。この年は、四月に皇太子殿下（今上天皇）のご成婚があり、テレビの売行きが急増し、日本経済は「岩戸景気」と呼ばれ完全雇用経済へと進んだ時である。しかし九月には伊勢湾台風によって、四国・近畿から東海・中部地方にかけて、大きな被害を受けた時でもある。

ある大学の一学生が、京都の広隆寺に安置されている国宝の木造弥勒菩薩半跏像にキスしようとして、誤って像の指を折ってしまったという事件である。沖野舜二は『文化財保護物語』の中で、次のように記している。

この学生は、この仏像がかねて想像していたより美しくなく、つまらぬものと感じ失望して、あたりに人が居ないのを幸いに、諧謔《おど》けてキスしたらしく、その時仏の指が一本折れたので、折れた指を拾つてそのまゝ帰り、その帰り道で川の縁に棄てたのであつた。しかし帰ってから気がとがめ、翌日大学に登校してから教授に話したので、事件は公となり、国宝のこととて大騒ぎとなったのも無理はない。幸いにもその日在京していた文化庁技官から、ちょうど法隆寺に出張していた美術院国宝修理所の辻本副所長に連絡、同所長は直ちに京都に来り、関係者一同と川縁を捜索、幸運にも折れた指をようやくにして探し求めることができたのである。

とある。この事件が起きた広隆寺は京都市右京区太秦蜂岡町に所在する真言宗御室《おむろ》派大本山である。法隆寺などとともに聖徳太子ゆかりの日本七大寺の一つである。この地は古くから渡来人である秦氏が居住していた地であり、その長である秦河勝が聖徳太子から仏像を賜り、それを本尊として推古天皇十一年（六〇三）に創立したと伝えられている。その後、弘仁九年（八一八）に焼け、承和年間（八三四〜八四八）に再興されたが、久安六年（一一五〇）にまた消失し、永万元年（一一六五）に再建された。

大正十一年（一九二二）、金堂の北側に造られた宝物の陳列館「霊宝殿」がある。ここには国宝や重要文化財などは言うに及ばず、多くの絵画、彫刻、美術工芸品、古文書などが保存されている。事故があった国宝の木造弥勒菩薩半跏像は、この霊宝殿に陳列されていた。赤松材を用いた一木造で、右手を頬にあてて、かすかにほほえみ思索にふけっている像である。その美しさから、学校の教科書にもよく活用されており、人々に親しまれている。

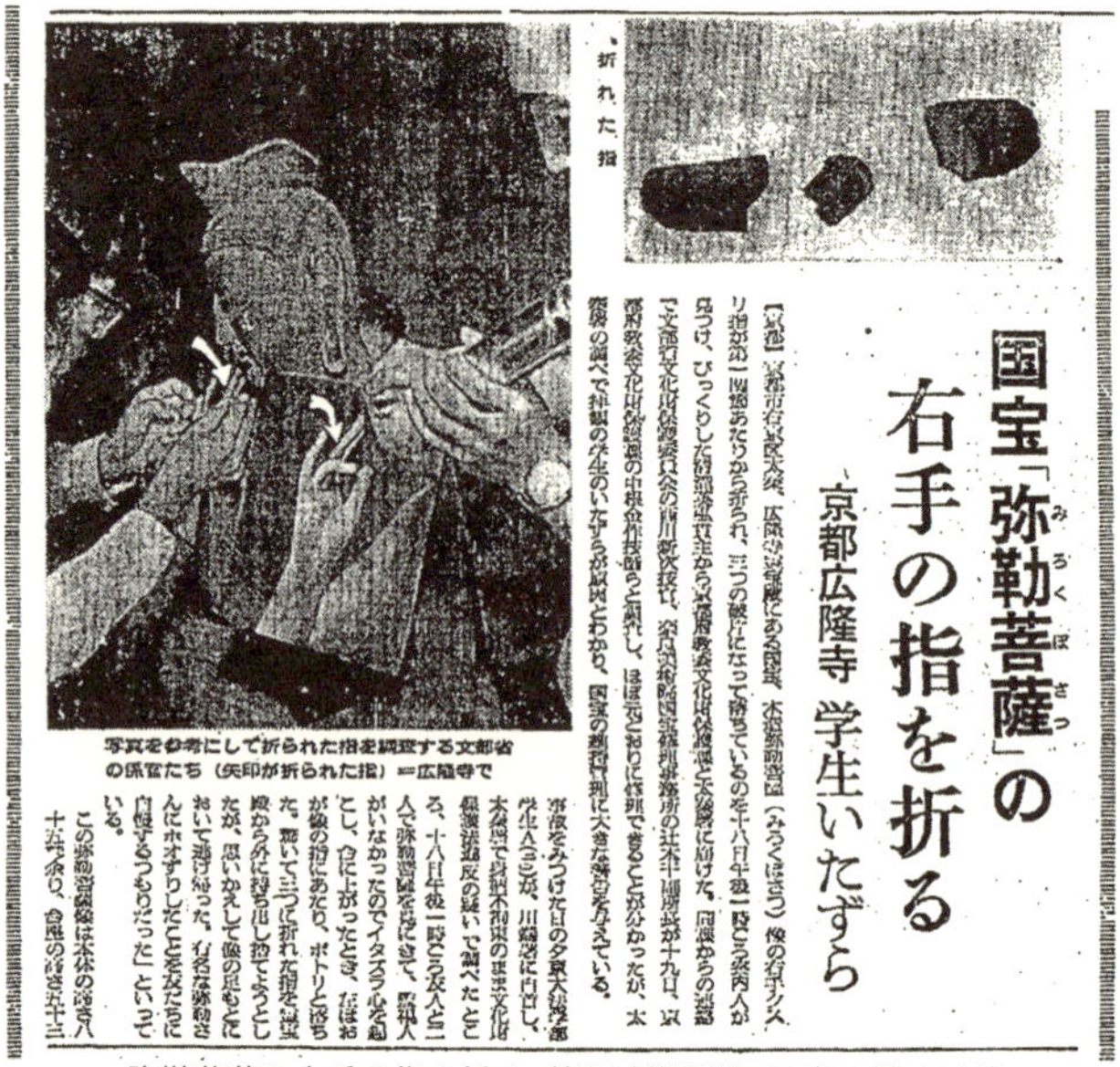

国宝「弥勒菩薩《みろくぼさつ》」の右手の指を折る
京都広隆寺 学生いたずら

写真を参考にして折られた指を調査する文部省の係官たち（矢印が折られた指）＝広隆寺で

弥勒菩薩の右手の指を折る（朝日新聞昭和 35 年 8 月 20 日）

この「弥勒菩薩の怪我」は、著者沖野がおぼろげな記憶で記したと考えられる面がある。当時、この事件は新聞などで報道されており、それと比較すると相違点が見られるからである。

まず、発生年を昭和三十四年（一九五九）のこととしているが、朝日新聞などによると、昭和三十五年の出来事であり、一年違いである。事故が発見されたのは、八月十八日午後一時頃案内人が発見している。ただちに清滝英弘貫主から京都府教育委員会文化財保護課と太秦署に届けた。たまたまこの日の夕方、国立大学法学部学生Ａ（二十歳）

が川端署に自供に来たので、太秦署で身柄不拘束のまま文化財保護法違反の疑いで調べるに至った。その結果、朝日新聞二十日の報道では、

十八日午後一時ごろ友人と二人で弥勒菩薩を見にきて、監視人がいなかつたのでイタズラ心を起こし、台に上がったとき、左ほおが像の指にあたり、ポトリと落ちた。驚いて二つに折れた指を霊宝殿から外に持ち出し捨てようとしたが、思いかえして像の足もとにおいて逃げ帰った。有名な弥勒さんにホオずりしたことを友だちに自慢するつもりだった、といっている。

ここで気になることは、沖野はその著書の中で、折れた指を帰り道の中で川に捨てたとしている。それが関係者一同で川縁を捜索した時に幸運にも発見されたと記している。しかし、川の名称などを挙げていないので、やはり新聞で報道されたように、一度は外に持ち出して捨てようとしたが、思いなおして像の足もとに置いて逃げ帰ったと言うのが真実のように思える。

お寺側の話として記してあるところによると、これまでも、像の美しさに魅せられて、一晩でもいいから泊めてほしいという申し出があったり、じっと弥勒菩薩を見つめて感きわまって泣き出す人がいたり、また案内人が、ちょっと目をはなしたすきに、台にかけ上がり抱きついた中年男もあった。現在の文化財保護法が施行されて国宝第一号に指定された仏像であり、あまりにも端正な美しさは、人々を引きつける魅力にあふれている。この事件を引き起こした大学生は、下宿先で

弥勒菩薩の実物を見たら、〝これがホンモノだろうか〟と思った。期待はずれだった。金パクがはってあると聞いていたが、木目も出ており、ホコリもたまっていた。ちょうど監視人もいなかったので、いたずら心が起こった。なぜ像にふれようとしたのか、あのときの心理はいま自分でも説明できない。

「弥勒菩薩」修理おわる
指は全治、保護サクもつくる

【京都】先月十八日、京大生のイタズラで右手の指が折れた京都太秦広隆寺の国宝弥勒菩薩像は、去る七日から美術院国宝修理所の手で修理されていたが十日、完全に復元作業を終わった。〝東洋のモナリザ〟といわれる同弥勒像はやさしくまげられた右手クスリ指が元通りになって、ふたたび美しい永遠の微笑をとり戻したようだった。

修理を担当した西村国宝修理所長は「外見といちいち照合しながら接着作業をしましたが、少しでも木目がずれたりしないよう気をつかいました」とその苦心を語っていた。

この日午後から復元を機に〝入魂法要〟が営まれ、同弥勒像は以前の霊宝殿所より約二メートル奥のカベぎわに安置された。また今度の事件を機に三メートルあまりのランカンを作り、さらにその前に保護サクを新設して像を保護する。

復元なった京都広隆寺の弥勒菩薩の指（中央は西村国宝修理所長）

「弥勒菩薩」修理おわる（朝日新聞昭和35年9月11日朝刊）

と語っている。この事故について、大学生は仏像を計画的に破壊しようとしたのではなく、また指を折り盗もうとしたわけでもない。偶然に発生した事故であり、本人が自首してきたことでもあり、まだ二十歳の大学生であったため不起訴処分になっている。

この事故が発生した時、連絡を受けた文化財保護委員会から西川新次技官、奈良美術院国宝修理事務所の辻本副所長、京都府教育委員会文化財保護課の中根金作技師らの調査で、ほぼ元どおりに修理することが出来ると考えられた。九月五日午後から美術院国宝修理所西松公朝所長らにより、霊宝殿の安置されていた台の壁ぎわに白布を敷き、千二百年来横にしたことのない像を丁重に寝かせて修理し、えのぐで〝古色仕上げ〟をし、風化した部分は樹脂で固められ、十日には修理が完了するに至った。

〝東洋のモナリザ〟といわれる弥勒菩薩はやさしくまげられた右手クスリ指が元通りになって、ふたたび美しい永遠の微笑をとり戻したようだった、と朝日新聞昭和三十五年（一九六〇）九月十一日の朝刊は報じている。

名画「マルセル」の盗難ついに時効

この章の締めくくりとして、展覧会開催のため外国の博物館から借用した名画が、ある日盗難にあい、その盗品が時効になってから新聞社に届けられ発見されるという不思議な事件を紹介してみよう。

この事件については、当時発足したばかりの文化庁の最高の責任者であった安達健二が、自著『文化庁事始』の中で、次のように述べている。

この年（昭和四十三年）の終りに近く、京都国立近代美術館で、同館が読売新聞社と共催で行っていた「ロートレック展」出品作品の一つである「マルセル」が、最終日の十二月二十七日、何物かによって盗取されるという不幸な事件が起こった。

その後、当日当番だった守衛さんが自殺するという事件も加わって大きな社会問題になった。今長官は、犯人はきっとロートレックの溺愛者にちがいないと思われ、犯人に訴えるメッセージを書かれて新聞にも大きく掲載されたが、犯人からの反応は全くなかった。

なお、その後の捜査当初の懸命な努力にもかかわらず、犯人はようとして捕まらなかったが、七年の公訴時効が完了して一か月後の昭和五十一年一月三十日、「マルセル」の絵は、それとは知らずに預かっていたという人から朝日新聞社大阪本社に届けられた。この人に預けた人は中学校の教師であったが、彼は誰から受け取ったかの入手経路を明らかにすることを拒否した。時たまたまロッキード事件が政治的社会的大問題となり、マスコミもこの「マルセル」盗難事件の真相を追わなくなり、ついにこの事件の真相が闇の中に葬られてしまったのは、はなはだ残念なことであった。

ただ、「マルセル」の作品そのものは、同年（昭和五十一年）二月二十七日、読売新聞社から所有者であるフランスのアルビ美術館に、無事返還されたことは誠に喜ばしいことだった。

とある。ここには事件の経緯を実に簡明に述べている。日本側の主催者である読売新聞社は、この事件に関して、

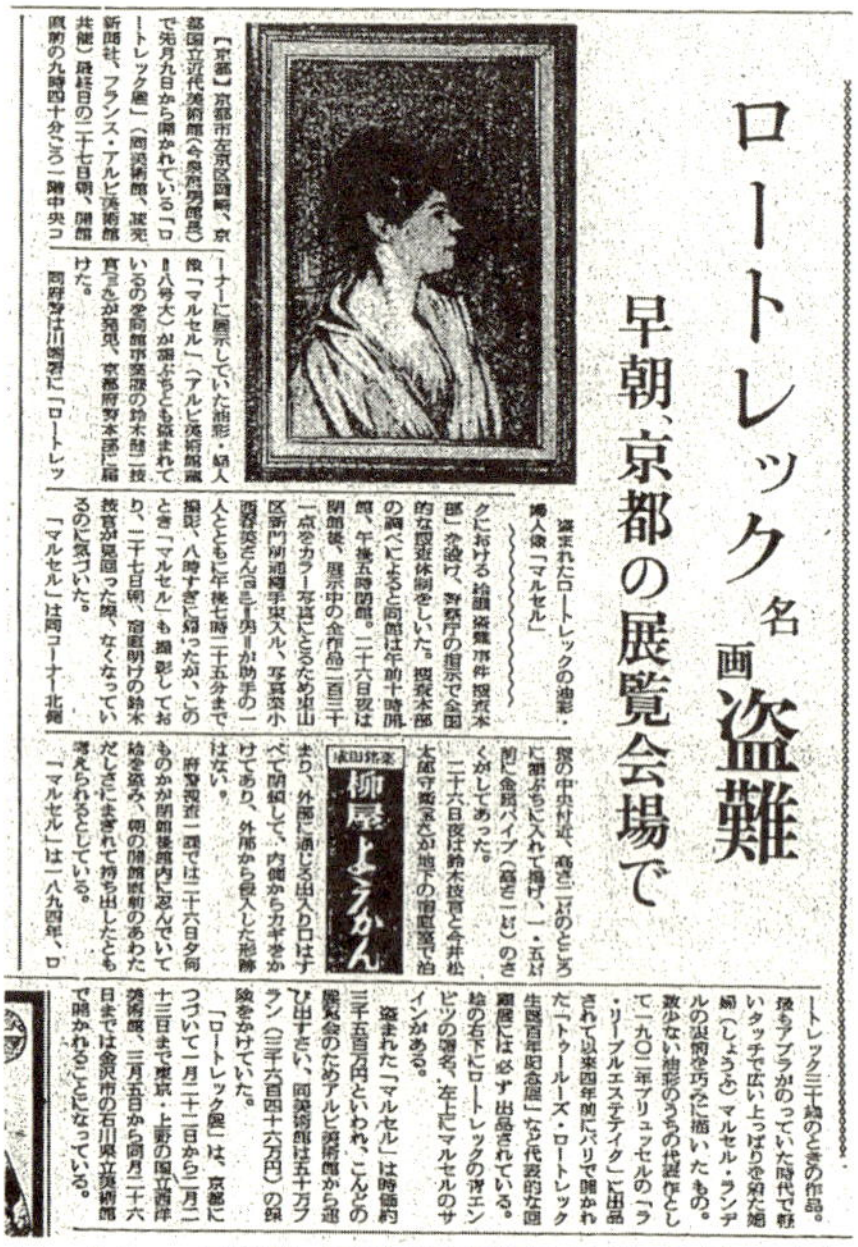

ロートレック盗難（読売新聞昭和43年12月28日）

十二月二十八日（土曜日）の一四版に「ロートレック名画盗難　早朝、京都の展覧会場で」という見出しで当時の状況を報じている。ただちに捜査本部が設けられ、警視庁の指示で全国的な捜査態勢がしかれるに至った。

京都府警の捜査本部では、五万枚の手配書を全国に配布したり、今日出海文化庁長官が返還を呼びかけたり、読売新聞社は発見者に一千万円贈呈することを発表したり、今泉篤男館長は辞任を表明するなど、国際的に大きな問題として取り上げられた。

犯人への手がかりとしては、近代美術館から南へ一五十メートルほど行った疏水のほとりでマルセルの額縁と犯人のものらしい足跡がひとつ見つかっただけである。額縁には縁飾りをドライバーではずした傷があった。結局、犯人は十二月二十七日朝九時すぎ守衛交替のすきに展示室にはいり、マルセルをはずして疏水まで逃げ、額縁をこわし絵だけを抜き取って逃げたということになる。捜査本部では、額縁の発見現場で目撃された男のモンタージュ写真を作成し、国際刑事警察機構（ＩＣＰＯ）を通じて、世界三十八ヶ国に特別手配をするに至った。

しかし、マルセルの行方は杳として判明しなかった。そして、事件から七年の歳月が流れた昭和五十年（一九七五）十二月二十七日午前零時、この盗難事件は時効となった。

こうして時効となって一か月後の昭和五十一年（一九七六）一月三十日、前に安達健二の『文化庁事始』から引用したように、それとは知らずに預かっていた人から、朝日新聞社大阪本社にマルセルは届けられたのである。

その結果が昭和五十一年（一九七六）一月二十日朝日新聞一面と「盗難の名画「マルセル」発見　時効から一カ月後　大阪で届け出　知らずに預かった」との見出しで報道されるに至った。ここにその報道の一部を記載すると

絵は、縦百十センチ、横八十センチの模造紙二枚に二重に包まれ、その上をさらに紫色のふろしきで包んであった。紙の四すみに油のしみたような黄色のシミがあるほかは、湿気を帯びた跡もなく、保存状態はよかった。

Aさん夫妻の話によると、Cさんは預ける時、応対したB子さんに「おばさん、これをちょっと預かってほしい。ぼくがとりにくるまでおやじやおふくろがきても渡さないでほしい」といって、置いて行った。B子さんはCさんの実家がすぐ近くで、こどもの頃から、よく遊びに来ていたので、別に不審に思わずそのまま預かり、玄関横の客間の押し入れにしまっていた、という。

その後、四十九年七月にB子さんが海外旅行に行く直前、偶然、近くのバス停でCさんに会ったので、「持って帰ってほしい」といったが、そのまま預かっていてくれ、ということだった。このためB子さんは旅行に出発する前、Aさんに「Cさんからの預かりものだ」とふろしき包みを見せ、そのとき初めて包みをあけて、中身が絵であることを知った。そのときは何の絵か気にもとめず、また押し入れに入れた。

ところが、約数週間前にAさんが仕事の関係で外国の絵画の本を見ていて、Cさんから預かっている絵のことを思い出し、二十四日に再びふろしき包みを調べたところ、裏にロートレックの名前があるのを見つけた。念のために百科事典で調べてみると、事典にのっていたロートレックの作品と鼻や目がそっくりなので「もしや大変なものでは」と、二十八日に知人に相談。はじめて「マルセル」が盗難にあっていることを知り、これがその絵ではないかと、朝日新聞社に連絡したという。

朝日新聞 1976年（昭和51年）1月30日 金曜日

盗難の名画「マルセル」発見

時効から一ヵ月後

大阪で届け出「知らずに預かった」

専門家二氏 本物と断定

発見されたロートレック作の「マルセル」

「マルセル」発見（朝日新聞昭和51年1月30日）

Cさんも二十九日夜、「私も知人から預かったので、詳しいことは知らない」といっており、届けを受けた大阪府警は、京都府警と連絡をとりAさん夫妻やCさんから事情を聴いた。両府警は、窃盗事件としては昨年十二月二十七日で一応時効となっているが、この間に犯人が海外へ行っていたりしたら、その期間だけ時効が中断されるので、犯人がわかったあと、さらにくわしく調べなければ時効が完成しているかどうかはわからない、として合同で捜索を進める考えだ。保険金については、保険会社が絵と引き換えにアルビ美術館に返還を請求できる。

と第一報を報道し、最後に当時の文化庁長官今日出海と京都国立近代美術館今泉篤男の談話を添えている。

その後、Cさんもまたある人物から預かったとしており、それ以外のことは絶対に言えないとして、時効が成立していることもあって、真相は明確にされていない。

マルセルは三十日朝、朝日新聞社から大阪府警に、さらに京都府警に引き渡され、二月十三日読売新聞社に返還された。

この盗難事件には後日談がある。こうした事件があったにもかかわらず、読売新聞社は、またロートレック展を企画し、昭和五十七年（一九八二）十月から翌五十八年（一九八三）三月まで、伊勢丹美術館、福島県文化センター、福岡市美術館、京都市美術館の四会場で開催するに至ったのである。この時の展覧会にもまた「マルセル」が出品されているのである。盗まれたマルセルが発見され、所蔵先のアルビ美術館に返還されてから、わずか六年しか経過していない時で、まだ過去の事件が忘れ去られていない時である。それなのに、盗難のあった日本へ再びマルセルを貸出すことに抵抗がなかったのであろうか。

ロートレック美術館友の会会長であり、アルビ美術館理事であったM．G．ドルテユは、この時の『ロートレック展カタログ』の中で「マルセルの帰還」という表題で次のように記している。

一九六八年（昭和四十三）十二月の〈マルセル〉の盗難の際、アルビ美術館理事会に蔓延した悲しみ、反発心、痛恨は私自身も感じ、分かち合っただけに、美術館にこれが戻った時の私の喜びは、たとえようもないものであったと申せます。

これは、私の目には、自分自身の一種の名誉挽回に映りました。というのも、日本で開かれた同展の組織委員長であった私は、気持ちの上では、この紛失の責任の一端が、自分にあると考えたからです。その上、当時私は、日本側の主催者たちが受けた非難、並びに事件とその帰結を前にした彼らの困惑振りをも分かち合いました。京都の警察署に迎えられた私は、彼らの捜査が妥当なものであることを確認できた一方で、起こった不幸が本当であって欲しくないと念じ続けました。

こういった一連の事件の中でも、忘れようとすれば忘れられたかもしれませんが、いまだ脳裏を離れない苦い思い出は、京都国立近代美術館の守衛長の恐ろしい自殺です。余りにも良心的だったこの人物の思い出は、アルビ美術館に生き続けるでしょう。また、常に尊厳に満ちている彼の御家族には、彼の深い悲しみを今後も我々全員が共有し続けることを是非とも知っていただきたいと思います。

一九八二年（昭和五十七）十月、――アルビ美術館理事会は、この新たなトゥールーズ・ロートレック展の開催をうれしく思います。また、個人的にも、日本の主催者が貸与作品リストの中に〈マルセル〉が入るのを切望したことは、大きな喜びです。

とある。そして最後に「願わくば、京都国立近代美術館守衛長の御家族の皆様に、万人から故人に捧げられました敬意をそこに見てもらえますと共に、故人の思い出は我々の心から決して消え去らないことを知っていただけますように。」とある。

第五章 昭和時代 竹の台陳列館ついに自然倒壊

第一節　帝室博物館内にあった竹の台陳列館

昭和十三年（一九三八）十一月に発行された『帝室博物館略史』の第七章の中に「第五号館（竹の台陳列館）の貸与」という小見出しで、次のように記してある。

園内竹の台広場には、明治二十三年（一八九〇）、第三回内国勧業博覧会の際建設された第五号館（建坪九百六十坪）があり、同会閉会後、農商務省より引き継いで、本館（帝室博物館）に於て管理していた。而して之等の建物は各種美術団体、展覧会、共進会等その他の会場として、その申込の需めに応じていたが、年と共にその名は世人の耳目に慣れ、借用を申込むもの益々多きを加えたので、さきに内国商品陳列合資会社に貸付けていた第三号館の一部をも加えて、之が需要に充てていたが、明治四十年（一九〇七）東京勧業博覧会開催の際、この両館を取拂い、新にその代用の建物を建設し、竹の台陳列館と改称し、（明治四十一年）従前の通り借用の需めに応じ便宜を計った。

とある。要は帝室博物館構内にあった第五号館は、博物館が所蔵する資料を展示するための施設というよりは、貸会場としての役割を果たす建物であった。

その第五号館は、建坪九百六十坪で明治二十三年（一八九〇）四月一日から七月三十一日までの百二十二日間、上

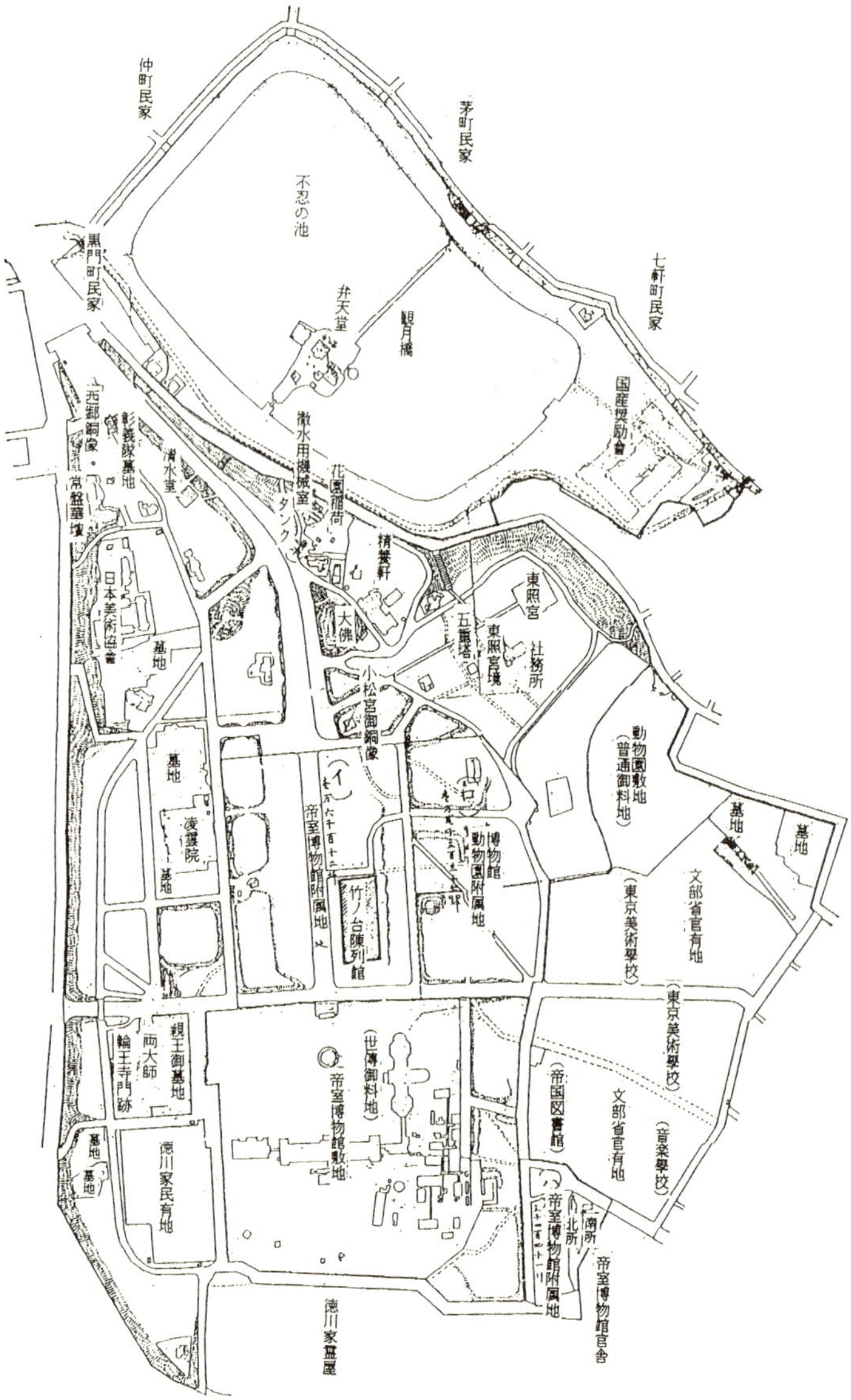

東京市へ移管前の上野公園

野公園内で開かれた第三回内国勧業博覧会開催のために建てられたもので、博覧会終了後に、その管理が博覧会を主催した農商務省から帝室博物館に引き継がれた。帝室博物館では、これを各種の美術団体に貸与し、展覧会場として利用させていた。

ところが、明治四十年（一九〇七）三月二十日から七月三十一日まで、上野公園と不忍池畔を利用して、東京府が主催する東京勧業博覧会が開催されることになった。この時、前記した第三回内国勧業博覧会の際に設置した第五号館を取り壊し、ここに新たに建物を設けるに至った。これが東京勧業博覧会の開催に際し、「工業館」として使用された建物で、木造平屋の一二四八坪の広さであった。

この建物が東京勧業博覧会終了後に〝竹の台陳列館〟と称され、再び展覧会を開催するための貸会場として使用されることになったのである。〝竹の台〟と称したのは、この地が古くから「竹の台」と呼ばれていた場所であるからで、慶応四年（一八六八）五月、新政府軍と上野の山に立て籠もった彰義隊との戦いにより、この地にあった徳川将軍家の菩提所である寛永寺は全焼したが、その寛永寺金堂の位置した地点でもある。黒門から上野山内に入り、一本道の坂を登り切った平坦地で、公園地域の中核をなす場所である。

この竹の台陳列館もまた帝室博物館が管理するところとなった。これにより、ここでもまた各種の美術団体から、展覧会を開催する会場として貸して欲しいという希望が絶えなかった。そのため、帝室博物館では、陳列場の内部を四区画に仕切って貸していたが、それは帝室博物館側と会場を借用したい美術団体の責任者とが個々に交渉して会場の使用を決めていた。しかし、使用期間や借用区画の割り当てで、貸す側の博物館と借りる側の美術団体側で、何かと問題をかかえており、紛争を引き起こしていた。

そこで、こうした問題を解決するために、美術団体の関係者は、石橋望雲、島谷播山、南米岳らを代表者として、

「竹の台茶話会」を組織するに至り、この組織を通じて会場使用に関する交渉にあたることとなった。その茶話会の規則には

本会ハ美術及美術工芸研究ノ為メ開設スル各種ノ展覧会ニ共通ノ便宜ヲ計リ、同時ニ団体相互ノ親睦ヲ厚クシ、利益ヲ増進スルヲ以テ目的トス

とあり、その事業内容には「竹ノ台陳列館ノ主管庁トノ間ニ生スル一切ノ事務ヲ担当スル事」となっている。こうして竹の台茶話会は、竹の台陳列館を借用するにあたり、この茶話会に加盟している団体が自主的に相談し、竹の台陳列館を利用する時の期間や使用場所を抽籤で決めるから、その運営を竹の台茶話会にまかせてほしいと請願したのである。

この請願に対して帝室博物館側は、

一、竹の台茶話会に加盟していない団体でも、展覧会を開きたい場合には、館側から連絡するので抽籤に加えること

二、抽籤する時には、博物館の職員を立ち合せること

三、毎年十月、十一月は文部省美術展覧会の会場として使用するので、その期間は利用できないこと

この三点を条件にして、竹の台茶話会方式での実施を許可するに至ったのである。

こうして明治四十年（一九〇七）以降、竹の台陳列館は、美術団体などの展覧会場として使用されることとなった。

当時の竹の台茶話会に加盟していた団体を列挙すると、（括弧内は代表者名）

天真社（川端虎三郎）

真美会（鷹田其石）

无声会（渡辺香涯）
明治絵画会（伊藤綾春）
二葉会（橋本正素）
国画玉成会（川崎安）
日本南宗画会（渡辺華石）
日本画会（望月重鳳）
日本漆工会（荒木真弓）
トモエ会（玉置金司）
大日本選書奨励会協賛共進書画会（山腰利道）
東京写真研究会（久野轍輔）
読画会（広瀬東畝）
日月会（岡倉秋水）
太平洋画会（石川寅治）
国香会（高田窪仙）
天籟会（寺崎広業）
美術研精会（鳥谷幡山）
巽画会（南米岳）
東京錦金会（岡崎雪声）

日本彫刻会（山本瑞雲）

以上の二十一団体となっている。

ただ、前記したように毎年十月と十一月は、文部省美術展覧会を開催するため、一般の美術団体には使用させないことになっている。

この文部省美術展覧会とは、明治四十年（一九〇七）六月六日、勅令で美術審査委員会官制が発布されたもので、これによって運営が進められる。その第一条には「美術審査委員会ハ文部大臣ノ監督ニ属シ、美術展覧会ノ出品ヲ審査シ、其ノ他美術展覧会ニ関スル事項ヲ審査ス。美術展覧会ニ関スル規定ハ文部大臣之ヲ定ム」とあり、展覧会規定には出品は日本画、西洋画および彫刻の三科となっており「出品ハ鑑査ヲ経タルモノニ限リ之ヲ陳列ス」となっている。結局、文部大臣の監督下にあって、毎年一回審査して出品される美術展覧会であり、一般には〝文展〟と言われているものである。そのため文部省内には「美術課」が新設され、展覧会事業の推進に当たっている。

この文展の第一回展は、竹の台陳列館を使用する予定になっていたが、雨漏りが見られたために急きょ日本美術協会の建物に変更したので、実際には竹の台陳列館が使用されるに至ったのは、明治四十二年（一九〇九）の文展からであった。

竹の台陳列館が文展の会場として使用されることにより、これまで、各地で活躍していた各流派が初めて一堂に会して発表する機会を得られたことになり、日本の美術界にとっては、画期的な意義を持つものとなった。

初期の審査委員には横山大観、竹内栖鳳、川合玉堂、下村観山、菊池芳文、黒田清輝、浅井忠、岡田三郎助、和田英作、小山正太郎、中村不折、高村光雲、竹内久一、長沼守敬、新海竹太郎らの各派を代表する美術家、それに森鴎外、岡倉天心、岩村透、藤岡作太郎らの学者が加わった。

表１　竹の台陳列館で開催した主な展覧会

名称	四一	四三	四四	四五	二	三	四	五	六	七	八	一〇	一四	一五
太平洋画会	—		—	—	—		—	—	—	—	—	—	—	—
日本家禽協会	—	—	—	—	—		—	—	—	—	—		—	
日本画会	—		—	—	—	—		—	—	—	—		—	
美術研精会	—	—	—	—	—	—		—	—	—	—			
大日本選画奨励会協賛共進書画会	—		—	—	—		—		—	—	—			
日本漆工会	—		—		—	—	—		—					
日月会	—	—	—	—	—	—	—	—						
トモヘ会	—													
巽画会	—	—	—	—	—	—	—	—	—	—				
読画会	—	—	—	—		—		—	—	—	—	—	—	
日本南宗画会	—	—	—		—		—	—	—	—	—	—		
江戸っ子会	—													
東京鋳金会	—		—		—	—		—	—					
无声会		—	—	—	—									
東京写真研究会		—	—	—	—		—	—	—	—	—	—	—	—
大東絵画協会		—					—	—						
進書画展覧会		—												
日本彫刻会		—	—	—	—	—	—							
日本美術社		—	—											
文部省美術展覧会		—	—	—	—		—	—	—	—				
日本金工協会		—		—	—		—		—					
天真会（天真社）		—	—											
大日本選画奨励会			—	—	—		—	—	—		—			
二葉会			—	—										
明治絵画会			—	—	—		—	—	—	—	—	—	—	—
日本写真会			—											
画報社美術新報				—										
光風会				—	—	—	—	—	—	—	—	—	—	—
日本陶器新報社				—										
暁声社				—	—									
天籟会		—		—		—		—	—	—				

この文展は、日本画、西洋画、彫刻という美術の分野を一般社会に認識させるということでは、大きな成果を挙げたのであるが、官展としての立場から権威ある展覧会として意識されるに至ったため、入賞作品としての選考などにあたっては、内部の審査委員同士の主導権争いが絶えなかった。

大正八年（一九一九）帝國美術院が新たに創設されたため、一一、二回続いた文展は、帝國美術院展覧会（帝展）に改組されるに至った。

この竹の台陳列館を利用した団体や展覧会については『帝国博物館略史』の中に記載されており、今、これを整理して再掲すると上表のように示される。毎年、二十前後の団体が竹の台陳列館を利用していることになるが、この施設が存在したことから、作家にとっては毎年出品することが可能となり、製作意欲がわき、明治後期から大正期にかけて、日本の美術発達史の上で重要な役割を果たした。

竹の台陳列場を使用しての展覧会の開催は、表で判明するように毎年二十前後の団体が使用しており、この他に数年のみの使用団体がかなり存在する。東京写真研究会、太平洋画会、明治絵画会、光風会、などが目立った存在となっている。

太平洋画会　太平洋画会は、明治美術会が明治三十四年（一九〇一）十一月に解散したので、同会につながる満谷国四郎、中川八郎、吉田博、大下藤次郎、石井柏亭、倉田白羊らが黒田清輝らの白馬会に対抗して結成したものである。翌三十五年（一九〇二）一月に第一回展を上野公園五号館で開催した。その後、鹿子木孟郎、河合新蔵、中村不折、新海竹太郎らが参加し、ジャン・ポール・ローランスのアカデミックな画風が太平洋画会の基調となり、毎年公募展を開いている。竹の台陳列館になってからも毎年続けて使用していた。

太平洋画会は明治三十七年（一九〇四）下谷清水町に太平洋画会研究所を設けたが、これは在野にある絵画・彫刻・彫塑の研究所としての性格が強く、昭和四年（一九二九）学校組織としての「太平洋美術学校」と改称した。昭和九年（一九三四）には東京府の認可学校となったが、昭和二十年（一九四五）の東京大空襲によりすべてを消失した。

日本家禽協会　日本家禽協会は、大正十四年（一九二五）まで竹の台陳列館を使用している。展覧会と言うより品評会である。この協会は会長榎本武揚、幹事玉利喜造で、家禽事業の改良発達を図ることを目的とし運用している。会員は二百五十名で、春期に総会を開き学術研究の発表などがある。品評会は総会にあわせて実施しているが、会員以外の人でも出品することが可能になっており、優等者には褒賞が与えられる。

会長の榎本武揚は、明治元年（一八六八）徳川幕府が崩壊する時に海軍副総裁の地位にあり、幕府の艦隊を率いて脱走、北海道函館五稜郭にこもって、明治新政府に抗議したことでもよく知られている。後に特命全権大使としてロシアに駐在し、千島・樺太交換条約を締結した。清国駐在公使の時、全権大使伊藤博文を援けて天津条約の締結にも尽力した。農商務相、文相、外相などを歴任して幅広く活躍し、明治二十三年（一八九〇）枢密顧問官となっている。

日本画会　日本画会は、明治三十年（一八九七）青年絵画協会に属していた畑仙齢ほか三十七名の同志が大東絵画協会の急進的傾向に反対し、大東絵画協会の極端さをさけ、一方では日本美術協会のような守旧一筋から脱して一歩前進し、こうした両者の中間的な方向で進むべきであるとして結成された団体である。そこでは、伝統を守るために日本画の特異性を力説して、西洋画模倣の危険性を説き、美術学校派、日本美術院派、文展派などの新派に対抗した。

二十年間にわたって青年作家のために大きな貢献をなしたが、大正十二年（一九二三）春、荒木十畝の斡旋と努力によって、これまでの日本画会は解散し、さらに新たな方向を目指して「革新日本画会」を発足させたのである。帝國美術院会員、帝展審査員、同無鑑を客員にして、名画塾の代表である美術学校日本画科卒業生、新人作家ら八十名を会員にして発足させた。大正十二年第一回展を開き、その後第十五回まで続き、日本画の伝統を守るとともに、若手作家への指導育成につくした。

約四十年続いたこの会も、昭和十年（一九三五）の帝展改組やそれ以外の画壇の混迷の中にあって、会員相互間で意見の相違などもあり、昭和十三年（一九三八）二月に解散した。

巽画会《たつみがかい》　巽画会は、明治三十二年（一八九九）、東京深川に在住していた村岡応、遠上素香、中島光村、水野静方らによって開かれていた研究会を改称したものである。巽画会という名称は、深川が都の巽の方向に当たるので名付けられたとされる。

明治三十八年（一九〇五）以後、竹の台陳列館の前身である帝室博物館五号館を会場にして展覧会を開くようになり、これを契機として急激に会員が増加する。当時、日本画に関する団体は二十四ほどあったが、その中で第一位は会員数五百名の日本美術協会、第二位が会員数二百五十名の巽画会であった。横山大観、菱田春草、下村観山、今村紫紅、橋本関雪らが参加している。

竹の台陳列館を利用するようになると、これまでの年一回の展覧会を春、秋の二回開催するようになる。さらに大正三年（一九一四）の第十四回展からは、日本画のみでなく、洋画・彫刻の部も加えて三部門とし、さらに翌大正四年（一九一五）の第十五回展からは、版画部も設けた。しかし、世相の移り変わりに抗することは出来なかった。再興日本美術院展が隆盛をきわめるに至り、大正七年（一九一八）の開催を最後に自然解散となった。

无声会《むせいかい》　无声会は、結城素明、平福百穂、渡辺香涯、島崎柳塢、福井江亭、大森敬堂、石井柏亭の七名によって明治三十三年（一九〇〇）に創設された。当時台頭した日本美術院の浪漫主義的なものと対照される自然主義的な作風を示したグループである。このグループは、自然主義の動きに先行して新たな時代に順応して洋風写生画の逆を開拓した。こうして明治四十年（一九〇七）頃には、新進作家たちの研究機関的な役割を果たすに至った。大正二年（一九一三）には、戸張孤雁、森田恒友、橋口五葉、倉田白羊らも参加して、日本画、油絵、水彩画、図案意匠などを採り入れた総合的な展覧会を開催している。

日本彫刻会　日本彫刻会は、明治四十年（一九〇七）に結成された。岡倉天心を会長に、米原雲海、山崎朝雲、平櫛田中、加藤景雲、森鳳声、瀧沢天友の六人を創立会員として発足した。当時、塑造の彫刻が盛んになったのに対し、木彫の隆盛を目的とした彫刻の団体であった。吉田白嶺、芳明兄弟、山本瑞雲ら中堅木彫家が参加しており、大正四年（一九一五）まで出品を続けている。

光風会　光風会は、白馬会の解散後に、その後身として明治四十五年（一九一二）三月、旧白馬会の中沢弘光、山本森之助、三宅克己、杉浦非水、岡野栄、小林鐘吉、跡見泰ら七名の発起で創立された。七名の会員はいずれも黒田清輝の教えを受けており穏健な画風で知られる。この年の六月竹の台陳列館で第一回展を開催している。洋画作家の団体として毎年春季に公募展を開いている。

昭和二十七年（一九五二）芝田村町に光風会美術会館が建てられ研究所が開設された。

二科会　二科会は、大正三年（一九一四）に文展第二部の洋画部内で新旧の二科に分ける運動が起きたが、これが実現しなかったので、石井柏亭、山下新太郎、津田青楓、梅原龍三郎、有島生馬らが在野団体として結成した美術団体である。同年十月、竹の台陳列館で二科美術展を開催する。以後、新傾向作家の代表的団体として活動を続けるが、常に退会・加入などの変動がはげしく、大正七年（一九一八）には梅原龍三郎脱会、翌年には藤川常造が入会し彫刻部が設けられ、昭和五年（一九三〇）には児島善三郎、里美勝蔵らが退会して独立美術協会を創立する。昭和十一年（一九三六）には、石井柏亭、山下新太郎、有島生馬、安井曽太郎、硲伊之助らが分かれて一水会を創立するなど波乱にみちている。

昭和十九年（一九四四）九月に施行された美術展覧会取扱要綱により、一般公募展が禁止されたので展覧会を中止し二科会は解散した。

日本美術院展覧会　日本美術院展覧会は、大正四年（一九一五）から大正十四年（一九二五）まで、竹の台陳列館を使用している。

この日本美術院は、明治三十一年（一八九八）東京美術学校を辞職した岡倉天心を盟主とし、橋本雅邦を主幹に菱田春草、横山大観、下村観山ら二十六名を正員として発足した。院には研究、製作、展覧の三部門を置き、機関誌『日本美術』を発行するなど世間の注目を集めた。日本画の団体であるが、単なる画家の集団として創作活動や展覧会だけを開催するのではなく、東京美術学校では実現できなかった大学院構想としての研究などを推進することも目的とした。そのため古典作品の保存や修復などにも関心を示し、谷中に日本美術研究所を設けて後進の指導などにもあたった。

明治三十九年（一九〇六）規則の改正により、橋本雅邦にかわって岡倉天心が主幹となる。しかし、天心の長期にわたる海外出張などで、日本美術院の活動は次第に衰え、院展は開催されず、日本美術院研究所は茨城県五浦に移転せざるを得なくなり、岡倉天心、橋本雅邦、横山大観、下村観山、菱田春草、木村武山らが一家をあげて移住し、いわゆる「五浦時代」が始まる。この時期の研究は、大観、春草が主導した波線描法が不評となり、田舎での収入の苦しさなどもあり、また作品を発表する場を持つことが出来ず当初の活力も次第に衰えていった。こうした中で大正二年（一九一三）岡倉天心が他界したことにより、日本美術院の再興が図られる。

再興記念第一回展覧会は、大正三年（一九一四）十月十五日、日本橋三越旧館で開催され、絵画四十九点、彫刻十四点が展示された。翌四年（一九一五）には第二回展を上野公園内の精養軒で、第一回習作展を上野公園内の竹の台陳列館で開いている。大正五年（一九一六）になると再興第三回院展は、会場を竹の台陳列館に変更して開いており、以後、毎年竹の台陳列館を利用している。大正十二年（一九二三）の再興第十回院展の招待日に関東大震災が発生するが、直ちに閉会し展示品の撤去にあたったため、展示作品は無事であった。

大正十五年（一九二六）五月に、北九州の港町岩松で、炭鉱経営で財をなした佐藤慶太郎の寄付によって上野公園内に建てられた東京府美術館が開設されたので、ここで再興第十三回院展が開かれ、以後東京府美術館を会場とし使用する。

再興第九十回院展は、平成十七年（二〇〇五）東京都美術館で開催された。

ここで再び陳列館のことに話を戻そう。

竹の台陳列館は、各種の美術展覧会の会場として使用され、その役割を果たしてきた。その歴史的な推移を展望すると、明治期の使用については、すでに述べたが、大正時代になると、

大正三年（一九一四）の東京大正博覧会、第三工業館

大正十一年（一九二二）の平和記念東京博覧会、染織館

大正十二年（一九二三）の関東大震災（南側・四百坪）東京市の臨時産院（十三年二月六日まで）

などにも利用されている。

ところが、大正十三年（一九二四）一月二十六日、皇太子殿下（昭和天皇）の御慶事にあたって、これまで御料地であった上野公園地（動物園を含む）を東京市に下賜することになったのである。この時の下賜条件の一つに、帝室博物館正門前の広い空間は、公園地の中枢部にあたり、通常は〝竹の台〟と言われているが、この地はもと寛永寺中堂のあった場所であり、この真後ろが寛永寺本坊で、そこに帝室博物館が所在している。皇室の象徴的な帝室博物館は、上野山門から坂を登り、竹の台を通って一直線上に位置するので、この線上には将来建物を建設してはならないとするものであった。しかし、この竹の台には、これまで展覧会の会場として使用してきた〝竹の台陳列館〟があり、何かと目障りであった。

そこで、竹の台陳列館の所有者である宮内省としては、当時東京府が公園内に計画していた美術館が竣工されれば、各種団体の展覧会場として、その需要を充たすことが可能になるため、竹の台陳列館は取り壊す手筈になっていた。

この時、たまたま関東大震災で建物・資料のすべてを焼失したお茶の水の東京博物館は、湯島聖堂構内で仮の木造陳列場で公開していたが、新たな耐震・耐火の建物を上野公園内に建設する計画を進めており、その敷地内に竹の台陳列館を移築して使用することを考えるに至った。

かくして竹の台陳列館は、大正十五年（一九二六）三月二十六日、宮内省より文部省に譲渡され、公園内の東京博物館建設予定地内に移築されるに至った。そして、「東京博物館別館」として、新たな利用の時代を迎えることになるのである。

第二節　科学博物館別館となった竹の台陳列館

東京博物館は、関東大震災の復興記念ということで上野公園内に飛行機型の新館を建設する。これが現在の国立科学博物館の日本館である。

昭和三年（一九二八）四月、総工費二百万円で着工した、延面積二一〇一坪余の地下一階、地上三階建て鉄筋コンクリート造である。昭和五年（一九三〇）十二月に竣工したので、お茶の水の東京博物館を閉鎖し、資料を上野へ移し新館の公開準備にとりかかった。

ところが、これまで湯島にあった東京博物館は、上野に移転した昭和六年（一九三一）二月二日に「東京科学博物館」と改称され、ここに初めて〝科学〟という表現を用いた文部省直属の科学博物館が成立し、同年十一月二日、天皇・皇后両陛下の行幸啓を得て開館した。

東京科学博物館官制には「文部大臣の管理に属し自然科学及びその応用に関する資料を収集保存し、公衆の観覧に供し、併せて之に関連

上空から見た飛行機型の東京科学博物館（中央）と上野別館（右上）

する研究及び事業を行う」となっており、館長のほかに学芸官、技師、学芸官補、書記が置かれ、理化学部、地学部、動物学部、植物学部の四研究部が置かれている。

　展示は、理工、動物、植物、地学に大別され、一般観覧者にわかりやすい展示と、研究者の利用に供するための展示とが存在していた。風洞実験、X線実験、真空実験、光弾性実験などは時間を定めて公開された。「腊葉展」など定例の特別展覧会を毎年開催し、野外で実際に観察しながら指導する植物採集会、化石採集見学会などが科学博物館としての特徴的な教育活動となった。

移築された東京博物館上野別館

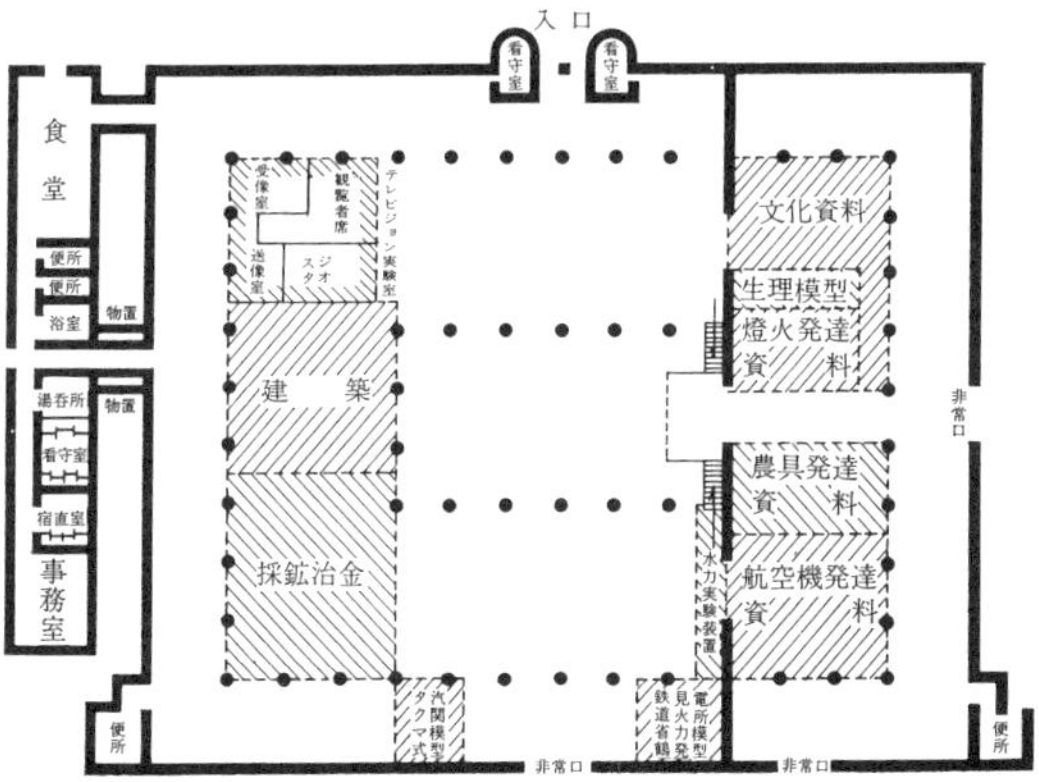

東京科学博物館上野別館（展示品の配置は昭和10年現在）

　一方、東京博物館時代に移築された竹の台陳列館は、「東京科学博物館別館」と改称され、飛行機型の新館が公開された時に同じく新たな展示施設として一般に公開されるに至った。

　この別館は、竹の台陳列館時代のように貸会場ではなく、鉱山、金属工業、機械工業、電気工業、交通、土木建築、化学工業、繊維工業に関する資料を系統的に展示する工業館を考えていた。しかし、展示資料が少なく、科学的に理解させるには不充分な面が多々存在した。
開館当初の展示内容は、次のように構成されていた。

第一類　交通に関するもの
飛行機実物、飛行機用エンジン、飛行機用エンジン運転実験装置、自動式交通整理模型、電車車体模型、航空機発達資料

第二類　機械に関するもの
製鉄所大模型、二万キロ火力発電所大模型、タクマ式汽罐大模型、外輪車付舶用汽機実物、水力実験装置、起重機運転模型、農業用機械器具の発達資料、理化学機械市場品

第三類　土木建築に関するもの
震災記念堂鉄骨模型、西洋建築オーダー標本、耐震木造家屋模型、鉄筋コンクリート構造模型

第四類　海外資料に関するもの
ポーランド結婚風俗人形、ギリシャ児童製作品、ハンガリー文化資料、米国各州代表人形、本邦雛祭人形標準陳列、南洋資料

第五類　其他の種類
生理解剖標本、博物標本、本邦灯火発達資料、本邦鉱山模型、鉱物、化石等

となっている。特に航空機発達資料、農業用機械器具の発達資料、ハンガリー文化資料、本邦灯火発達資料は、それぞれの数が百点に及んでいる。米国各州の代表人形は、昭和二年（一九二七）日米親善に役立てようとして、アメリカの世界児童親善会から日本の子どもたちへ「青い目の人形」を一万二千体余送られたものである。それぞれの人

表２　別館で開催した特別展覧会

展覧会名	会期	主催者
シカゴ万国博覧会出品物仮陳列会	昭和８年３月24日～25日	
産業教育博覧会	昭和９年10月14日～11月４日	実業教育五十周年記念会主催
第３回国産振興精密機械器具展	昭和10年３月28日～４月22日	火兵学会・精機協会主催
蒸気文化展覧会	昭和11年４月25日～５月10日	ワット生誕二百年記念会
結核予防展覧会	昭和11年10月20日～11月３日	内務省主催
表彰発明展覧会	昭和13年３月21日～３月30日	帝国発明協会主催
第２回代用品工業振興展覧会	昭和14年10月１日～10月10日	商工省主催
全国小学校理科教育振興展覧会	昭和14年11月１日～11月20日	帝国教育会
ゴム技術とゴム新用途展覧会	昭和18年４月10日～４月23日	日本ゴム工業技術員会主催

蒸気文化展覧会のポスター

ワット誕生200年記念「蒸気文化展覧会」の会場となった東京科学博物館別館

形は日本各地の学校へ贈られたが、各州の代表人形は皇室に献上された。しかし、皇后様の心遣いにより、子どもたちがよく利用する博物館に陳列して保存するのが適当であると考えられ別館に展示されることになったものである。

一方、先に記したように東京科学博物館では、特別展覧会を開いているが、共催事業などは飛行機型の新館ではなく、別館で開いている場合もある。表2で示した展覧会がそれである。

蒸気文化展覧会は、ジェームス・ワットの生誕二百年を記念して開催されたものである。東京科学博物館、ワット生誕二百年記念会、社団法人日本動力協会の三者共催で、第一会場が万世橋に新館が落成したばかりの鉄道博物

蒸気文化展覧会における鉄道の実演

館、第二会場が上野公園内にある科学博物館別館であった。

展示資料は、第一部がワット関係資料で、イギリスから送付されたワット自筆の蒸気機関製作図面など約二百五十点、第二部は我が国での蒸気文化発達資料で、蒸気機関に関する古書文献、鉄道関係錦絵、版画、写真、図表、鉄道ならびに船舶用汽罐汽機の発達を示す資料など約七百点、第三部は学生、生徒の製作品で、この展覧会のために全国から募集したものである。動力機械、動力装置模型など総数四百二十八点であった。生徒・児童の優良製作品には、優秀賞、努力賞、技巧賞、考察賞が授与された。

全国小学校理科教育振興展覧会は、博物館と帝国教育会、それに全国連合小学校教員会の三者共催であった。その開催の趣旨には

東亜新秩序建設ノ使命ヲ達成シ、聖戦ノ目的ヲ貫徹スルノ責負ハ一ニ懸リテ吾等国民ノ双肩ニアリ。其因由深遠ニシテ、其ノ及ブ所絶大ナリ。就中科学ヲ振興シテ、世界ニ冠タル科学日本ノ真価ヲ発揮スルノ急務タルハ、喋々ヲ要セズ。而モ苗圃ハ少年時代ニアリ。茲ニ於テカ愈々益々理科教育ヲ振興スルノ要アルヲ認ム。

とあり、科学とくに理科教育の振興にあることはいうまでもないが、出品物は理科に関した考案品であって、自らが製作・組み立てたものであり、あるいは採集したり、栽培、飼育したものでなければならなかった。機械器具、模

型、実験観察用具、模本類、動植物、鉱物等の採集品、栽培飼育物、設計図、図表、絵画など総計一三二〇点が出品された。

昭和二十年（一九四五）二月には、戦況はますます厳しくなり、米軍は硫黄島に上陸し日本守備隊は全滅する。本土決戦が叫ばれ、科学博物館の建物は、東京を守備する高射砲隊が常駐することになり、三月には一時閉鎖されるに至った。

この時に科学博物館が所蔵していた貴重な標本の一部はすでに疎開していたが、別館には前記したように大型機械類や外国から寄贈された各種の学術資料が展示されたままになっていた。これらの学術資料が無知な兵隊達によって、勝手に捨て去られたり、破壊されるに至ったのである。

この時の被害の実態は計り知れないが、博物館全体の被害については終戦直後の十二月十四日に文部省社会教育局文化課長が博物館の罹災調査について照会した時に、文部省へ報告した書類には、

建物ヲ陸軍部隊ニ於イテ使用セル為、本館別館陳列、所蔵両物品ニ被害アリ、特ニ別館所蔵物品ハ陸軍部隊ニ於イテ該建物取毀ノ処、其ノ大部ヲ毀損或ハ破損シ目下公開不能ノ状況ニアリ

として、次の損害調査票を添えている。

八月十五日終戦を迎えることによって、我が国は新たに平和な民主主義国家を築き上げねばならなかった。その基礎には社会教育の推進があったが、その一端を担うのが博物館施設であったろう。そのためには戦災からの復旧に務め、一日もはやく公開することであった。

東京科学博物館長事務取扱清水勤三は、昭和二十二年（一九四七）四月五日、文部大臣高橋誠一郎に「東京科学博物館別館緊急復旧に関し懇請の件」として、次のような内容の申請をした。

表3　保護を要する蒐集品並びに軍事行動に依り生じたる損害調査票

名称（員数）	現（疎開位置）	戦闘又は軍事行動により生じたる損害の程度並びに加えられたる時	現に感じらるゝ危険	既に実施せる応急修理と保護手段
	東京都下谷区上野公園竹の台東京科学博物館	別館建物の破壊除去、備品の破壊	上野駅に於て鉄道乗車券購入の為、集団しある群集により建造物は勿論器具標本の類と雖も之を搬出・以って懐暖の用に供せられるの憂あり	
植物乾燥標本（200,000点）	植物乾燥標本中50,000点は群馬県碓氷郡九十九村に	85点紛失・毀損又は棄去せらる		
鉱物標本（900点）	鉱物標本中600点は山梨県北巨摩郡清春村中丸に	800点紛失・毀損又は棄去せらる		
化石標本（500点）	化石標本中300点は栃木県芳賀郡物部村高田に疎開中にして昭和21年3月末迄に東京本館に運搬の予定あり	500点紛失・毀損又は棄出せらる		
時計蒐集品（72点）		２点（内部機材紛失）		時計は其のまま陳列し公衆の観覧に供したり
天体望遠鏡				
電気機械類				
理化学研究用資材（300点）		50点破損		理化学研究用資材は逐次修理に努めつつあり

東京科学博物館ハ、本館及別館ヨリ成リ、本館ハ昭和三年四月二日起工、昭和五年九月三十日竣工セルモノデ一部鉄骨鉄筋コンクリート、一部鉄筋コンクリートノ地下室附三階建、建坪六五八坪四七九延坪二一〇一坪四四二デアル。別館ハ既ニ宮内省ヨリ無償譲渡サレタ東京帝室博物館附属建物一棟ヲ移築、昭和二年二月二十九日起工、同年五月二十九日竣工セルモノデ木造平屋建総面積七九七坪二六七デアル。爾来、陳列館兼倉庫トシテ使用シ来タッタノデアルガ、昭和二十年一月二十七日ノ空襲ニ際シ、至近弾ノ被爆ニ依リ小破セラレタ後、同年七月軍ノ取毀ス所トナッタ、之ヨリ先本館ハ挙ゲテ軍用ニ供セラレタメ各地ニ分散疎開シタノデアルガ此ノ間、残置標本特ニ理工学関係資料ニ多大ノ損害ヲ蒙ッタコトハ別館ノ喪失ト共ニ遺憾ニ堪ヘナイ。之ガタメ本館ノ活動ハ著シク制約セラルニ至ッタ。即チ陳列室其他ノ内止ムナク他ニ転用シタモノ、概要ハ次ノ通リデアル。

一、一階左翼理化学部陳列室八八坪ヲ地学部資料室ニ転用
一、一階右翼理化学部陳列室ノ内四四坪ヲ資料室ニ転用
一、二階講義室三二坪ヲ資料室ニ転用
一、三階特別陳列室二八坪ヲ図書室並資料室ニ転用
一、三階図書閲覧室三二坪ヲ資料室ニ転用

文化日本ノ建設ニ当リ、社会教育ノ振興、普及ヲ図ルノ要、愈々切ナルモノガアル
本館ハ我国唯一ノ国立博物館ト謂フモ其ノ規模極メテ弱小デアリ、設備内容亦頗ル不備不完全デアルガ就中スペースの狭小ハ事業ノ運営ニ多大ノ障害ヲ与ヘツツアル
叙上ノ事情ヲ了察セラレ東京科学博物館別館ノ復旧ニ関シ特別ノ御高配ヲ頻度懇願スル次第デアル

ここには、空爆によって別館が被害を受けたことより、それを復旧することで、事業の拡大をはかり、博物館活動をより一層充実させる意図があった。しかし、現実問題としては、別館を復旧するための予算が給付されることはなかった。

そのため別館は、陳列館というよりは、むしろ〝物置〟として、しばらくはそのままの形で使用されていた。

第三節　竹の台陳列館の終焉

昭和24年11月28日倒壊した上野別館

サン写真新聞の昭和二十四年（一九四九）十二月一日（木）号は「上野の科学博物館別館倒壊」という見出しで、次のような記事を挙げている。

上野公園内の国立科学博物館の別館（建坪約五〇〇坪、木造二階建）が（十一月）二十八日の真ッ昼間一時ごろに、折からの冷雨に混じった一陣の強風のため一大音響と共に倒壊、御覧のような体たらくとなった。この建物は大正末期美術館として建てられ、後年科学博物館の別館となり、不用陳列品の倉庫になっていたが永年の風雨に荒廃、倒壊寸前の危機にあったものので蔵品のうち、わが国初期の自動車やテレビジョン器機等、主なものはたまたま前日の二十七日に取り出しておいたので難をまぬがれた。博物館当局では前日に蔵品を取り出したのは全く虫の知らせによるものだと言っているが、一方これがかえって倒壊を早めた誘引とも見られている。

また、当時の国立科学博物館事業部普及課で毎日記載している日誌の昭和

二十四年十一月二十八日（月）の記載に「別館倒壊す」として

別館の屋根（バス置き場上部）一部崩壊落下せる音を聞く、零時五十五分再び別館の屋根大部分周囲建物も共に大音響と共に崩落倒壊の音をきく、現場に出て見たる処、震災時の有様にて木工室、剥製工作室、連絡通路も閉されたる為、会計課用倉庫裏の路面を地均しし通行路とす、館職員及構内居住者等に何等異状なきを幸とする。

とある。この日誌やサン写真新聞に記されている「別館」とは、正確には「東京科学博物館別館」であるが、かつての〝竹の台陳列館〟の最後の姿である。

明治後期から大正期にかけて、竹の台陳列館の果たした役割は大きい。それは日本の美術を発展させた芸術家たちの作品公開の場であり、新進作家の登竜門としての場でもあった。しかし、惨めになった竹の台陳列館を知る人は少ない。

第六章　平成時代　阪神大震災における博物館の被害

第一節　災害に対する博物館としての対応

昭和三十年（一九五五）代の前半は「もはや戦後ではない」と言われたように、日本経済が復興し、資本主義体制が進められる。日本とソ連との国交は回復し、国連加盟も認められ、南極観測にも参加するなど、国際社会への対応もめざましく展開する。三十年代後半になると、閣議では国民所得倍増計画が決定され、高度経済成長政策が進められ、日米関係も相互に新時代を迎えることとなる。

こうした時代の推移の中にあっても、自然災害はある日突然発生する。昭和三十四年（一九五九）十月、中部地方を縦断し三重、愛知、岐阜県に大きな災害をもたらした伊勢湾台風が、死者、行方不明者五一〇一人、被害家屋五十万戸といわれ、明治以降最大の被害であった。翌三十五年（一九六〇）五月には、南米チリ沖で発生した地震により、太平洋岸全域に大規模な津波が押し寄せ、我が国では北海道南岸から三陸地方にかけて大きな被害があり、その規模は家屋四万六二一四戸、船舶二二七三隻に及んでいる。翌三十六年（一九六一）正月には、昭和二十年以来の豪雪となり、上越線、信越線、北陸線が全面的に停止し、国鉄始まって以来の被害となった。またこの年の九月には、関西を中心に全国的に猛威をふるった第二室戸台風が四国の室戸岬に上陸し、大阪湾から近畿、北陸、能登半島に抜け、家屋全壊一万四六八一戸、同半壊四万六六六二戸、船舶沈没・流失九五八隻という全国的な被害となった。昭和三十九年（一九六四）六月に新潟県沖粟島付近で発生した地震では、その被害は新潟県をはじめ山形、秋田、福島の各県にまで及び、日本海で発生した津波では、一万五千戸以上が浸水している。新潟市では信濃川に沿った液状化現象の発生で、昭和大橋が落下したり、鉄筋の県営アパートが横倒れになったり、鉄道のレールが曲がったり、予想もしなかった被害が発生している。

こうした自然災害があいつぐ中、博物館界では新たな動きとして、日本博物館協会が発行している月刊雑誌『博物館研究』が、次から次へと〝特集号〟を組み、広報をはかった。この時期は博物館法制定十周年という節目を迎えることから一段と活発になり「外部から見た博物館」「特別展について」「虫害について」「海と山の博物館」「自然保護と博物館」「産業と博物館」「観光と博物館」「博物館を支える人々」「学校教育と博物館」「雪の中でも教育活動」「博物館の入場料金」「博物館とその環境」など、博物館の経営に関することから、学術的な教育活動に至るものまで、当面する諸問題を特集している。

さらに『博物館研究』三十五巻では、二度にわたり「博物館の災害をめぐって」を特集しており、博物館で予想される災害などについて、その対策などを喚起している。

今、その表題を列記すると、

天野景治　時勢に即応した指導理念を―古文化財保護について―
芦浦義雄　博物館の火災予防について
宮本正明　台風災害とその防災
大滝正雄　文化財の防災
新井重三　欧米の博物館―私はこんなふうに歩いてみた―この眼でみた博物館の火事―

わが博物館の災害とその対策
沢　四郎　釧路市立郷土博物館
浜根　洋　生駒山天文博物館
高橋久道　円山動物園
村田良策　神奈川県立近代美術館
柴田敏隆　横須賀市博物館
（以上、三十五巻十号）
安井嘉衛　凍室・その他
国立科学博物館　博物館の災害について
古江　信　地震・雷・火事・ドロボウ
（以上、三十五巻十一号）

となっている。概して各館園の災害の実際例やそれらの対策をまとめているが、この特集を編むに当たって、編集部はその趣旨を次のように記している。

日本という厳しい風土の中からうまれた文化を私たちは限りなく愛しています。しかし、その風土上の特性が、私たちの文化財愛護の精神をも感傷的な脆いものにしているような気がいたします。

毎年々々やってくる年中行事のような風水害、何とか対策をと叫ばれながらも、非情な執拗さでくりかえされる文化財の焼失事件、これらを私たちは半ば〝諦念〟の中に眺めているように思えます。しかし、文化財を守らねばならないことが自明の理である以上、これの災害対策にはもっと積極的に考えねばならないでしょう。本誌編集部では、ここに災害をあらゆる角度から見直そうとの意図から、各専門分野よりいろいろの御意見をよせて頂き、また、各館園の報告と併せて掲載することに致しました。

ここには災害をあらゆる角度から見直すことにあるとしているが、一口に災害と称してもいろいろなものがあり、地震や風水害など自然に発生するものから、個人の不注意などによる人為的な火災に至るまで様々である。しかし、本特集号ではどちらかと言うと、災害が発生した時の各博物館の対応を経験的立場から報告している。しかし、全体としては、年中行事のようになっている台風の発生による風水害などの自然災害が強く意識されていた。アメリカでの大型ハリケーン「カトリーナ」の被害で死者一万人説も報道されており、今、この原稿を執筆中にも我が国では、台風十四号が風速二十五メートル以上で九州南部に上陸し、約二十一万三千人に避難指示や避難勧告が出されており、社会生活に大きな影響を及ぼしている。

こうした年中行事のような自然災害を最小限に食い止めるには、常日頃から関心を持ち続け、災害時には迅速に適切な行動に移れるような心構えが必要になる。

昭和三十六年（一九六一）十一月十五日に災害対策基本法が公布され、翌三十七年（一九六二）七月十日から施行されるに至った。その目的は

この法律は、国土並びに国民の生命、身体及び財産を災害から保護するため、防災に関し、国、地方公共団体及びその他の公共機関を通じて必要な体制を確立し、責任の所在を明確にするとともに、防災計画の作成、災害予防、災害応急対策、災害復旧及び防災に関する財政金融措置その他必要な災害対策の基本を定めることにより、総合的かつ計画的な防災行政の整備及び推進を図り、もって社会の秩序の維持と公共の福祉の確保に資することを目的とする。

と示され、従来の防災体制の根本的な不備や欠陥を是正し、災害対策全体の体系化を図ることにあったと言われる。その主たる具体的な内容は、

第一に、防災行政責任の明確化

第二に、総合的防災行政の推進

第三に、計画的防災行政の推進

第四に、激甚災害等に対する財政援助

第五に、災害緊急事態に対する措置

であり、ここには中央及び地方に防災会議が設けられ、災害時には具体的な措置が災害対策本部で進められることで対処している。地震や台風などの自然災害に、その到来を正確に把握することが困難な今日、それに遭遇した時の最悪の情況に対して正確に判断できる心構えが必要である。

災害対策基本法では、特に博物館に関することについて触れているわけではないが、文化財の保護について、災害予防措置に関する事項の中で、防災訓練義務として文化財の避難搬出訓練を挙げている。また、国及び地方公共団体は、災害の発生を予防し、さらに災害の拡大を防止するため、防災思想を国民に普及させるよう努めるべきであると規定している。

こうしたことにより政府は、昭和三十五年（一九六〇）六月十七日の閣議で、毎年九月一日を「防災の日」とすることに決め、広く国民が災害についての認識を深め、これに対処する心構えとして、この日を中心に防災思想の普及、防災訓練等を実施することとしている。また、昭和五十七年（一九八二）五月十一日の閣議で、毎年九月一日の防災の日を含む一週間を「防災週間」と定めた。それが昭和五十八年度からは、毎年八月三十日から九月五日までと

なり、全国的に防災知識普及のための事業を実施することとなった。これにより、地方公共団体などによる大規模な災害救助訓練などが実施されている。

博物館もまた、こうした関係法規に準拠して防災訓練を日頃から考えていかねばならないが、どちらかと言えば、自然災害より盗難などの人為的な災害に目を向ける傾向が濃厚で、自然災害に対しては疎かになりがちである。先に記した『博物館研究』の特集号に取り上げている事項なども、その博物館の火事や盗難などは事例を発表しているが、場合によっては最も大きな被害をうけやすい地震や大型台風などの被害対策には極めて関心が低いのである。

第二節　兵庫県南部地震の発生

日本列島は世界でも地震発生率の高い国であり、その度ごとに大きな被害を受けており、防災対策には常に頭を悩ましている。いかに科学技術が発達しても、それを正確に予知することは困難であり、その発生を防止することは出来ない。それならば、むしろ不意におそって来たときに対応する心の持ち方で防止しなければならない。それは、あわてずに平常心を持ち続けることである。一瞬の出来事ではあるが、それが人の生死を分けることにもなるかもしれない。

この時、博物館職員としては、そこに観覧者が存在することを強く意識しなければならないし、さらには後世に伝えなければならない貴重な文化財などが博物館資料として、そこに存在しているということもまた意識しなければならない。

平成七年（一九九三）一月十七日午前五時四十六分、淡路島の北側になる明石海峡付近の地下十七キロメートルを震源とする直下型地震が発生した。震源断層は北東と南西に伸び、神戸と淡路島に伝わり、その長さは約五十キロメートルに達した。淡路島では比較的浅い部分が、神戸市では比較的深い部分が、最大で三メートルにもおよぶ横ずれを起こしている。

この地震はこうして神戸を中心とする地域に大きな被害をもたらした。これまで鉄筋コンクリート造、鉄骨鉄筋コンクリート造、鉄骨造の建物は、建築基準法により安全な耐震強度であると考えられていたが、それでもこの時の地震では、神戸市須磨海岸から西宮市にわたる長さ約二十五キロメートル、幅二百から三百メートルの地帯で倒壊や大破が起こっている。この地域の木造家屋の倒壊率は震度七の基準の三十%以上で、場所によっては七十%にも達しており、一部には火災も発生している。山陽新幹線、阪神電鉄、阪急電鉄、阪神高速道路神戸線、名神高速道路湾岸線などでは、橋台、橋脚などの破壊が各所で発生し、交通手段に大きな影響を与えるに至った。海岸沿いや埋立地などの軟弱な地盤では大規模な液状化現象が発生し、港湾施設、倉庫、タンクなどに大きな被害が出るに及んだ。六甲山地およびその周辺では、斜面崩落、地すべり、落石がいたる所で発生している。

この地震による死者は六三四八名、地震による直接の犠牲者とされる約五千五百名の八十%が建造物の被害によって亡くなっている。また、住宅の全半壊は二十万戸以上であったといわれる。

第三節　博物館の被害とその対策

この時の地震による博物館施設の被害状況については、日本博物館協会がその対応をまとめており、その内容を平成七年（一九九五）の『博物館研究』三十巻二号に特報している。次表はそれに掲載されている被害状況である。近年における博物館の被害としては、建物・資料とも最大の被害となっている。

建物としては全壊または大破で、伊丹市昆虫館、兵庫県陶芸館、菊正宗酒造記念館、兵庫県立近代美術館、「昔の

表1　博物館の被害状況

（『博物館研究』30巻2号から）

所在地		館名	被害状況
芦屋市	伊勢町	芦屋市谷崎潤一郎記念館	中破損
芦屋市	伊勢町	芦屋市立美術博物館	中破損
芦屋市		エンバ中国近代美術館	中国陶器約3,000点破損
芦屋市		俵美術館	資料破損
尼崎市		尼崎市立田能資料館	収蔵庫破損
伊丹市		伊丹市昆虫館	建物大破、給水装置破損、ハイビジョン破損
伊丹市		伊丹市立博物館	展示ケース破損
伊丹市		伊丹市立美術館	床一部隆起
伊丹市		柿衛文庫	建物ヒビ割れ
三原郡	南淡町	戦没学徒記念若人の広場	建物ヒビ割れと、ガラス割れ
川西市		市立郷土館	窓ガラス破損
神戸市	中央区	神戸海洋博物館	展示関係
神戸市	中央区	神戸華僑歴史博物館	ケースのガラス破損
神戸市	中央区	神戸市立青少年科学館	壁亀裂、天井落下、石畳の陥没及隆起、プラネタリウム破損
神戸市	中央区	神戸市立博物館	入口付近破損及び地盤沈下、液状化現象による水と砂の噴出
神戸市	中央区	竹中大工道具館	展示、収蔵庫またはスチール棚崩壊
神戸市	中央区	兵庫県陶芸館	被害額不明、全壊（調査できない状態）
神戸市	中央区	湊川神社宝物殿	被害なし（見たところ被害が無い。未調査）
神戸市	東灘区	菊正宗酒造記念館	建物全壊
神戸市	東灘区	香雪美術館	ガラス破損
神戸市	東灘区	神戸市立小磯記念美術館	屋根破損、壁亀裂
神戸市	東灘区	白鶴美術館	展示室の照明落下、書庫転倒
神戸市	須磨区	神戸市立須磨海浜水族園	壁破損、水槽破損、配水管破損、天井破損
神戸市	灘区	神戸市立王子動物園	飼育舎の水漏れ、循環ろ過器のパイプ折れ
神戸市	灘区	兵庫県立近代美術館	建物が傾いて再使用不可
神戸市	灘区	「昔の酒蔵」沢の鶴資料館	全壊
西宮市		頴川美術館	建物、資料に被害なし
西宮市		甲子園動植物園	象舎が傾く、給排水施設全壊
西宮市		宝塚動植物園仁川自然植物園	移築家屋破損
西宮市		辰馬考古資料館	建物に被害はないが、資料が多数転倒
西宮市		西宮市大谷記念美術館	建物が南面にかなり傾いている、絵画に損傷大、彫刻転倒
西宮市		白鹿記念酒造博物館	建物全壊
赤穂市		大石神社義士史料館	資料が転倒、壁落下
多紀郡	篠山町	丹波古陶館	白壁の損傷
姫路市		圓山記念日本工藝美術館	屋根瓦が崩れ、大理石に亀裂
宝塚市		小浜宿資料館	収蔵庫破損、壁亀裂
宝塚市		宝塚動植物園	天井の落下、壁ヒビ割れ
宝塚市		西谷歴史民俗資料館	屋根破損、壁亀裂
柏原町		柏原町歴史民俗資料館	土塀の破損、瓦落下
春日町		春日町歴史民俗資料館	展示土器の破損
篠山町		篠山町立篠山歴史美術館	壁亀裂、窓ガラスの破損
明石町		明石市立天文科学館	外壁亀裂、エレベーター破損、天井一部落下
明石町		明石市立文化博物館	道路陥没、ロビー天井落下、展示ケース破損
北淡町		北淡町歴史民俗資料館	壁亀裂、ガラスケース破損、展示館と保存館の接合部破損

酒蔵」沢の鶴資料館、白鹿記念酒造博物館などは大きな被害を受け、再び開館することが困難な施設も見られた。中程度の破損としては、芦屋市谷崎潤一郎記念館と芦屋市立美術館が挙げられる。中程度とは人によって概念が異なるであろうが、この場合はある程度の修理、設備の改良などにより、再開が可能であることを意味するものである。

生きものを飼育している神戸市立須磨海浜水族園では排水管、水槽が破損、神戸市立王子動物園では循環ろ過器のパイプが折れている。甲子園動植物園では給排水施設が破壊されている。水族館にしろ、動植物園にしろ、瞬時も水と縁を切ることが出来ない施設で給排水装置の破損が起きている。

収蔵庫が破壊した施設は、尼崎市立田能資料館、竹中大工道具館、宝塚市の小浜宿資料館などであるが、収蔵されていた資料の被害については記されていない。震災直後の調査速報であったため、展示室の整理が先であり、収蔵庫の確認までには至らなかったのであろう。

展示品の被害としては、芦屋市のエンバ中国近代美術館で、中国陶器三千点が破損している。ガラス製品などは、床などに落下すれば粉微塵となり、もはや当初の形に復元することは極めて困難となる。

エレベーターの破壊などは、明石市立天文科学館で発生している。この度の地震の発生が午前五時四十六分という早朝のことであり、開館している時間帯ではなかった。これがもし開館時間中であり、観覧者が乗り運転中であったとすれば、どのようにすればよいのか、人命を救助するということが何よりも優先すべき事柄であることを意識しておかねばならない。

このほかに特殊な自然現象による被害として、神戸市立博物館では、入口付近の地盤沈下による破壊、液状化現象による水と土砂の噴出があったとされる。埋立地など基盤の弱い土地に建てられた建物であれば、建築にあたって、こうした被害の発生することも予想しての設計になっているであろうが、博物館の専門職員としての学芸員も常日頃からこうした被害にも関心を持つべきである。

阪神大震災に関する博物館施設の被害は、以上のほかに、壁の一部に亀裂が走ったり、天井の一部が落下したり、屋根瓦が崩れ落ちたり、ガラスが破損するなど、さほど大きな被害ではなくとも発生している。こうしたことにも注視し対策を考えるべきである。

近年、世界各地で発生する自然災害に対しては、国際間の協力により、被害を最小限度に食い止め、一人でも多くの人命を救うため国際救助隊が派遣される。これは被災国からの要請などにより、ボランティア活動としての自主的な専門団体が派遣される。

阪神大震災に対しても、各地から協力があり、国内の諸団体は、救助や復興に参加している。

博物館関係の国外からの連絡では、国際博物館会議（ＩＣＯＭ）から日本委員会に対する見舞状、国際博物館会議保存国際委員会委員長からは、

我々全員が神戸及びその周辺の惨状の報に接し、特に人命の喪失、日本の文化財、国宝の甚大な被害について非常に心を痛めています。

若し我々ができる援助があれば、例えば災害復興を希望しているボランティアの派遣等をしたいと思います。我々の委員会の会員の一人で自然災害に大きな経験のある Barbara Roberts 女史からも援助が必要ならば何時でもサービスを提供したいと申し出がありました。

若し貴殿が更に多くの我が会員全般とボランティアを募られるのであれば当方にご連絡下さい。

とある。また、アメリカ歴史・考古資料保存委員会（ＡＩＣ）会長からは、次のような内容のものが届いている。

先週の地震により人命の喪失及び文化施設、文化財の被害に対し深甚なる哀悼の意を捧げます。アメリカ歴史・

考古資料保存委員会（ＡＩＣ）及び国立文化財研究所（ＮＩＣ）は神戸地方の復興活動を援助したいと思います。我々の会員の多くは地震による文化財の損傷をうまく修復する優れた経験を持っています。彼らは必要な実際的アドバイスを喜んで提供するでしょう。

若し彼らが神戸へ行けない場合はＦＡＸ、e-mail あるいは郵便でアドバイスすることができます。この時点では他に優先して取り組まなければならない致命的な問題があることは承知していますが、我々会員の知識と経験を結集してお役に立てる用意があります。

心からお見舞い申し上げます。

また、阪神大震災の発生に当たって、その被害状況をまとめ『博物館研究』に掲載し周知させたが、一方では予想外の被害であったことから、日本博物館協会会長徳川義寛は文部大臣に公的救援を要請している。

日頃は博物館の振興のために御理解、御支援をいただき感謝を申し上げます。

一月十七日に起きた兵庫県南部地震により、兵庫県、大阪府等において公私立博物館が建物の崩壊、施設設備の損傷、資料の破損等甚大な被害を受けております。

博物館には、貴重な資料が収蔵されており、今のまま放置することとなれば、これら資料が散逸したり、さらなる破損が生じるなど、今後の研究、展示、教育普及活動に大きな影響を与えることになります。設置者においては、施設の早期現状回復を図るべく努力していますが、財政力が十分ではなく、また、今回の被害により損害が極めて大きいことなどから、その対応に苦慮しているのが現状であります。

このような事態を御理解いただき、復旧事業についての特段の公的救援措置の御配慮を賜りますよう御願い申し上げます。

また、国内における各種の文化・学術団体による救援活動なども活発な動きを展開する。

地震が発生した翌日の一月十八日には、はやくも東京国立文化財研究所に事務所を置いている古文化財科学研究会（のちに文化財保存修復学会に改称）の運営委員会では、被災した文化財に関する情報収集を行なうことが決まり、「阪神・淡路大震災救済委員会」が結成されるに至った。特別予算が計上され、募金およびボランティアの募集を行なうこととなった。同時にまた、文化庁文化財保護部美術工芸課長三輪嘉六から、文化財の救援について、関係諸団体の協力を得てボランティア活動を開始したいとの意向が伝えられ、二月十三日には、文化庁、兵庫県教育委員会、古文化財科学研究会、日本文化財科学会、全国美術館会議、全国歴史資料保存利用機関連絡協議会などの関係機関の代表者が東京国立博物館に集まって「阪神・淡路大震災文化財等救援委員会（仮称）」の設立が合意され、地元の教育委員会と協力しながら、散逸する恐れのある文化財の救出保存に当たることになった。この時、先に記した国際博物館会議（ＩＣＯＭ）などの援助の申し出については、基本的には日本側だけで対処できるものとして、辞退することとした。

地震が発生してちょうど一ヶ月後の二月十七日「阪神・淡路大震災文化財等救援委員会」が正式に発足し、現地本部を神戸市西区の神戸芸術工科大学内に、連絡事務所を尼崎市の国際航業株式会社内に置き、活動を開始するに至った。

この文化財の救援活動については、文化財レスキューということで博物館や寺院の文化財ばかりでなく、倒壊した旧家や個人宅に至るまで救援し、文化財を安全な場所に移している。ただ、この時にはボランティアの善意が十分生かされていないということで大きな話題になっている。収容した文化財そのものの問題というよりも、その所蔵者自身が被災者であること、さらに被害調査を実施する自治体の職員自身も被災者であることから、文化財の救出だけを優先すると、被災者にしてみれば、その前に生活を続けるために片付けなければならない仕事が山積していることもあり、被災者とボランティアの善意に齟齬をきたしているということであった。

阪神・淡路大震災被災文化財等救援委員会の打合会では、救援活動は震災百日目の四月二十七日をもって終了することになり、東京国立文化財研究所内にあった阪神・淡路大震災文化財等救援委員会事務局は継続するが、神戸芸術工科大学に置かれていた現地本部ならびに国際航業株式会社の連絡事務所は、四月一日から尼崎市立地域研究史料館に移転することになった。

その後もなお救援活動は続けられたが、予定どおり四月二十七日には、現地本部ならびに連絡事務所は撤収された。しかし、救援活動はこれだけで終了したのではなく、この救援活動の中心的な役割を担った古文化財科学研究会は、更に救援活動の成果と文化財を災害からいかにして護るか、それらの実情を講演会等の開催で報告し、将来への地震対策に生かそうとする方策がとられる。そして、早くも六月三日には、「古文化財科学研究会講演大会」として示され、文化財建造物の被害と復旧の課題、阪神大震災と文化財等の緊急救援活動、「緊急救援活動古文化財科学研究会の阪神大震災文化財救済委員会」はどう活動したか、阪神・淡路大震災の北淡町歴史民俗資料館の対応などについて報告されている。

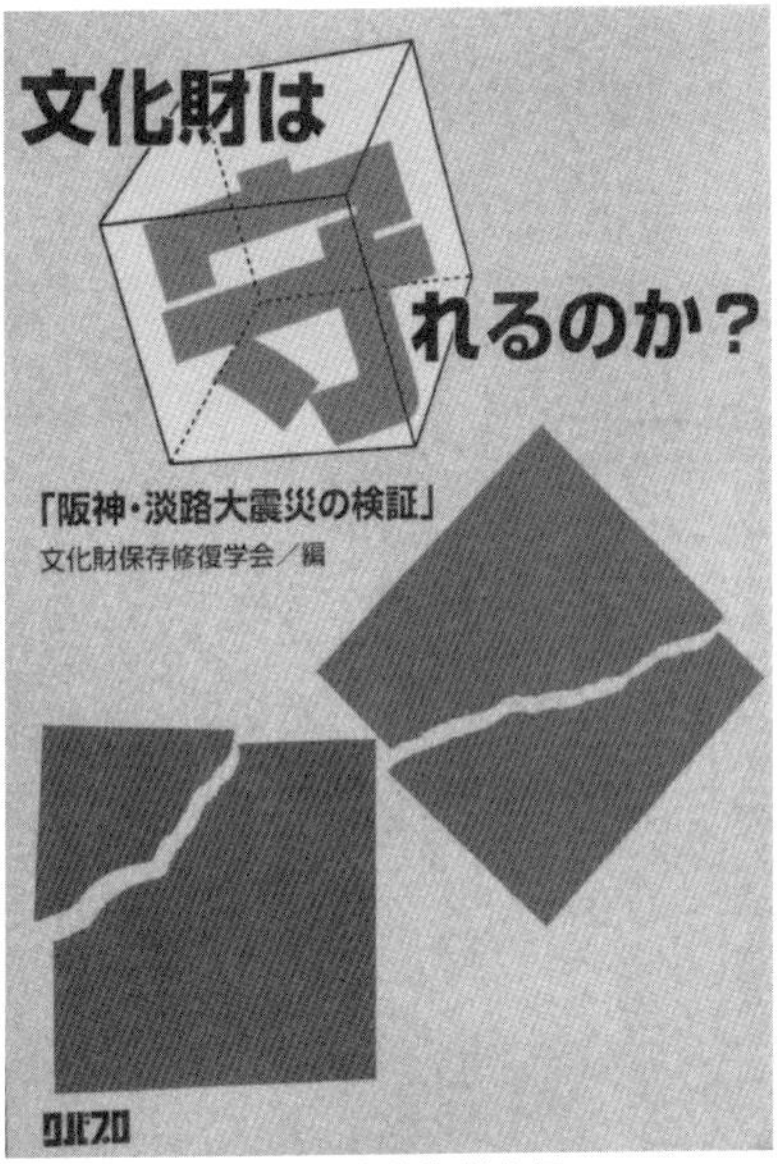

文化財保存修復学会編
「文化財は守れるのか」表紙

翌六月四日にこれまでの救援活動を支えてきた古文化財科学研究会は、単なる研究者の集団ではなく新たな研究への展開を求めて「文化財保存修復学会」と改称するに至った。学会としての組織化により、「文化財の防災を考える」を主題として、シリーズセミナー第一回を福岡市博物館で開き、その後各地でも開催することで、文化財の保護活動に学究的な立場から貢献している。

阪神・淡路大震災の大惨事によって、それを救済するためのボランティア活動などには目覚ましいものがあったが、更にこれを契機に行政上の対策も整備されるに至り、平成九年（一九九七）六月文化庁文化財保護部が作成した「文化財（美術工芸品等）の防災に関する手引」は、この多大な進展を示すものとなった。この手引きの内容は

第一章　文化財を災害から守る基本的な考え方
第二章　収蔵・保管に当たっての災害対策
第三章　公開・展示に当たっての災害対策
第四章　災害発生時における緊急の保存措置等に関する対策

の四章から構成されている。

第一章では、文化財の被害の要因は概ね、移動時の転倒・落下等による被害、火による被害、水による被害、の三種に分類することができるとして、次の三つの視点から対策を確立することが急務であるとしている。

一、収蔵・保管に当たっての災害対策の確立
二、公開・展示に当たっての災害対策の確立
三、災害発生時における緊急保存措置等に関する対策の確立

第二章では、収蔵・保管の様態を概ね、収蔵庫等の施設で収蔵・保管する場合、寺院、神社等の堂塔や社殿などに仏像・神像等を安置している場合、屋外で梵鐘、燈籠等を管理する場合、個人所有者の自宅等で保管する場合、の四

つの場合から、収蔵・保管上の保留事項をそれぞれ挙げている。

第三章では、阪神・淡路大震災で、展示中の被害が多かったので、ケースを含めた総合的な防災対策が必要であるとしている。例えば、免震装置の導入等を検討する必要があるとして、展示ケースの構造に関する留意事項と公開・展示に際しての留意事項に分けて考えている。展示ケースには、固定ケースと可動ケースの二種があり、展示に際しては、ケース内展示と露出展示の場合があるので、それぞれの場合の相違点や留意事項をこまかく説明している。

第四章では、文化財の被害は災害の種類により、また文化財の材質・形状等によって異なるので、緊急的な保存措置等も将来の保存修理などを視野に入れて柔軟に対応すべきだとしている。災害発生時には、まず文化財の所在場所や被災の実態を写真・ビデオ・図示等で的確かつ詳細に記録するとともに、その保全に関しては、取扱いや保存の知識のある学芸員等が中心となり、関係団体を含めた幅広い協力によって対応することが望まれるとしている。なお、火、水によって損傷が生じた場合の緊急対応については、東京国立文化財研究所又は奈良国立文化財研究所に連絡し、助言を求めることが望ましいとしている。

ここに説明した文化財の防災に関する手引きは、災害が発生した時の基本的な処置が主となっているが、また災害の発生に際しては、文化財保護法の精神も忘れることは出来ない。そこには国宝や重要文化財に指定された文化財は、その全文又は一部が滅失し、もしくは毀損し、又は亡失し、盗み取られた時、所在場所を変更しようとする時あるいは文化財の現状を変更し、またはその保存に影響を及すような行為をしようとする時には、文化庁長官に届け出たり、また許可を受けなければならない場合のあることを定めている。こうした法律の遵守もまた必要になる。しかしながら、こうした文化財を災害から守るにしても、これは災害が発生してからの対応となっている。災害が発生する前に、防災する方法はないのであろうか。

朝日新聞平成二十年二月十九日号で、中央防災会議が想定した文化財に関する被災状況をまとめている。それによると、近畿・中部圏に全国の国宝建造物の約八割が集中しており、この地域には、京都府内を南北に走る花折断層、愛知県内に延びる猿投―高浜断層など六つの活断層があり、この地で冬の正午に風速十五メートルで、マグニチュード（M）七級の地震が起きたとすると、被災する可能性のある指定された建造物は、表2の通りであり、大きな被害を受ける危険性があるとされる。文化庁は、こうした文化財を守るため「重要文化財耐震診断指針」を作成し、耐震診断のため補助事業を進めているが、それは遅々として進まない。

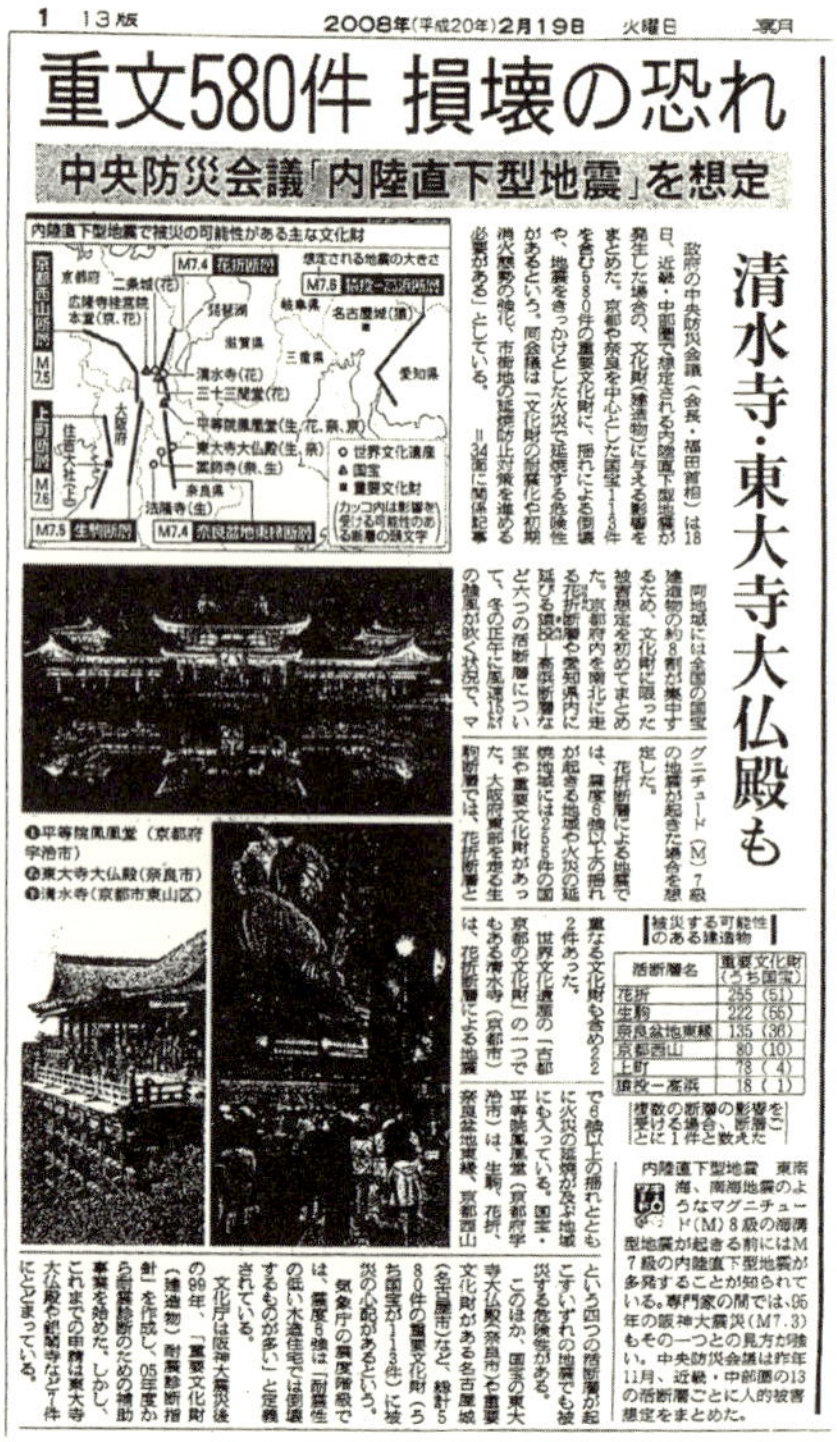
1　13版　2008年（平成20年）2月19日　火曜日

重文580件　損壊の恐れ

中央防災会議「内陸直下型地震」を想定

清水寺・東大寺大仏殿も

政府の中央防災会議（会長・福田首相）は18日、近畿・中部圏で想定される内陸直下型地震が発生した場合の、文化財（建造物）に与える影響をまとめた。京都や奈良を中心とした国宝113件を含む580件の重要文化財に、揺れによる倒壊や、地震をきっかけとした火災で延焼する危険性があるという。同会議は「文化財の耐震化や初期消火態勢の強化、市街地の延焼防止対策を進める必要がある」としている。＝34面に関係記事

同地域には全国の国宝建造物の約8割が集中するため、文化財に限った被害想定を初めてまとめた。京都府内を南北に走る花折断層や愛知県内に延びる猿投―高浜断層など六つの活断層について、冬の正午に風速15メートルの強風が吹く状況で、マグニチュード（M）7級の地震が起きた場合を想定した。

花折断層による地震では、震度6強以上の揺れが起きる地域や火災の延焼地域には255件の国宝や重要文化財があった。大阪府東部を走る生駒断層では、花折断層と重なる文化財も含め222件あった。

世界文化遺産の「古都京都の文化財」の一つでもある清水寺（京都市）は、花折断層による地震で6強以上の揺れとともに火災の延焼が及ぶ地域にも入っている。国宝・平等院鳳凰堂（京都府宇治市）は、生駒、花折、奈良盆地東縁、京都西山という四つの活断層が起こすいずれの地震でも被災する危険性がある。

このほか、国宝の東大寺大仏殿（奈良市）や重要文化財がある名古屋城（名古屋市）など、総計580件の重要文化財（うち国宝が113件）に被災の心配があるという。

気象庁の震度階級では、震度6強は「耐震性の低い木造住宅では倒壊するものが多い」と定義されている。

文化庁は阪神大震災後の99年、「重要文化財（建造物）耐震診断指針」を作成し、05年度から耐震診断のための補助事業を始めた。しかし、これまでの申請は東大寺大仏殿や銀閣寺など7件にとどまっている。

❶平等院鳳凰堂（京都府宇治市）
❷東大寺大仏殿（奈良市）
❸清水寺（京都市東山区）

被災する可能性のある建造物

活断層名	重要文化財（うち国宝）
花折	255（51）
生駒	222（55）
奈良盆地東縁	135（36）
京都西山	80（10）
上町	78（4）
猿投―高浜	18（1）

複数の断層の影響を受ける場合、断層ごとに1件と数えた

内陸直下型地震　東南海、南海地震のようなマグニチュード（M）8級の海溝型地震が起きる前にはM7級の内陸直下型地震が多発することが知られている。専門家の間では、95年の阪神大震災（M7.3）もその一つとの見方が強い。中央防災会議は昨年11月、近畿・中部圏の13の活断層ごとに人的被害想定をまとめた。

重文580件　損壊の恐れ
（朝日新聞平成20年2月19日）

表2

活断層名	重要文化財（うち国宝）
花折	255（51）
生駒	222（55）
奈良盆地東縁	135（36）
京都西山	80（10）
上町	78（4）
猿投－高浜	18（1）
合計	788（157）

（複数の断層の影響を受ける場合、断層ごとに一件）

第七章 平成時代 千葉県九十九里町いわし博物館の爆発

第一節　新聞で追う事故の経緯

平成十六年（二〇〇四）七月三十日午前八時五十七分頃、千葉県山武郡九十九里町片貝にある「九十九里いわし博物館」が爆発したと一一九番通報があった。

山武郡市消防本部によると、鉄筋コンクリート平屋建約八百平方メートルの屋根の一部が吹き飛ばされ、壁の一部が破壊されたという。爆発が起きた場所は、建物東側にある文書収蔵庫付近とみられており、この収蔵庫には空調用のガスボンベが置いてあったという。

この日、博物館の開館は九時であり、爆発の起きた時間には、館内には二人の職員が勤務していただけである。

この日の朝日新聞夕刊は「町博物館爆発二人けが・屋根吹き飛ぶ」という見出しで報じている。それには、この博物館の臨時職員で、同町西野の川島秀臣さん（六十三歳）が全身にやけどを負って旭中央病院へ運ばれたが重体、同じく同館の臨時職員で東金市求名の永田征子さん（六十六歳）とみられる女性一人が瓦礫の下から発見され、消防などが救出に当たっているが、呼びかけには反応しない、と報じている（川島さんの年齢が報道により異なるがそのまま掲載した）。

いわし博物館は、世界で唯一のイワシに関する資料を展示公開した施設であり、昭和五十七年（一九八二）十一月六日、町立の歴史系博物館として開館した。千葉県の銚子から九十九里浜にかけての太平洋に面した海岸線は、砂浜が広く、遠浅であり地曳き網による漁獲に適しており、かつてはいわし漁の水揚げが全国でもっとも多い所として知られていた。

そのため、この博物館では「いわしの生態」「海」「人」の三テーマに分けて、イワシの種類、習性、分布、日本を取り巻く海流との関連性、いわし漁に使用された漁具や漁網、漁民の使用した衣類・日用品などが展示され、九十九里地方の漁の歴史や村落と漁民生活の移り変わりなどが解説されていた。大地曳漁業に関する歴史的古文書なども収集保存しており、年間五万人程度の利用客があった。

この博物館の事故の報道については、七月三十日の夕刊で各社が報道しており、多くの人々に注目されるところとなったが、地元の新聞である「千葉日報」は、夕刊を発行していないので、翌七月三十一日から詳細を報道している。

ここでは、千葉日報の記事を追って、いわし博物館の災難を振り返ってみよう。

平成十六年七月三十一日（土）

●漁業のシンボル無残　いわし博物館で爆発

突然の大音響とともに三十日朝発生した九十九里町片貝の「いわし博物館」爆発事故。漁業の町の〝シンボル〟は、厚い鉄筋コンクリートの壁や屋根が無残に吹き飛び、臨時職員二人が死傷した。駐車中の町観光バスや乗用車九台は、直径二十センチ以上のコンクリート片で大破、三十メートル離れた役場駐車場や水田にも、がれきが飛び散り爆風の威力を物語っていた。原因は不明で、職員や周辺住民にも不安が広がった。

2004年（平成16年）7月31日（土曜日）

漁業のシンボル無残

いわし博物館で爆発

厚い壁吹き飛ぶ

バスや乗用車も大破

爆発現場で必死の救出作業にあたる消防署員ら＝30日午前9時30分ごろ、九十九里町片貝の九十九里いわし博物館

ドカー

漁業のシンボル無残
（千葉日報平成16年7月31日（土））

九十九里町役場に隣接した現場は大混乱。サイレンが響き、地元消防団などの消防車二十三台をはじめ、工作車、救急車、警察車両が次々とかけつけた。

爆発に気付いて初めに現場に入り、救助したのは町役場男性職員。救急隊の指示で倒れていた臨時職員の川島秀臣さん（六一）を運び出した総務課の松井和雄さん（四六）は「現場はすごかった。服は全部焼けただれて頭から血も出ていたが、助かってよかった」。

一方、学芸員の永田征子さん（六六）は、発生から約一時間二十分後、爆風で壊れたコンクリート壁の下にいるのがファイバースコープで確認された。大型ショベルカーで壁を取り除く懸命の救助が続いたが、厚いコンクリート片が重なりがれきの山と化した現場で作業は難航。

「身内が中にいるんです。だめかもしれない。入りたくても入れてくれない」。中年女性の悲痛な叫び声も響く。午後一時半ごろ、生存への祈りもむなしく、全身を強く打っていた永田さんの死亡が判明した。遺体を確認した遺族はハンカチで涙を抑え、うつむき肩を抱き寄せ合った。

会見に臨んだ町や消防関係者は「ガス臭はなかった。すごい爆発力だが原因は不明。見当もつかない」としている。県警は「煙の防虫剤で発火したという情報があり、確認を急いでいる」として因果関係も調べている。

●ドカーンと爆音響く

「突然、ドカーンと大きな音がした」。道路を隔てた反対側の九十九里郵便局の市東豊局長（五九）は、爆発の瞬間を振り返った。

市東局長によると、自分の郵便局かと思って慌てて外に飛び出すと「博物館から白煙が立ち上っていた」という。現場から三十メートルの距離にある町役場駐車場。駐車中の町観光バスや乗用車を直径二十センチ以上のコンクリート片が直撃して大破。役場庁舎の窓ガラスは割れて破片が飛び散る。原因不明の爆発の威力を見せつけた。庁舎内にいた女性職員（二二）は「あんなすごい音は初めて聞いた」男性職員（五〇）は「破片に当たってけがをした人はいないようだが、思い出すとぞっとする」と飛び散るがれきと消防車のサイレンに包まれた修羅場を思い起こしていた。

何の理由で博物館が爆発したのか不明であるが、人々がかなり動揺している姿が彷彿される。しかし、人命救助を何よりも優先しており、不明になっている学芸員を探すためにファイバースコープが使用されるなど、近代科学の発展に負うところが大であることを感じさせる。

九十九里町では、事故発生の五十分後には、川島伸也町長を本部長とする災害対策本部を設置している。人名救助を第一とし、二次災害の防止を考え、防災無線で災害状況の周知などを行なっている。本部長の川島町長は「死者が出て本当に残念、永田さんは昨年五月に天皇・皇后両陛下が観覧された時に説明案内をし、約四万点の資料を大切にしていた」と話している。また、この事故の報告を受けた堂本睦子千葉県知事は、三十日午後三時頃現場を緊急視察しており、爆風のすさまじさに驚いている。知事は

「昨年（天皇・皇后両陛下と）博物館を訪れた際に、学芸員の永田（征子）さんはとても詳しく案内してくれた。一報を受けた時に、まさかとは思ったが……。心からのめい福を祈るとともに、けがされた方の回復を願う。原

因は特定されていないが、町側と対応策を協議してゆく」と語っている。

平成十六年八月一日（日）

●可燃性ガスに引火か　百人態勢で現場検証

九十九里町片貝の「九十九里いわし博物館」で三十日朝に発生し二人が死傷した爆発事故で、県警と山武消防などは三十一日、百人態勢で原因究明へ向けた現場検証を行った。同博物館付近の都市ガス配管を調べたが、漏れや損傷はなかった。きょう一日も引き続き現場検証を実施し、空調設備などを調べる。

県警は、町職員の立ち会いで作成した博物館の配置図と照らし被害状況を確認、鑑識や科学捜査研究所、町ガス事業所などと爆発があった文書収蔵庫を中心に検証した。ガス管は、収蔵庫に隣接し、亡くなった永田征子さん（六六）と重傷の川島秀臣さん（六二）がいた学芸員室の床下地中に引き込まれていたが、異常はなかった。

東金署によると、破片は半径二百メートルの範囲まで飛散。同署は内部爆発と断定しており、原因は、充満した何らかの可燃性ガスに引火したとの見方を変えていない。臭気が残っていないことから、同町周辺で産出される天然ガスなども対象に詳しく捜査。当日使用されたとみられる煙の防虫剤など、引火原因の特定も急ぐ。永田さんらの同僚二人や作田伸之同館長（五七）によると、収蔵庫は薄暗く気密性が高い。火の気はなく、古文書の防虫用の固形ナフタリン臭が目立つという。照明のスイッチは学芸員室側にあった。古文書を調べる川島さん以外に人の出入りは少なかったという。

報道二日目、いよいよ現場検証で原因究明に当たっている。爆発のあった場所を〝文書収蔵庫〟と考え、ここを中心として検証している。当初は都市ガスが漏れて爆発したのではないかと考えたが、配管に損傷はなかった。結局、室内に充満した可燃性ガスに引火したことによる爆発であると考えるに至ったのである。

平成十六年八月二日（月）

●爆発現場検証　原因特定に至らず

九十九里町片貝の「九十九里いわし博物館」で三十日朝発生した二人死傷の爆発事故で、県警と山武消防などは一日、前日に引き続き現場検証を行った。この日はがれきの撤去作業が中心で、爆発の原因物質の特定には至らなかった。県警などは二日も現場検証を実施し、原因究明を進める。

東金署などによると、現場検証二日目のこの日は、午前九時半から午後五時まで約七時間半にわたり、県警の捜査員や消防隊員、同町職員など約七十人体制で行われた。中央公民館との間に吹き飛んだ大量のがれきの撤去作業などが行われ、捜査員らが崩れたコンクリート壁などを調べたが、可燃物や不審物など原因特定につながるものは見つからなかった。

博物館の内部は、コンクリートの天井が崩れ落ちる可能性が高く、重機などが使えないため、手作業による慎重な撤去作業が続いているという。

きょう二日は、爆発のあった文書収蔵庫周辺の検証が行われる予定。

報道を始めてから三日目、現場検証は二日目であるが、まだ原因を特定するに至っていない。

平成一六年八月三日（火）

●原因は天然ガスか　家庭用煙防虫剤で引火？

九十九里町片貝の「九十九里いわし博物館」で三十日朝発生した二人死傷の爆発事故で、県警と山武消防は二日も現場検証を行い、爆発した「文書収蔵庫」付近の床部分などから微量の可燃性ガスを検知した。県警は都市ガスの配管に損傷がないことから同町一帯で自然に噴出している天然ガスと見て、成分を詳しく分析する。また、爆発跡から「発火させて使う煙の防虫剤」が四缶見つかり、引火の原因となった可能性が高いとして調べている。

東金署によると、文書収蔵庫のコンクリート製の床下などを可燃性ガス検知器で調べたところ、反応があった。県警科学捜査研究所で詳しく成分を分析するが、同町などの九十九里平野一帯は、国内有数の天然ガスの産地で、場所によっては地表に〝上（うわ）ガス〟として少量の天然ガスが噴き出している。これまでの検証で、同博物館裏側の水田からも上ガスの天然ガスを確認。軽いメタンガスが主成分で、火を付けると瞬時に燃えることが分かっている。

文書収蔵庫は厚いコンクリートに四方を覆われていたが、床下をはじめ壁や柱のコンクリート亀裂から天然ガスとみられる可燃性ガスが検知されたことで、わずかな上ガスが築二十二年の老朽コンクリートのヒビなどから入りこみ、部屋の上部から長時間かけてたまっていった可能性が強まった。臨時

2004年（平成16年）8月3日（火曜日）

いわし博物館爆発

原因は天然ガスか

家庭用煙防虫剤で引火？

九十九里町片貝の「九十九里いわし博物館」で三十日朝発生した二人死傷の爆発事故で、県警と山武消防は二日も現場検証を行い、爆発した「文書収蔵庫」付近の床部分などから微量の可燃性ガスを検知した。県警は都市ガスの配管に損傷がないことから同町一帯で自然に噴出している天然ガスとみて、成分を詳しく分析する。また爆発跡から「発火させて使う煙の防虫剤」が四缶見つかり、引火の原因となった可能性が高いとして調べている。

東金署によると、文書収蔵庫のコンクリート製の床下などを可燃性ガス検知器で調べたところ、反応があった。県警科学捜査研究所で詳しい成分を分析するが、同町などの九十九里平野一帯は国内有数の天然ガスの産地で、場所によっては地表に〝上（うわ）ガス〟として少量の天然ガスが噴き出している。これまでの検証で、同博物館裏側の水田からも上ガスの天然ガスを確認。軽いメタンガスが主成分で、

天然ガスとみられる可燃性ガスが検出された「九十九里いわし博物館」―九十九里町片貝

原因は天然ガスか
（千葉日報平成16年８月３日（火））

職員らは天然ガスが無臭のため気付かなかったとみられる。

今後、天然ガス量と空気中の酸素量の混合割合と、爆発の威力関係について警察庁科学捜査研究所の協力を得て究明するという。

町教委によると、文書収蔵庫は、古文書の史料などが保管されていたため、これまで防虫の燻蒸は業者に委託をしていた。三十日は初めて家庭用の煙の防虫剤を試すところで、爆発現場からも四缶が発見された。同署は防虫剤を発火させたことが引火爆発の原因となったかどうかを調べる。

同署はやけどを負って入院している臨時職員の川島秀臣さん（六二）の回復を待って、爆発前後の詳しい事情を聴くことにしている。

爆発の報道を始めてから四日目、初めて爆発の原因を天然ガスによるものと断定している。この九十九里平野一帯は天然ガスの産地であり、少量の天然ガスは至る所で噴き出している。その天然ガスにどうして引火するに至ったのか、そこに焦点がしぼられている。

平成十六年八月五日（木）

●周囲からガス検知　警報機設置など対策検討

九十九里町片貝の「九十九里いわし博物館」で三十日朝に発生した二人死傷の爆発事故で、町は四日、独自にガス調査を行い、博物館周辺一帯から微量のガスを検知した。天然ガスの上（うわ）ガスとみられ、町はガス警報機設置などの対策に乗り出すことになった。

県警の三日までの現場検証で、爆発のあった博物館の床下から天然ガスとみられるガスを検知したことを受けて、町は町ガス事業担当職員らの手でガス調査を実施した。

この結果、博物館と通路でつながる隣接の中央公民館、同じ敷地の役場庁舎、町保健センターなど周囲の公共施設や敷地から、無臭で微量のガスを検知した。すぐに火事や爆発につながる危険な量ではないが、報告を受けた川島伸也町長は「町民や職員の安全を考え、ガス検知の警報器の設置などを検討したい」として対応に乗り出す。

同町の都市ガスは町営事業。民間ガス会社が採掘した地元の天然ガスを買い上げ、町内世帯に供給している。元は無臭の天然ガスだが、ガス漏れなどに気付くよう安全性を高めるために臭気を付けているという。

博物館での爆発を契機に天然ガスに対する関心が高まっており、その対策の一環として警報器の設置などが考えられるに至っている。

なお、この日の報道では、爆発事故で死亡した臨時職員で学芸員の永田征子さんが、司法解剖では爆発の衝撃で死亡し、ほぼ即死状態であったと報じている。

平成十六年八月六日（金）

●ガス成分きょうにも判明

九十九里町片貝の「九十九里いわし博物館」で二人が死傷した爆発事故で、きょう六日にも県警が現場で検知した可燃ガスの分析結果が出る見通しとなった。県警は、このガスを同町周辺で産出される天然ガスの上（うわ）ガスとみており、これまでの捜査ではほかに可燃物は発見されていない。

県警と山武消防は五日も引き続き現場検証を行い、爆発のあった文書収蔵庫のがれきの撤去がほぼ終わった。東金署によると、六日には、床下に開いた穴やコンクリートのひびなどの状況も詳しく確認できるものとみられる。

この八月六日は広島に原爆が投下された日であり、この日広島市の平和記念公園では、五十九回目の原爆死没者慰霊式・平和記念式が開かれ、小泉純一郎首相も参列し、犠牲者の冥福を祈っている。またこの日の夜、東金市の東雲閣では学芸員永田征子さんの通夜がしめやかに執り行なわれた。

平成十六年八月七日（土）

●収蔵庫で採取のガス　天然ガスと断定

九十九里町片貝の「九十九里いわし博物館」で七月三十日朝に二人が死傷した爆発事故で、県警は六日、現場で採取した可燃性ガスを天然ガスと断定した。現場検証は同日で終了。ほかに可燃物はなかった。爆発の起きた収蔵庫の床には、エアコン排水用に直径八センチの穴があり、県警は地中の天然ガスが穴を通って庫内に入り込み、爆発したとほぼ断定した。今後は詳しい引火原因を調べる。

県警は、収蔵庫で検知した可燃性ガスを同科学捜査研究所で分析。その結果、メタンを主成分にエタン、二酸化炭素が含まれていたことが分かった。このガスは博物館裏の水田にわき上がっている天然ガスの上（うわ）ガスと同一成分だった。

東金署などによると、穴は収蔵庫東側床下のコンクリート基礎（厚さ約十二センチ）に開いており、地中につながった直径数センチのパイプを通して排水する。穴の直径は八センチあり、基礎下の地中からわき出た天然ガスがパイプとのすき間などを通って気密性の高い収蔵庫内にたまったとみられる。穴は博物館建設時からあったが、最近は使われていない。穴の中のガス濃度は十〜二十％だった。

同町で天然ガスの採掘事業などを展開する関東天然瓦斯開発（本社・東京）によると、天然ガスの成分は地域によって微妙に異なるものの、大気中に含まれる濃度が五～十五％だと、引火する可能性が高いという。県警と山武消防は、六日で現場検証を終了。この日までに現場から「発火させて使うタイプの煙の防虫剤」を六缶発見した。このうち三缶は未使用。死亡した永田征子さん（六六）らがいた学芸員室周辺で見つかった三缶は損傷が激しく、当日使用されたかは、重傷の川島秀臣さんの回復を待って事情を聴く以外に確認は困難という。この防虫剤は、ふた部分をこすって着火するため、県警は引火原因との見方を強めている。

天然ガスが爆発原因とほぼ特定されたことについて同町は、「建設当初は全く想定しなかった事態だ。他の公共施設の安全管理体制を早急に再考する」とした。同博物館については、原因究明による安全対策の確立が不可欠とした上で「町のシンボルであり、再開させたいとの思いは強い」として、専門チームを立ち上げて今後の在り方を検討することにしている。

一週間にわたる爆発に関する報道は以上の通りであり、その原因は天然ガスという自然現象であった。こうした事故を博物館建設当初から予想することが出来なかったため、これを契機として町では、博物館以外の場所でも自噴天然ガスの調査をし、町営施設にガス検知器を設置するなどの方策を講じている。

第二節　いわし博物館爆発から一か月

事故を起こしたいわし博物館を今後どのようにするか、爆発から一か月後に千葉日報は、「取材メモから」として、事故の発生から、その後の対策に至るまでの内容を八月三十日（月）の新聞で報じている。これをまとめて事故を振り返ろう。

事故経過

いわし博物館の爆発は平成十六年七月三十日開館前の午前八時五十七分に起きた。建築から二十二年たった博物館で約三十六平方メートルの文書収蔵庫の屋根をつき抜け、厚さが二十センチもある鉄筋コンクリート壁も爆風で吹き飛ぶほどの威力だった。臨時職員で当日出勤していた学芸員の永田征子さんが死亡、同じく臨時職員の川島秀臣さんはやけどによる重傷で現在も治療入院中である。

原因究明

事故の発生日には救命救助にあたるため消防署と消防団の三十三台、百八十九人が出動した。地元東金署と県警本部は百五十人が捜査にあたり、それに捜査一課、鑑識、科学捜査研究所の専門家が加わった。一時はテロや事件の可能性も考えられたが、現場には燃料系の臭気がなく、燃焼跡もないことからガスによる爆発事故と考えられた。

一週間に及ぶ現場検証では県警延べ六百四十人、消防二百八十六人が活動し、床下に以前使用していたエアコン排水用の配管穴（直径八センチ）があり、穴の地中から濃度十〜二十％のガスを検知した。このガスは、この地方の水田で気泡として地表に出ている「天然ガスの上（うわ）ガス」と同一成分（メタン、二酸化炭素、エタン）だったので、このガスが原因と考えられた。

このガスは濃度が五〜十五％で引火すると燃焼（爆発）することが分かっており、窓がなく出入りドアが一カ所、エアコンだけの気密性の高い文書収蔵庫に、天然ガスがたまったと推定された。事故当日は市販されている家庭用燻煙式の防虫剤を初めて試す予定であり、現場から燃えた三缶と包装したまま未使用の三缶が見つかったため、県警では、これが引火の原因と考えている。

千葉県内は南房の一部を除きガス田のあることで知られている。国内では新潟県に次ぎ埋蔵量は七千三百六十億立方メートルで、半分の三千六百八十五億立方メートルの採掘が可能であるとされる。特に九十九里浜一帯の天然ガスは水溶性でガス含有量が多く、浅い地中からくみ上げるという。筆者の生家は、このいわし博物館のある九十九里町のとなりの白里町（現・大網白里町）の九十九里海岸にある。この地域では、終戦後のあまり燃料のない時代に、簡単なガス採集装置を取り付けて、上ガスを利用し煮炊きをしたり、毎日風呂をわかしている農家のあったことを今でも覚えている。だからこそ、一般住宅では普通の換気さえ行えば、ガス爆発は起きないということをよく知っている。

閉館中のいわし博物館（筆者撮影）

補償と対策

爆風による破片は半径二百メートル先でも確認された。周囲に駐車してあった車両は町有バス一台と来庁者の八台、職員三十五台の四十四台が被災した。被害に対する補償は、辞退職員を除く三十三台と隣接中央公民館のガラスやドアなどを保険で支払った。刈り取りができない水田一万平方メートルも補償した。

日本で唯一のいわし文化を展示する博物館は、漁業の町の〝シンボル〟である。補修か再建築か。設計やガスの専門家も交えて協議されている。

いわし博物館の爆発は防止できなかったのであろうか。自然界の驚異は計り知れないものがある。しかし、人為的な不注意によって収蔵庫が被災した例などもあり、収蔵庫への入庫には特に注意しなければならない。群馬県下のある考古資料館では、収蔵庫内で火災が発生している。これは館内燻蒸を

地域力再生　チャレンジの息吹　◆4◆

本格始動　九十九里サロン

いわし博物館再建も

海水浴客の減少が続く九十九里地域の再生を目指し、二〇〇七年十一月発足した九十九里サロン。県を事務局に銚子市からいすみ市までの十三市町村や大学、サーファーをはじめ多様な団体が参画し連携を深めてきたが、新年からは「いわし博物館」の再建や新ホームページ立ち上げなど地域の夢が広がり始めている。

大学が資金肩代わり

新年度から本格稼働するのが九十九里全域の観光情報ホームページ「九十九里海岸観光ガイド99―MILE」。地域総合整備財団（ふるさと財団）の「e―地域資源活用事業」として助成を受けた。助成を受けるためには各市町村が助成額の三分の一を拠出する必要があったが、財政難で足踏み。そこで、学校法人城西大学が拠出金約三百万円を肩代わりした。

同法人の水田宗子理事長は同サロンの会長でもあり「九十九里は観光地として中途半端な発展で活用しにくい。大学として貢献できることがある」と意欲的。ホームページ作成に取り組む城西国際大学の[illegible]メディア学部長は「将来的には同学部全学生が作成にかかわり、携帯電話で四季の観光情報を案内するページにする」と話す。

このページに盛り込みたいと川島伸也・九十九里町長が意気込むのが「いわし博物館」の再建計画だ。かつては三千匹のイワシが泳ぐ人気スポットだったが、〇四年七月の天然ガスによる爆発事故以来休止。川島町長は「観光資源のない町にとって、漁港の後背地を開発するのは私の夢だ」と、一億円の留保金（博物館保険金）などで新年から漁港付近に土地を取得し、地域の特産品も販売する新博物館を建設する考えだ。

サーファーが地域貢献

一方で、今年の地価調査で一宮町が県内住宅地で最高の上昇率を示すなど九十九里の高い波を求めサーファーの移住が増加している。昨年九月には第一回県知事杯「エコサーフカップ」を一宮町といすみ市で開催。二千人を超す参加者を集め盛況だったが、同大会を主催した99ビーチガードの市東朗事務局長によると「人が集まるのに海岸のトイレがボロボロ」で使い難かったという。

そこで、NPO・次世代水回り研究会と協力。同大会が開かれた一宮町の釣ケ崎海岸に、排水を出さず海を汚さない最新水処理型トイレ建設に動き出した。九十九里サロンのつながりで一宮町や県も動き出し、資材は大手企業から寄付を受けることができた。

二月からサーファーら地元住民が建設を開始し、維持管理も自ら行う考えで、市東事務局長は「今までは行政が海岸整備に参加させてくれなかったが、海が好きな人が必要と思うものをつくれるようになった」と語る。サロンの発足は、新住民も巻き込み、地域の願いを形にするチャンスを広げている。（おわり）

多くの子どもも来場したエコサーフカップ。来場者数の割にはトイレ整備に遅れが目立っていた＝昨年9月、一宮町（99ビーチガード提供）

いわし博物館再建も
（千葉日報平成21年1月5日）

民間業者に委託して実施したが、ガス抜き作業中、ガスの強制排気のために収蔵庫内に持ち込んだ小型送風機が老朽化しており、軸受けなどの不具合でモーターが異常過熱し、出火した。火は収蔵庫内に置かれていたパネルや写真など可燃性の強いものから燃え広がり庫内全体に延焼した。

　発見が早く、ハロンガス手動消火装置により消火作業を実施した。ここには国の重要文化財に指定された考古資料などがあり、その一部が損壊されている。この資料館では収蔵庫内だけの被災で済んだが、発見が遅れれば全館に広がることもあったろう。地方博物館ではよく収蔵庫内で資料整理を続けているが、寒暖にかかわらず、庫内への電気器具の持ち込みは絶対にあってはならない。学芸員として肝に銘じなければならないことである。

　その後、いわし博物館の建物の一部は補修されたが、今なお閉館したままである。世界でたった一つのいわし博物館として一日もはやく開館することを望みたい。そして、いわし博物館が爆発してからさらに五年が経過しようとしている。いま、博物館はすべての窓を閉め切ったままの姿で残っている。近年、九十九里浜の海水浴客は減少し、かつての賑わいは見られず、再生が考えられており、銚子市からいすみ市までの十三市町村が連携を深め、地域の観光情報の提供なども進めている。ふるさと財団や学校法人城西大学からの助成・協力などもあって、九十九里サロンが地域の開発を積極的にうながすこととなり、地域の特産品なども販売するような、いわし博物館の再建が急務であると考えられている。

第八章　平成時代　全国博物館大会と新潟県中越地震

第一節　全国博物館大会の開催とその意義

戦前の全国博物館大会

昭和三年（一九二八）三月、平山成信を会長として「博物館事業促進会」が組織されるに至った。この事業促進会は、昭和天皇の御大典を記念して、日本各地に郷土博物館を設置する運動を推進することが大きな目標の一つであった。事業促進会の規約には「本会ハ博物館ニ関スル思想ヲ普及セシメ之レカ建設完成ノ機運ヲ促進スルヲ以テ目的トス」とあり、その目的を達成するためには、博物館に関する実態調査、図書の刊行、講演・講習会の開催などを進めることとしていた。

こうしてこの促進会は博物館関係者による情報交換の場として、昭和四年（一九二九）三月、東京の日本赤十字社参考館において「博物館並類似施設主任者協議会」を開催した。この協議会に文部省からは「現時ノ我国情ニ鑑ミ博物館ノ普及発達ニ関シ適当ナル方策如何」を諮問しており、この審議の結果は次のように示された。

一、速ニ博物館令ヲ制定セラル、コト
二、道府県ニハ必ズ一個以上ノ公立博物館ヲ設シムルコト
三、博物館員ノ養成並技能補習ニ関スル施設ヲナスコト

四、博物館ニ関スル国民ノ思想ヲ啓発スル為メ国定教科書ニ博物館ノ一課ヲ加ヘ師範学校ノ教育科ニ学校教育上ニ博物館ノ利用ノ一項ヲ加ヘラル、コト
五、本省ニ於テ実施セラル、思想善導並成人教育ノ講習会等ニ博物館ヲ利用セラル、コト
六、文部省ニ博物館事業指導奨励ノ専任職員ヲ置カル、コト

大綱としては、博物館令の制定と公共博物館を設置することであった。翌昭和五年（一九三〇）には、東京神田の教育会館において、「第二回公開実物教育機関主任者協議会」を開催し、文部省と鉄道省から提示された諮問事項を審議した。そして三回目は、昭和六年（一九三一）六月、上野公園内の東京科学博物館で「第三回全国博物館大会」と改称して実施するに至った。文部省の諮問は「博物館事業ヲ公衆ニ理解セシムル方策如何」であり、博物館事業促進会の提出した協議題は「本邦郷土博物館施設促進ノ最適切ナル方策」と「図書館・学校等ニ付設セル郷土資料室ヲ博物館トシテ公開スル最善ノ方法」の二題であった。

全国博物館大会は、以後毎年開催することとなり、文部省などからの諮問事項を中心として審議する形で進められている。さらに大会の開催中に、会の名称変更についても話題になったことなどもあって、昭和六年（一九三一）十二月、これまでの博物館事業促進会は「日本博物館協会」と改称される。この名称は今日に至るまでなお続いており、博物館界のためと啓蒙運動を展開し、全国博物館大会の開催などを主宰している。

全国博物館大会の開催地は、第六回大会までは東京であったが、第七回大会は初めて地方都市大阪で開かれ、それ以降は東京と地方で交互に開催するという方式がとられている。また、大会運営の新たな方策として、これまでの諮問事項のみを審議するという形式から脱して、博物館に関する研究成果などを発表する場ともなった。

最初の研究発表の内容は表示したが、自己の博物館の特質を発表したものが多く、研究報告というよりも施設の

表1　大阪大会発表研究実施事項目録

	発表題名	所属	氏名
1	農業博物館の経営	富民協会農業博物館	山本利雄
2	我斎藤報恩会農業館の実際	斎藤報恩会農業館	工藤文太郎
3	「年表我国に於ける郷土博物館の発展」について	大日本聯合青年団郷土資料陳列所	大西伍一
4	栽培理論の実物標本について	富民協会農業博物館	田中至孝
5	植物学博物館の活動範囲	会員	池田政晴
6	南洋学術探検隊概況	斎藤報恩会博物館	新谷武衛
7	堺水族館の現況	堺水族館	杉浦助一
8	工業博物館と安全博物館	神戸高工博物館	上林一雄
9	大阪府下に於ける主なる発掘物	大阪市公園課	平林悦治
10	大阪市立美術館の施設	大阪市立美術館	望月信成
11	佛教児童博物館経営の概況	京都佛教児童博物館	日野大心
12	大阪市公園の特殊施設の概要	大阪市公園課	衣笠滋三
13	明治天皇記念館事業概要	明治天皇記念館	鵜川富雄
14	特別室施設公認に就て	東洋民俗博物館	九十九豊勝
15	郷土歴史資料の重なる国家的なもの	簡易博物館	清野鉄臣
16	世界的名画の公開	岡本名画コレクション	岡本太郎
17	斎藤報恩会博物館一ヶ年の概況	斎藤報恩会博物館	新谷武衛
18	熊本城宇土櫓	熊本城跡保存会	小島徳貞
19	水族館増設の急務とわが経営談	五智水族館	瀧栄六郎
20	六甲山に於ける高山植物の栽培	六甲山高山植物園	中村誠忠
21	軽石砂の植物栽培に及ぼす効果	京大農学部古曾部温室	玉利孝郎
22	ペンギンの繁殖	阪神パーク	丹羽有得
23	チンパンヂーの飼育	大阪市動物園	寺内信三

概要案内に留まっている。

第八回全国博物館大会は、昭和十二年（一九三七）十月、仙台の斎藤報恩会博物館で開催することが決定し、開催準備を進めていたが、「不測の事情が生じ」たことにより、この年は突然延期となり、翌年仙台で開催するに至った。この延期についいては、雑誌『博物館研究』に広告したが、この発表は博物館大会が開催される二十日前のことであった。その理由とする不測の事情とは、十二年（一九三七）七月、中国北京郊外の盧溝橋附近で演習中の日本軍に対し、中国軍が発砲するという事件が発生したことであった。日本政府は華北の治安維持のため満州、朝鮮から華北へと兵を派遣し、華北を占領するというような形で、事件はますます拡大するに至った。当時、斎藤報恩会は、研究活動の一環として、満州の開拓や農業の研究などのため、大陸に研究者を派遣しており、それらの人たちに対する身の安全や事業活動の処置などに大わらわであったからである。

延期となった第八回全国博物館大会は、翌十三年（一九三八）九月、斎藤報恩会博物館で開催された。この時、文部省からの諮問事項は、「時局に鑑み博物館の行うべき具体的施策」であり、戦場となった中国大陸にある博物館の保護管理をどのようにするか、将来のことを見越しての討論であった。結果的には、討議内容を日本博物館協会理事長正木直彦名で、陸軍大臣板垣征四郎、海軍大臣米内光政あてに建議書という形で示されるに至った。その内容は

支那事変勃発するや帝国陸海軍は戦闘地域に在る史跡・名所・天然記念物の毀損を惧れ作戦上多大の不便を忍んで、これら保護管理に周到なる注意を払ひ、占領後或はこれに歩哨を附し、或は掲示板を設けて注意を喚起し毀損者を厳罰に附し、只管これらに戦禍の及ばざらんことに努められたるは、我等の感激措かざるところにして、また深甚の敬意を表するところなり。しかして占領地域の拡大とともにその地域内に所在する博物館の数漸く多きを告げ在支博物館の七八パーセントを占めるに至れり。これら博物館に収蔵さるる珍什佳宝は勿論天地人文に

関する各種資料は何れも支那三千年の文化を示す稀有のものとして、一度その散逸を見んか容易に蒐集し難き貴重の資料と言はざるべからず、然るに戦時の混雑に乗じ不逞の徒の或はこれら資料を搬出し、或は滅失するに至りたるの例今日まで各国に於て枚挙に遑あらざるなり。據って我等は占領地域内各種博物館の保護管理に就ても各軍当局に於て適切なる方法を講じ、以って収蔵品の散逸防止に努められんことを希望に堪へず
右本会の決議により建議候也

斎藤報恩会博物館（『博物館研究』15-12 から）

とある。

第九回全国博物館大会は、昭和十四年（一九三九）十一月、東京上野の東京帝室博物館で開催された。文部省からの諮問事項はなく、日本博物館協会から協議題として「新東亜文化施設として本邦の博物館対策」が示され、重大な問題であるが決議を要するものではないので、『博物館研究』に意見を発表してもらうこととなり、「博物法の制定について当局への具申」については、全会一致で可決され、建議案の作成が委員会に附託された。

翌昭和十五年（一九四〇）は、皇紀二千六百年の年である。政府はこれを祝し各種の記念事業を計画する。しかし、戦争の拡大により、オリンピック東京大会は返上となり、予定されていた日本万国博覧会は、前売券の発売までしたが、延期されるに至った。

この節目の年に日本の歴史を国民に認識させるため「紀元二千六百年奉

賛展覧会」が企画された。開催地として、東京、大阪、京都、福岡、鹿児島、名古屋、札幌、広島、京城（ソウル）、新京（長春）、奉天（瀋陽）、大連などを巡回し四百万人以上が観覧している。また、東京の百貨店では共同企画として松坂屋上野店が「我等の生活（国史部）」、松坂屋銀座店が「我等の生活（新生活部）」、松屋が「我等の精神」、白木屋が「我等の国土」、三越本店が「我等の祖先」、高島屋日本橋店が「我等の皇軍」、伊勢丹が「我等の新天地」を開いており、共同で物事を実施する〝団体〟というものを強く自覚させている。

博物館施設では、遊就館が「名宝日本刀展覧会」、神宮徴古館農業館が、皇室・国民の神宮崇敬資料、神武天皇に関する資料、農業祭祀に関する資料などを展示した「皇紀二千六百年記念展覧会」、赤十字博物館が「紀元二千六百年奉祝衛生日本回顧展」、恩賜京都博物館は「日本近世名画展」、大倉集古館は「神道美術展」、富民協会農業博物館は「興農二千六百年展」を最初に京都で開き、次に大阪市、福岡市、岡山県、福井市、愛媛県、岐阜県、香川県へと巡回している。

こうした特別展覧会が皇紀二千六百年を記念して各地で実施されたが、この年の第十回全国博物館大会は、十一月に東京上野の東京科学博物館で開催することが決定した。しかしその一月後には突然中止となった。それは戦時体制が一段と厳しくなり、各種の大会・総会の開催などは、緊急やむを得ないものに留め、その他のものは差し控えるようにとの文部省からの達しによるものであった。

こうして博物館大会は、中断したことになるが、一年おいた昭和十七年（一九四二）には第十回大会として復活することになる。

第十回全国博物館大会は東京帝室博物館で開催された。この時には、文部省から「大東亜共栄圏建設に即応した博物館の採るべき方策如何」が諮問され、日本博物館協会は「時局下博物館宣伝の最有効方策如何」「博物館員の養成並再教育に関する施策如何」の二題を提出している。大東亜共栄圏の建設に当たっては、先ずそれぞれの国を理解することが大切であると考えられ、そのための手段として、何よりも博物館を設置して、そこから理解させるべきであるとの構想が示されるに至った。しかし、この時にはすでに日本博物館協会では、将来のことを見越して協会内に「大東亜博物館建設調査委員会」を組織して、大東亜博物館建設への行動を起こしており、文部省諮問事項に対する問題の一つが実践に移されていたのである。

昭和十八年（一九四三）十月、東京帝室博物館で開かれた第十一回全国博物館大会が戦前における最後の博物館大会となる。この年の戦況は、次第に不利となり、二月には日本軍はガダルカナル島から撤退を開始し、五月には米軍はアッツ島に上陸し日本守備隊は玉砕する。こうした時における博物館大会の開催であり、文部省からの諮問事項はなく、日本博物館協会から「時局下戦力増強に資するため博物館において実施すべき事業如何」と「空襲に対する博物館所蔵品の保管方法如何」を協議題として提出している。

こうした戦時下における博物館としては、貴重な資料の保存が第一であり、空襲を避けるためには〝疎開〟が最適であると考えられるに至った。同時に貴重な文化財としての国宝は、展示から除外して安全な場所に保管し、展示には模造品でもよいという思想が打ち出される。

この昭和十七年（一九四二）、十八年（一九四三）に東京で開かれた大会は、記録としては全国博物館大会と記されているが、戦時体制下であり、さきに挙げた文部省の緊急なもの以外の大会などは、差し控えるようにとの達しもあり、対外的には「全国博物館協議会」という名称を用いている。

戦前における全国博物館大会は、昭和七年（一九三二）東京で第一回大会が開かれ、昭和十八年（一九四三）第十一回大会で中断した。形式としては、日本博物館協会が主催し、文部省などの諮問事項を中心に会議を進めている。

そこでは博物館に勤務する専門的な立場から様々な提言がなされたが、それが政府に対する要望となって示されたり、博物館運営の基礎となったりしている。さらに、これまで任意団体であった日本博物館協会は、〝社団法人〟への移行が許可されるに至った。これにより法的人格が認められた団体として、各種の事業活動が推進される。

戦後の全国博物館大会

昭和二十年（一九四五）八月、我が国がポツダム宣言を受託し第二次世界大戦は終了する。戦後における経済的な復興に立ちあがると共に、新たな民主主義国家を築き上げねばならなかった。博物館もまた社会教育施設として、それなりの新たな役割を担うこととなる。

日本博物館協会は、いち早く日本博物館施設の戦時中の被害を調査したりして、博物館復興の具体的な在り方を追究している。また、終戦の翌二十一年（一九四六）十一月には、「博物館並類似施設振興に関する協議講習会」を開催して、博物館施設の改善、職員の資質の向上に資したいとしている。これは実質上の全国博物館大会と称しても過言ではない性格のものであった。これは戦後社会の中にあって、日本博物館協会の新たな活動を展開する第一歩であった。そこには日本博物館協会の理事として、また『博物館研究』の編集責任者の立場にあった棚橋源太郎の存在が大きな影響を与えている。その棚橋の博物館に対する情熱と斬新な実行力は、

棚橋源太郎

今日の博物館界を築きあげる基礎ともなった。

棚橋源太郎は、明治三十六年（一九〇三）東京高等師範学校教授に任命された。この頃は理科教育の教科書の著者としてよく知られていたが、明治三十九年（一九〇六）一月、東京高等師範学校附属教育博物館主筆を兼務することになり、これにより人生の後半を博物館事業に捧げることになる。その後、文部省より教育学および博物館研究のため、二年間ドイツ・アメリカの留学を命ぜられる。帰国後文部省督学官となり、東京教育博物館長兼務となる。この頃、通俗教育の振興が叫ばれたこともあって、国民の日常生活に結び付いた事業を展開することが博物館にとって大切であるとして、特別展覧会の開催で博物館の存在意義を高めるに至った。

関東大震災後、東京博物館（旧東京教育博物館）長を退職し、フランスに留学し、社会教育、ならびに博物館の研究に専念する。帰国後は赤十字博物館の創設事務に関わる。同時に昭和天皇の即位を記念して各県に郷土博物館の設置を掲げて、「博物館事業促進会」の創設に関与し、その専務理事として活躍する。博物館事業促進会は、その後「日本博物館協会」と改称され、今日に至るまでなお存続しているが、この協会の理事として、戦前の博物館大会の開催や『博物館研究』の発行などに献身的な努力を重ねている。昭和十七年（一九四二）から昭和二十一年（一九四六）までは赤十字博物館館長の立場でもあったが、終戦後は東京科学博物館、東京国立博物館、国立科学博物館などの評議員として博物館事業の発展につとめ、二十五年（一九五〇）には、文部省博物館法案審議会臨時委員、二十六年（一九五一）には、日本博物館協会顧問として、博物館界が待ち望んでいた「博物館法」の成立に多大な貢献をすることとなった。

棚橋のこうした経歴が示すように、博物館と共に生きて来たのであり、戦後の博物館大会もまた指導者という立場から、その開催に尽力し、さらに日本の博物館施設の発展・充実に大きな影響を与えている。

戦後における全国博物館大会の開催地、開催日については巻末付録に表示したが、時代の移り変わりと共に開催したその特徴的な内容を以下に概観する。

戦後の第一回全国博物館大会は、昭和二十八年（一九五三）十二月三日から三日間、東京上野の東京国立博物館と国立科学博物館を会場にして開かれた。大会は文部省の主導によって進められたが、それを民間の立場から支えたのが社団法人日本博物館協会であった。文部省社会教育局社会教育施設課の発行した報告書の開催要綱には、その目的を

博物館の健全な発展に資する為、当面する諸問題について、全国博物館関係機関職員による共同討議を図るとともに学芸員の研究発表の機会を設け、わが国博物館の総合的な連絡協力を強化して新しい博物館活動の促進を図らんとするものである。

としている。すでに述べたように、博物館法が交付されたことにより、新しい博物館の在り方は次第に整備される。戦前の全国博物館大会は、館長級の情報交換の場であるという感が強かったが、戦後のこの大会では、学芸員の研究発表の場を設けたことにより、新たな博物館の振興に役立てようとするものであった。このことを別の表現で示すならば、専門職員としての学芸員が研究した成果が認められることにより、学芸員が中心となって教育普及事業が実施され改善されるしくみが整い、博物館の近代化が展開する原動力になったとも言えるのである。

第二回全国博物館大会は、東京を離れて四国の高松市で開催している。以後、東京と地方都市で交互に開催するという方式が続けられ、今日に至っている。この第二回大会を開催する時の目的には「新しい博物館の目的を達成するため、当面する問題について協議するとともに研究発表の機会を設け、全国博物館関係者の研究協議を促進し、健全な博物館の発展に資そうとするものである」とあり、第一回大会の目的と同じような文面であり、第三回以降もほぼ

同じような趣旨の表現で示されている。

第一回大会から第七回の長崎大会までは、文部省と社団法人日本博物館協会が主催であり、それに開催地の県市教育委員会が共催になっている。それが第八回以降の大会では、文部省は主催や共催ではなく後援になっている。このことは戦後社会の中にあって、文部省が主催者となって指導することにより、博物館界を育成するという考えから脱して、民間団体すなわち日本博物館協会の自主的な運営によって、その目的を達することが出来るまでに至ったと考えるべきであろう。

一方、大会の開催地となる地域の博物館協議会が主催・共催に名を連ねている場合もある。第八回の神奈川県博物館協議会、第九回の新潟県博物館協議会、第十四回の北海道博物館協会、第十五回の愛知県博物館協議会、第十六回の東京都博物館協議会、第十七回の山口県博物館協会、第十八回の長野県博物館協議会、第二十一回の兵庫県博物館協会、第二十二回の静岡県博物館協会、第二十四回の岐阜県博物館協会などはその例である。

日本博物館協会は、組織の中で全国に支部を置いている。北海道、東北、東京、東海、北信越、近畿、中国、四国、九州の十支部であるが、その支部が共催している場合もかなり見られる。第二十六回大会には東京支部、第二十七回は東北支部、第四十一回は北海道支部、第四十四回は東海支部、第四十六回は関東支部、第四十七回は九州支部などである。

前にも記したが、文部省が主催して戦後の第一回全国博物館大会を開催する時に、大会は研究発表の場であるとしていたが、当初はそれを人文科学、自然科学の二分科会で実施している。それが第三回全国博物館大会では、三分科会となり、

第一分科会　主として人文科学部門に関する研究発表、協議

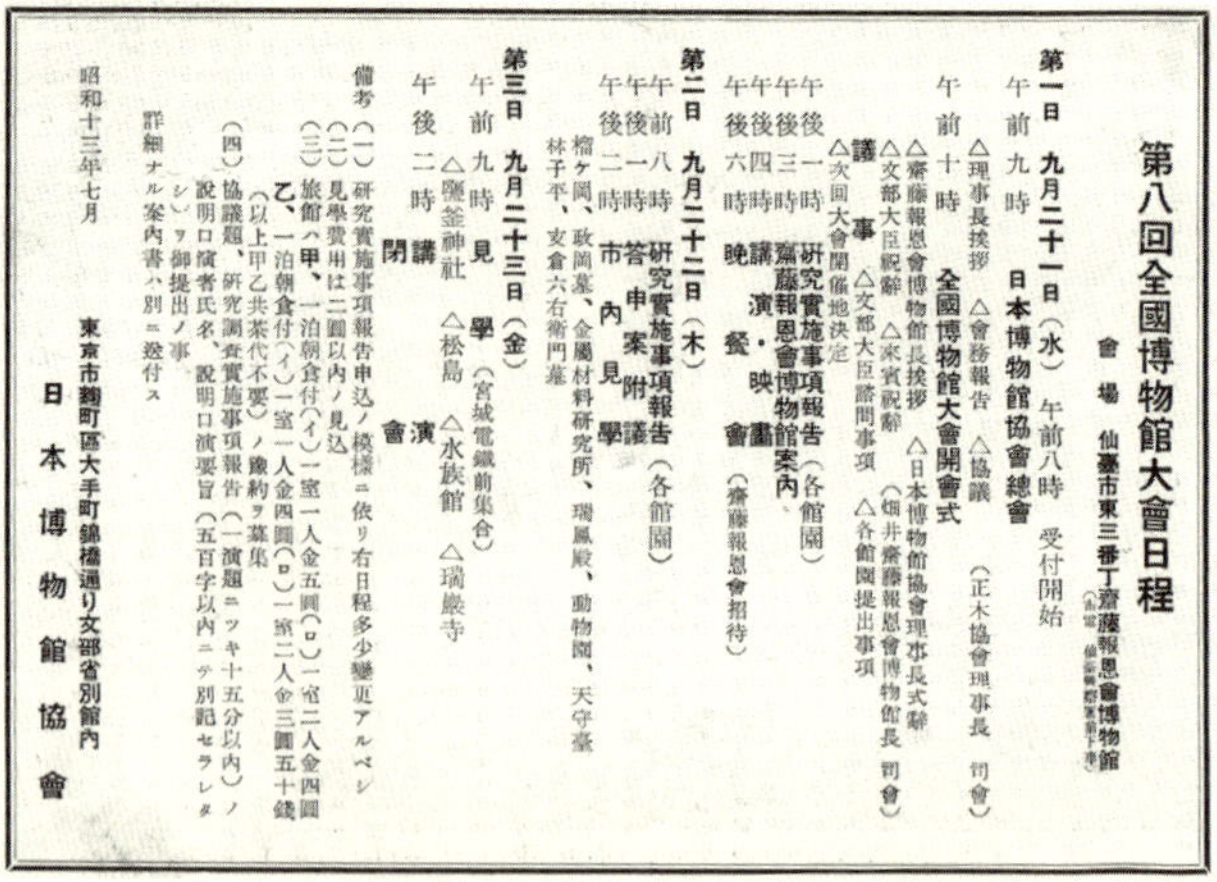

第八回全國博物館大會日程

會　場　仙臺市東三番丁齋藤報恩會博物館
（仙臺　仙臺驛際東南下車）

第一日　九月二十一日（水）　午前八時　受付開始

午前九時　日本博物館協會總會　（正木協會理事長　司會）
△理事長挨拶　△會務報告　△協議

午前十時　全國博物館大會開會式　（畑井齋藤報恩會博物館長　司會）
△齋藤報恩會博物館長挨拶　△日本博物館協會理事長式辭
△文部大臣祝辭　△來賓祝辭

議　事　△文部大臣諮問事項　△各館園提出事項
△次回大會開催地決定

午後一時　研究實施事項報告（各館園）
午後三時　齋藤報恩會博物館案内
午後四時　講演・映畫會
午後六時　晩餐會（齋藤報恩會招待）

第二日　九月二十二日（木）

午前八時　研究實施事項報告（各館園）
午後一時　答申案附議
午後二時　市内見學
榴ケ岡、政岡墓、金屬材料研究所、瑞鳳殿、動物園、天守臺
林子平、支倉六右衛門墓

第三日　九月二十三日（金）

午前九時　見學（宮城電鐵前集合）
△鹽釜神社　△松島　△水族館　△瑞巖寺
午後二時　講演會
閉會

備考（一）研究實施事項報告申込ノ模樣ニ依リ右日程多少變更アルベシ
（二）見學費用は二圓以内ノ見込
（三）旅館ハ甲、一泊朝食付（イ）一室一人金五圓（ロ）一室二人金四圓
乙、一泊朝食付（イ）一室一人金四圓（ロ）一室二人金三圓五十錢
（以上甲乙共茶代不要）ノ豫約ヲ募集
（四）協議題、研究調査實施事項報告（一演題ニツキ十五分以内）ノ説明口演者氏名、説明口演要旨（五百字以内ニテ別記セラレタシ）ヲ御提出ノ事
詳細ナル案内書ハ別ニ發付ス

昭和十三年七月
東京市麹町區大手町錦橋通り文部省別館内
日本博物館協會

第８回全国博物館大会日程（『博物館研究』11-7・8）

第二分科会　主として自然科学部門に関する研究発表、協議

第三分科会　主として博物館法令の事務取扱の研究発表、協議

であるが、第三分科会は文部省社会教育局社会教育施設課が発行した「第三回全国博物館大会報告書」には、注として、「第三分科会（法制部門）は、既に改正法令の通知も全国に周知されているので省略した」とあるので、研究発表というよりは、博物館法の一部が改正されたので、その報告を目的とするものであった。

その博物館法の一部改正とは、昭和三十年（一九五五）七月二十二日、法律第八十一号で改正されたものである。改正の内容は　政令で定める法人（特殊法人等）を博物館の設置主体として認め、博物館の教育活動の発展に資するように改めた。もう一つは、従来の学芸員資格付与講習の制度を文部大臣の資格認定制度に改めたことであった。

第七回大会からは

第一分科会　人文科学部門

第二分科会　自然科学部門

第三分科会　動物園・植物園・水族館部門

第四分科会　管理運営部門

の四分科会に分けて実施しており、これがその後の大会における原則的な分科会として続いている。しかし開催する

時の諸事情により、かなり異なっている場合も見られる。

東京で開かれた第十二回大会では、博物館の機能面から見た分科会となっており、午前中は

第一分科会　博物館資料の収集、整理・保管・展示

第二分科会　教育活動

第三分科会　館外活動

となっており、午後は

第一分科会　学芸員の研究活動

第二分科会　管理・運営

であり、学芸部門と事務部門とに分かれるという結果になっている。

昭和四十年（一九六五）の第十三回大会に初めてパネルディスカッションが見られ「博物館と自然保護」について問題を取り上げている。昭和四十四年（一九六九）の第十七回大会ではシンポジウムが登場しており、「博物館の本質と機能」について討論している。これは三日間の会期中で初日に実施しており、二日目、三日目が分科会で次のような構成になっている。

二日目　第一分科会　歴史・考古部門

第二分科会　美術・工芸部門

第三分科会　自然史部門

第 17 回全国博物館大会

第四分科会　動・植物部門、水族館部門
第五分科会　理工・産業部門
第六分科会　天文・気象部門
三日目　第七分科会　国立都道府県立施設
第八分科会　市町村立施設
第九分科会　私立施設
第十分科会　大学・研究所

これは二日目が博物館の種類別の実施、三日目が設置者別の実施となり、会場も五ヶ所に分散しており、参加者も三百十名という画期的な大会であった。

第二十回大会は、昭和四十七年（一九七二）北海道で開かれている。この時、初めて大会テーマが設定されるに至った。「現代および将来を考え、人類に奉仕する博物館の役割―教育的・文化的役割」であり、日本博物館協会長徳川宗教は、新たな方向付けとして、報告書の中で

この二〇年間に日本の博物館・園は五倍近い数に達し、また充実した博物館も多くなり、その業績に於ては刮目するものがあることを確信します。今回の大会に於ては、博物館建設費に対する国庫補助金の増額、補助の範囲の拡大、研究機関としての指定、海外派遣、ないし研究の交流等を中心に協議を行い、国に対し強く要請することを決定しました。

と述べている。二十回という節目の年に、博物館資料の充実はもとより、設備を充実するために補助金で整備し、運営を強力に推進することを決議しているのである。その内容を具体的な項目で示すならば、

一．博物館の建設費に対しては、少なくともその三分の一以上の国庫補助金を、また、増・改築費に対しても同率の国庫補助金を交付されたきこと。

二．博物館の設置ならびに運営に関する基準の公示に並行して、その運営の根幹をなす学芸員制度の基準を確立し、専門職員の充実と資質の向上をはかり、その設置費（学芸員、学芸員補）に対しその三分の一程度の国庫補助金を交付されたきこと。

三．博物館資料収集費、展示設備費に対し国庫補助金を交付されたきこと。

四．博物館として一定の条件を整備したものは研究機関として指定する道をひらき、科学研究費を交付されるよう研究機関としての制度化をはかられたいこと。

五．国は毎年博物館の職員のうちから一定数の海外視察団を派遣されるほか、海外博物館との研究生交換の道をひらかれたいこと。また、それ等の経費はすべて国費をもって充てられたいこと。

となっている。結局、補助金の交付により、博物館として発展・充実を図ろうとするものである。

第二十一回の大会テーマは「明日の文化を創造する博物館活動―人間性の回復をめざして―」。

第二十二回は、「博物館と環境―わが国産業構造の変化を伴なう博物館の対応について―」。

第二十三回は東京での開催であるが、大会テーマは設定されていない。

第二十四回は、「伝統文化に関する博物館の諸問題について」。

第二十五回は、「我国博物館の明日への発展のために」。

第二十六回全国博物館大会は、東京での開催であるが、皇太子殿下、同妃殿下をお迎えして、日本博物館協会創立五十周年記念式典と併せて開催した。その時の全体会議では、国に対して次の要望が提示されている。

一．公立博物館施設整備費補助金の増額及び対象の拡大
　イ．新築のみならず増改築にも実施
　ロ．私立博物館にも適用
二．博物館活動促進費補助金の増額及び対象の拡大
　イ．公立博物館にあっては相当施設にも適用
　ロ．私立博物館にあっては少なくとも登録博物館に実施
三．博物館における特別展開催のための資料の貸出、及び斡旋機関の設置
四．学芸員の資質向上をはかり併せて待遇改善の促進
五．博物館職員の海外研修及び調査並びに資料収集に対する社団法人日本博物館協会への国庫補助金の増額及び補助率の引上げ
六．博物館展示と情報収集のための研究・調査事業に対し、日本博物館協会への国庫補助の交付
七．国の資金を基金とし併せて民間からの寄付を受け入れた「博物館振興財団」（仮称）の設置の促進

日本博物館協会の創立五十周年という節目の年でもあり、この機会に補助金の増額と拡大に目を向けさせようとするものであった。

第二十七回大会のテーマは「博物館と地域社会における文化活動」で、第二十八回は、「技能の進歩に対する博物館の適応」であった。昭和五十四・五十五年頃は経済成長が進む中で地方文化の時代とも言われ、〝地域社会〟が強く意識されていた。こうした推移の中で博物館としての在り方を考えようとするものであった。

昭和五十六年（一九八一）の第二十九回大会は、博物館法制定三十周年であり、皇太子殿下、同妃殿下をお迎えし

て記念式典が挙行された。大会テーマは、「博物館の利用者への対応」であり、博物館の社会に対する役割を探求し、利用者の要求を正しく把握し、時代の変化に即応した博物館活動を展開し、地域住民の期待に応えるための討議の場であった。

第三十回全国博物館大会以降の大会テーマは、次のようになっている。

第三十回　生涯教育に対する博物館の適応と在り方
第三十一回　変化の早い今日の社会に対応する博物館のあり方
第三十二回　教育改革と博物館Ⅰ―今後の方向と在り方について、如何に考えるべきか―
第三十三回　教育改革と博物館Ⅱ―今後の方向と在り方について、如何に考えるべきか―
第三十四回　我が国博物館の今迄の歩みと今後の展望
第三十五回　博物館を巡る環境と博物館が作り出す環境
第三十六回　生涯教育と博物館Ⅰ―使命と可能性を探究して―
第三十七回　生涯教育と博物館Ⅱ―その発展のための現状と問題点―
第三十八回　生涯学習時代におけるあらゆる博物館の発展のため
第三十九回　新しい世紀をめざす博物館

この第三十九回大会は、博物館法制定四十周年に当たったので、国立教育会館において天皇・皇后両陛下のご臨席を得て記念式典を挙行して、この機に新しい世紀に望む期待と要望のもとに、国内外における博物館の新たな役割について広範な角度から討議をすすめた。その結果は次のような決議となって示された。

Ⅰ．我が国の博物館は、生涯学習の促進のため、他の文化施設及び教育機関と緊密な連携を図り、特色ある積極的な活動を展開する。

Ⅱ．博物館法四〇周年を記念し、諸活動を積極的に行うため、次の各項を国及び関係機関に対して要望する。

（1）博物館法の改正

（2）学芸員等の資質向上と処遇の改善

（3）特別事情に関する予算の継続年度の拡大

（4）税制

（イ）特定公衆

（ロ）指定寄付の適用緩和

（ハ）博物館の事業に必要な資料の購入・受贈に関する譲渡所得税の減免

（5）助成

（イ）生涯学習を積極的に推進するために、博物館が行う収集・保管・調査・研究・展示・普及等に対する補助・助成の増額と新設

（ロ）科学技術の発達による新しい博物館活動の整備に対する助成

（ハ）私立博物館の振興のため、公立博物館と同様の補助・助成

第四十以降の大会テーマは、次のように設定されている。

第四十回　新しい世紀をめざす博物館―期待される博物館像―

第四十一回　我が国博物館の基盤を再検討する―人・財政・研究を視点に―

第四十二回　我が国博物館の基盤を再検討する

第四十三回　今、博物館に求められているもの
　　　　　　―博物館マーケティング、利用者サービス、展示技術の変化への対応―
第四十四回　今、博物館に求められているもの
　　　　　　―博物館相互の連携・特に相互信頼の醸成について―
第四十五回　教育普及活動の新たな展開を求めて―魅力のある博物館づくりのために―
第四十六回　多様な文化的要求に応える博物館を目指して
第四十七回　多様な要請に応えうる魅力ある展示づくりを求めて
第四十八回　二十一世紀に相応しい博物館づくりを目指して
第四十九回　博物館はいかに社会公共の利益に寄与できるか
　　　　　　―より幅広い人々の支援が得られる博物館を目指して―
第五十回　　二十一世紀に対応する博物館の設置・運営の基準と評価
第五十一回　「博物館の望ましい姿」の実現に向けて
第五十二回　市民とともに創る博物館（中止）
第五十三回　市民とともに創る博物館
第五十四回　転換期における博物館運営の指導づくり
第五十五回　新しい時代の博物館制度の在り方と博物館におけるリスクマネージメント

全国博物館大会は、昭和二十八年（一九五三）十二月、戦後における第一回を開催してから、毎年各地で開催している。第一回から第七回までは、文部省と社団法人日本博物館協会が共同で主催している。第八回以降は原則として、

社団法人日本博物館協会と開催地の教育委員会が共同主催になり、文部省は後援という形に変わっている。さらにその後、開催地の博物館協議会が共同主催として加わっていることについてはすでに述べた通りである。戦前の全国博物館大会が、どちらかと言うと管理者の参加する博物館情報の交換の場であるという性格が強かったのに対し、戦後の全国博物館大会は、自館の教育活動などを発表する場になっている。このことは、第一回大会を開催した時の趣旨にも見られることであるが、具体的な形としては、「分科会」の設置となって示されるに至った。その分科会はまた研究成果発表の場ともなっている。

分科会そのものは、開催地の事情により、人文・自然という博物館の種類別の分科会であったり、公立・私立という設置者別の分科会であったりと、その時により異なっている。また分科会が開かれるようになって、館長級のみの参加だけでなく、学芸員も参加するという方向へ進むことになった。

昭和四十七年（一九七二）に北海道で開かれた第二十回大会から、大会の内容を象徴する〝大会テーマ〟が設定された。この大会テーマは前述したように、将来の博物館の在り方を展望したものであったり、博物館活動を推進するための目標であったり、大会の内容を如実に示すものとなっている。それはまた、大会の名において決議がなされ、それを文部省などに請願するという形で示すに至っている。

こうした全国博物館大会の流れを考えると、それは博物館情報の発信地となっており、博物館の在り方を考える上に重要な役割を担っている。そこには毎年開催することに意義があり、そこから新しい博物館の道が拓けているとも言える。

その全国博物館大会も平成十六年（二〇〇四）新潟で開催することになっていた第五十二回大会が、新潟中越地震のため中止となった。

第二節　新潟県中越地震による博物館の被害

平成十六年（二〇〇四）十月二十三日（土）十七時五十六分、最大震度七、マグニチュード六・八の新潟県中越地震が発生する。その後、夜になっても最大震度五〜六の余震が十回以上続いている。各所で道路が破壊され、上越新幹線も脱線し不通となって大きな被害を受けた。死者四六人、負傷者四七九三人、家屋被害一一九四八七棟、最大避難者数一〇三一七八人（平成十七年五月現在）であり、特に震源地に近い山村の山古志村では地形の変形などもあり壊滅状態で復興困難な部落も見られる。

博物館施設もまた大きな被害を受けている。その被災状況については『博物館研究』四十巻六号に新潟県立近代美術館学芸課長小見秀男、同じく県立歴史博物館学芸課長戸根与八郎の執筆になる「新潟県中越大震災における博物館の被災状況について」でその概要を知ることができる。次に示した被害博物館の一覧表は、この報文中に記されているものである。

被害一覧表には二十の施設を挙げている。建物全体が倒壊したという例は見られないが、天井の一部が落下したり、壁面が崩落したり、亀裂が生じたことなどは、往々にして見られる。施設面では展示ケースのガラスの破壊がかなり目立っている。

展示資料については〝転倒〟がかなり見られる。新潟県立近代美術館も鋳金銅製作品が多数転倒しているが、それが金銅製ということから粉々に破損するということはない。が、しかし縄文土器を展示していた十日町市博物館、柏崎市立博物館、長岡市立科学博物館、新潟県立歴史博物館、与板町歴史民俗資料館、三島町郷土資料館、越路町郷土資料館、津南町歴史民俗資料館などは、それが〝転倒すなわち破壊〟という形で示されている。

表２　新潟県中越大震災における博物館の被災状況
（新潟県教育庁文化行政課・新潟県博物館協議会調査抜粋）

所在地	館名	主な被害状況
新発田市	新発田城	国指定文化財旧二の丸櫓の壁一部崩落、なまこ壁一部破損
十日町市	十日町市博物館	国宝深鉢土器50％破損９点、一部破損11点、国宝浅鉢50％破損１点、一部破損４点　重文縮用具藍ガメ破損２点　一部破損２点、収蔵民具、瀬戸物類破損多数　復元民家屋内壁崩落　郷土植物園石仏２基転倒　展示ガラスケース天井メッシュ落下破損　玄関、風きり室天井落下　３Ｆ塔屋接続部破損落下　など
十日町市	ミティーラ美術館	テラコッタ彫刻135点倒壊、破損　展示室ほか柱の土台からの移動多数
柏崎市	柏崎市立博物館	埋蔵文化財資料一部破損、史跡飯塚邸内部壁剥離、中門倒壊、灯籠多数倒壊など
柏崎市	貞観園	灯籠倒壊９基、蔵土壁脱落、建家の土壁剥離３ヶ所
柏崎市	木村茶道美術館	茶室、水舎の壁亀裂、一部落下
長岡市	長岡市立科学博物館	土器類大多数破損　研修室廊下側窓ガラス破損など
長岡市	新潟県立近代美術館	ガラス製花器１点破損修復不能、鋳金銅製作品転倒傷多数、作品裏面損傷（書）１点、画面亀裂（日本画）１点、画面剥落１点、額損傷（油彩）５点、駐車場起伏（高低差20cm、約300㎡）、入口附近通路ブロック最大６cm沈下、約50mなど
長岡市	新潟県立歴史博物館	土器等損傷10点、常設展示ロビー採光用大型ガラス取付金具破損、展示照明吊ワイヤー取付アンカー損傷、受水槽タンク水漏れなど
長岡市	駒形十吉記念美術館	展示ケースガラス２枚破損など
栃尾市	栃尾市美術館	韓国現代陶磁作品破損９点、展示室空調機吹出口落下１ヶ所　天井材破片落下１ヶ所、外壁タイル亀裂多数など
見附市	今井美術館	庭園内の石像倒壊
与板町	与板町歴史民俗資料館	火炎型土器全壊、一部破損多数、陶器一部破損多数、釈迦如来像左手、台座一部離脱
三島町	三島町郷土資料館	火炎型土器破損
越路町	越路町郷土資料館	縄文土器破損５点、民俗資料ランプガラスシェード破損など
堀之内町	宮柊二記念館	第一展示室天井一部落下、正面展示ガラスケース一部損傷、収蔵庫内資料散乱、大甕一部損傷、館内壁面クロスに亀裂多数、館外東屋床面亀裂10数ヶ所　敷地陥没20cm以上、など
大和町	大和町池田記念美術館	展示ケースガラス破損
守門村	目黒邸資料館	絵画落下額破損、ロビー天井全体破損、一部落下等
津南町	津南町歴史民俗資料館	縄文土器倒壊破損21点等
松之山町	大棟山美術博物館	館内ひび割れ多数、庭園内灯籠倒壊、作品多数破損

縄文土器自体は焼成温度が低く、もろく壊れやすい土器であることは言うまでもないが、中でもこの地域の特徴的な土器である〝火焔《かえん》型土器〟は国宝に指定されたものを含めて大きな被害をうけている。

火焔型土器は、縄文時代中期を代表する土器の一つである。鶏頭冠《けいとうかん》または王冠型の大型把手《とって》と半肉彫の隆起帯で構成された曲線文様、それに鶏頭冠把手の縁や口縁部に付けられた鋸歯《きょし》状の装飾が、あたかも火の燃えさかる炎によく似ていることから、この名で呼ばれる。正確には、昭和十一年（一九三六）十二月三十一日近藤三郎の手によって、新潟県長岡市馬高遺跡から発掘されたものが「火焔土器」であり、この火焔土器と共通する独特の隆起文で構成される土器であることから、「火焔型土器」と呼んでいる。この種の火焔型土器は、新潟県内でも特に津南町から長岡市にかけての信濃川中流域をかけて分布する。日常用いられた煮沸具ではなく祭器であったと考えられているが、世界の先史時代の土器の中でも、その装飾性は抜群であり注目されるものである。

火焔型土器（十日町市博物館提供）

十日町市博物館は、新潟県で唯一の国宝、笹山遺跡出土の深鉢形土器五十七点を所蔵している。笹山遺跡は信濃川右岸の傾斜地にある縄文時代中期から後期にかけての大規模な集落地である。竪穴住居跡や土坑などがあり、多数の埋設土器などが発見されている。前に記した火焔型の深鉢形土器がまとまって出土している。平成十一年（一九九九）六月、国宝に指定された。ここでは前に挙げた被災表で明らかになったように、深鉢土器五十％の破損が九点、一部破損が十一点、浅鉢五十％の破壊が一点、一部破損が四点、合計二十五点が被害を受けたのである。重要文化財に指定されている縮用具藍ガメなども破損したが、これらの資料は、文化庁の素早い対策によって、平成十六年度災害復旧事業で修理され、施設の損傷は、文部科学省の公立社会教育施設災害復旧費補助金によって、修復作業が進められた。

震災復興ということで、博物館として市民のために何ができるか話し合っており、それは早期開館を目標として、職員一同の協力により、被災十七日目にして、はやくも一般公開をしている。

長岡市立科学博物館は、昭和二十六年（一九五一）八月に開館した時には、新潟県野鳥愛護林に指定された悠久山公園内に野鳥に関する資料と市内関原町近藤家所蔵の考古コレクションを中心にして公開したが、現在は歴史、民俗なども加えて長岡市役所柳原分庁舎内に移転している。

展示室や収蔵庫では一部の資料が落下し、標本棚・収蔵棚が転倒している。考古部門でもっとも多くの被害を受けているが、重要文化財に指定されている馬高遺跡出土品は、十七点が破損（全壊六点）している。

その他に大半は縄文時代の深鉢型土器であるが、完形土器約百点（全壊約五十点）が破損している。ただ、特に注目すべきことは、免震台に設置された土器が転倒していることである。免震台は転倒を防止するための装置であり、それが役目をはたさず火焔型土器が転倒したのである。学芸係は、テグスで土器を台自体に固定しておく必要があったろうと反省しているが、後の祭りであった。

なお、この中越大震災では余震が頻繁であり、毎日のように震度五〜六の余震が続いたため、安全場所として、重要文化財指定の馬高遺跡・小瀬ヶ沢洞窟・室谷洞窟の出土品約三千点は、新潟県立歴史博物館の収蔵庫に一時避難している。

美術館としての新潟県立美術館は、被災表に示したようにガラス製花器が破損し修復不能になっている。これと同じようなことは、阪神大震災の時には、至る所で起きた現象であり、少しでも破損すれば、それは修復が困難で美術品としての展示に使用することも困難になっている。鋳金銅製作品の転倒は多数に及んでいるが、絵画は表面の亀裂、剥落のあったものは数点に留まっている。『博物館研究』の報告には、地震の規模が震度六弱という割合に比べ、被害を最小限に留めることが出来たとしている。その理由を次のように記している。

①展示室の可動壁、収蔵庫のラックが揺れに合わせて移動し、免震の役割を果たした可能性がある。収蔵庫・展示室とも作品の吊り金具の殆んどがストッパー付で作品の脱落がなかった。

②展示中の作品は平面が多く、立体が少なかったこと。立体は台とボルトで固定してあったこと。

③阪神大震災の経験を生かせたこと。被災館のリポートなどに基づき、展示用具、収蔵金具を耐震用に変更、大型彫刻作品をさらしや紐で平素から固定していたこと。

④これは推測だが、建築の九割以上が平屋の構造だったこと。展示室、収蔵庫、空調設備などに構造的な揺るぎはなかった。

ここには、やはり普段から災害時に備えての対策を考え、実行に移している成果が如実に示されている。阪神大震災の経験からの対策も効を奏しており、「備えあれば憂いなし」である。

第三節　第五十二回全国博物館大会の中止

第五十二回全国博物館大会委員長中川志郎は、平成十六年（二〇〇四）九月六日、第五十二回全国博物館大会の案内を全国の会員に発送した。それは、平成十六年（二〇〇四）十一月十八・十九の両日、新潟市の朱鷺メッセを会場

としたものであった。その案内状によると、

新潟の地は、信濃川や阿賀野川など水量を誇る大河が流れ、広大で肥沃な平野が広がっている。このような自然条件を活用して、江戸時代において大規模な治水・干拓による新田の開発がなされ、また、佐渡金山の隆盛、北前船による西廻り航路の発展などにより、全国有数の経済力と人口を有する地域に発展した。その後、石油や天然ガスの産出と、豊富な水を活用した水力発電などにより、地場産業に加えて、各種の化学、製造工業が発展している。また、日本海側の基点として、対岸にある中国東北部やロシア沿海地域との交流が早くから見られる。そして、戦国時代の上杉謙信、江戸時代のベストセラーである「北越雪譜」を著した鈴木牧之、禅僧にして歌人、書家である良寛、米百表で長岡の教育の基を築いた小林虎三郎、歌人・書家・美術史家である会津八一を生んだ地でもある。さらに佐渡では朱鷺の保護増殖で全国的に注目されている。こうした豊かな自然と歴史的・文化的・経済的基盤を生かして、公市立の多様な特色ある博物館が所在する新潟での開催である。

すでに新潟県での全国博物館大会の開催は三回目である。

第一回目は、戦後の昭和三十七年（一九六二）九月五日から八日の間、新潟市大和百貨店ホールと佐渡博物館で開催された。第二回目は、昭和五十八年（一九八三）十月十三・十四日の二日間、新潟県民会館で開催された。そして、三回目が第五十二回全国博物館大会であった。

この大会のテーマは、「市民とともに創る博物館」となっている。このテーマを採用するに至ったことに関して、その理由を次のように報告書の中で

近年、博物館において、所在する地域の住民や利用者の声を館の運営に積極的に反映して、館をより身近なものとし、また、住民や利用者の積極的な参加を求めて、博物館の活性化を図る動きが顕著になってきています。

と記している。

日本博物館協会が平成十五年六月に「博物館の望ましい姿」（平成十五年三月報告）の具体化のために行った調査によれば、友の会を設置している館が全体の三十六・三％、ボランティアを受け入れている館が全体の五十・一％に達し、平成九年十二月の調査結果に比べると、飛躍的な増加となり、友の会・ボランティアに対する関心が大きく高まっていることを示しています。

また、友の会やボランティアがＮＰＯを組織し、博物館との協力関係をより対等に、また強固にすることの取り組みも進められています。

さらに、本年の「国際博物館の日」の事業に見られるように、博物館が地元の商店街と連携して、博物館の所在する地域全体の振興を図る試みも始まってきています。

このように、博物館が従来の殻を破り、内外ともに「対話と連携」を進める動きが広まりつつある現在、市民との新たな協力関係を構築し、増大、多様化する博物館に対する諸要請に応えうる「市民とともに創る博物館」をいかに実現していくかを、先進事例の取り組みを参照しながら皆さまとともに考えていきたいと思います。

ここには、市民との新たな協力関係を構築することにあるとしている。そこには「対話と連携」を進めることに意義があり、日本博物館協会でもその種の研究を進めていた時であり、これを第五十二回新潟大会でまとめ、地域社会と結びついた新たな博物館の在り方を構築することでは重要な大会であったろう。そこにはまた、博物館法が交付されてから、すでに五十年を経過しており、博物館法が制定された当時と現在では、社会情勢がかなり相違しているので、博物館法の改正なども考えねばならない時期での博物館大会でもあった。

なお、日本博物館協会は、「対話と連携」の具体化の一つとして、中越地震被害博物館に対する義援金の協力を全国の会員にお願いしており、二百二十にのぼる会員から多額の義援金が寄せられ、これを新潟県博物館協議会（会長北方文化博物館長伊藤文吉）に送付している。

110	原　俊夫（原美術館長）
111	コニカミノルタプラネタリウム株式会社
112	佐々木秀彦（江戸東京たてもの園学芸員）
113	石川県七尾美術館
114	伊能秀明・高橋あけみ（明治大学博物館）
115	株式会社日展
116	富山県博物館協会（事務局：富山県立近代美術館）
117	日図デザイン博物館
118	ＭＯＡ美術館
119	大阪市立住まいのミュージアム
120	佐野美術館
121	興膳　宏（京都国立博物館）
122	宮崎　徹（鎌倉市鏑木清方記念美術館学芸員）
123	岡田弘子（個人会員）
124	福岡町歴史民俗資料館
125	民主音楽博物館
126	宮城県慶長使節船ミュージアム（サン・ファン館）
127	根津美術館
128	株式会社トータルメディア開発研究所
129	亀陽文庫能古博物館
130	千葉県立房総のむら親睦会
131	浜松市博物館
132	兵庫県立美術館
133	サントリー美術館
134	広島県立美術館
135	青森市森林博物館
136	株式会社ウッドワン（ウッドワン美術館）
137	大原美術館
138	豊田市美術館
139	京都国立近代美術館
140	水平社博物館
141	青森市歴史民俗展示館
142	交通博物館
143	神戸市立博物館
144	栃木県立美術館
145	千葉県立安房博物館
146	奈良県立美術館
147	五十嵐耕一（日本博物館協会）
148	広島市安佐動物公園
149	豊田町香りの博物館
150	埼玉県立博物館
151	鹿児島県歴史資料センター黎明館
152	四国民家博物館
153	青森県立郷土館
154	皇學館大学神道博物館
155	我孫子市鳥の博物館
156	日本博物館協会職員一同
157	田屋　清（個人会員）
158	常磐神社義烈館
159	ＮＨＫ放送博物館
160	神奈川県立生命の星・地球博物館
161	松山市考古館
162	島根県立美術館
163	堺市博物館
164	滋賀県立琵琶湖博物館
165	北野美術館
166	毛利博物館
167	ハウステンボス美術館・博物館
168	ひろしま美術館
169	富山県教育記念館
170	栃木県なかがわ水遊園
171	成巽閣
172	諸橋近代美術館
173	椎名仙卓（個人会員）
174	水嶋英治（常磐大学大学院教授）
175	栃木県子ども総合科学館
176	別府大学附属博物館
177	茂原市立美術館・郷土資料館
178	立教大学博物館学研究室
179	出羽三山歴史博物館
180	株式会社岡村製作所
181	ミュージアムパーク茨城県自然博物館
182	国立西洋美術館
183	大倉集古館
184	名古屋市博物館長
185	岐阜県博物館
186	大阪市立美術館
187	春山　進（山形県立博物館長）
188	養源院
189	のとじま臨海公園水族館有志一同
190	滋賀県立近代美術館
191	山口県立山口博物館
192	神戸市立須磨海浜水族館
193	井上洋一（東京国立博物館教育普及課長）
194	北海道開拓記念館
195	竹内　誠（東京都江戸東京博物館館長）
196	安城市歴史博物館
197	彦根城博物館
198	北信越博物館協会（事務局：富山県立近代美術館）
199	国立科学博物館
200	愛媛県美術館
201	島根県立博物館
202	神宮徴古館農業館
203	ねむの木子ども美術館
204	吉竹弘喜（九州産業大学美術館副館長）
205	西南学院大学　教務課
206	岐阜市歴史博物館
207	科学技術館
208	栗東歴史民俗博物館
209	靖國神社遊就館
210	大分県博物館協会（事務局：大分市歴史資料館）
211	鳥取県立博物館
212	信州新町美術館
213	鹿児島県立博物館
214	東京国立博物館
215	古川秀昭（岐阜県美術館長）
216	吉江雄一（栃木県立博物館）
217	栃木県立博物館
218	千葉県立中央博物館
219	国立民族学博物館
220	滋賀県立琵琶湖文化館

新潟県中越地震義援金募金者名簿

（この一覧表は、日本博物館協会への入金月日順）

1	船の科学館長　神山榮一
2	たばこと塩の博物館
3	昆虫博物館
4	第一成和事務所
5	霊山歴史館
6	新江ノ島水族館
7	出光美術館
8	常楽寺美術館
9	八尋和泉（個人会員）
10	八代市立博物館未来の森ミュージアム
11	濱田淑子（東北福祉大学　芹沢銈介美術工芸館学芸員）
12	刀剣博物館
13	日本化石資料館
14	奇石博物館
15	穂別町立博物館
16	太地町立くじらの博物館
17	兼松重任（牛の博物館長）
18	財団法人徳川黎明会（徳川美術館）
19	目黒寄生虫館
20	和歌山市立博物館
21	秋田県立近代美術館
22	駿府博物館
23	山口県博物館協会（事務局：山口県立山口博物館）
24	日本博物館協会中国支部（事務局：山口県立山口博物館）
25	榊原聖文（個人会員）
26	石川県九谷焼美術館
27	龍河洞博物館
28	郡山市立美術館
29	日本はきもの博物館
30	紙の博物館
31	三井観光開発株式会社（鴨川シーワールド）
32	カメイ記念展示館
33	仙台市博物館
34	徳島県立博物館
35	飯田市美術博物館
36	山口松蔵（富山県立近代美術館長）
37	栗田美術館
38	和歌山県立近代美術館
39	横浜市歴史博物館
40	本間美術館
41	奈良大学博物館学芸員課程
42	石垣市立八重山博物館
43	アクアワールド茨城県大洗水族館（アクアワールド・大洗）
44	北澤美術館
45	東武博物館
46	但陽美術館
47	幕末と明治の博物館
48	百河豚美術館
49	耕三寺博物館
50	熊本県立装飾古墳館
51	記念艦三笠
52	大磯町郷土資料館
53	長崎純心大学博物館
54	エース世界のバッグ＆ラゲージ館
55	観峯館
56	日本工芸館
57	福島県立博物館
58	秋吉台科学博物館
59	昭和館
60	兵庫県立歴史博物館
61	防府市青少年科学館
62	西尾製作所
63	平山郁夫美術館
64	高村直助（横浜市歴史博物館）
65	日本カメラ博物館
66	伊豆シャボテン公園
67	日下部民芸館
68	京都服飾文化研究財団
69	株式会社乃村工藝社
70	市立長浜城歴史博物館
71	ＭＩＨＯ　ＭＵＳＥＵＭ
72	彫刻の森美術館
73	圓山記念日本工藝美術館
74	田原市博物館
75	株式会社アド工芸
76	駒澤大学禅文化歴史博物館
77	東京国立近代美術館
78	石川県立美術館
79	嶋崎　丞（石川県立美術館長）
80	松江郷土館
81	浅間火山博物館
82	秋田県立博物館
83	天竜市立秋野不矩美術館
84	東京文化財研究所
85	岡山県立美術館
86	鳳来寺山自然科学博物館
87	佐藤美術館
88	地下鉄博物館
89	館林市立資料館
90	渋谷区立松涛美術館
91	藤村記念館
92	盛岡市先人記念館
93	日立市郷土博物館
94	清水港湾博物館
95	鷲塚泰光（奈良国立博物館長）
96	福岡県立美術館
97	多摩六都科学館
98	群馬県立自然史博物館
99	成田山霊光館
100	日光東照宮宝物館
101	広島県立歴史博物館
102	富岡市立美術博物館福沢一郎記念美術館
103	島根県立三瓶自然館
104	安曇野髙橋節郎記念美術館
105	笠懸野岩宿文化資料館
106	岩宿フォーラム実行委員会
107	塩竈神社博物館
108	島田美術館
109	高知県立歴史民俗博物館

主要参考文献

全般

大日本山林会編『田中芳男君七六展覧会記念誌』大正二年十月
白井光太郎「維新前における物産展覧会」理学界十二巻二号　大正三年八月
博物館事業促進会「公開実物教育機関一覧」博物館研究三巻八・九号　昭和五年八月
日本博物館協会編『全国博物館案内』刀江書院　昭和七年七月
永山定富『内外博覧会総説』水明書院　昭和八年
帝室博物館『帝室博物館略史』昭和十三年十一月
棚橋源太郎『博物館・美術館史』長谷川書院　昭和三十二年六月
文化財保護委員会編『文化財保護の歩み』大蔵省印刷局　昭和三十五年十一月
和歌森太郎編『流行世相近代史』雄山閣出版　昭和四十五年四月
毎日新聞社編『国宝・重要文化財案内』昭和五十四年三月
山本光雄『日本博覧会史』理想社　昭和四十五年六月
文部省『学制百年史』帝国地方行政学会　昭和四十七年十月
東京国立博物館編『博物館ノ思出』昭和四十七年十一月
東京国立博物館『東京国立博物館百年史』本編資料編　東京国立博物館　昭和四十八年三月
文化庁編『国宝事典』新増補改訂版　便利堂　昭和五十一年十月
国立科学博物館『国立科学博物館百年史』第一法規出版　昭和五十二年十一月
文化庁編『文化行政の歩み―文化庁創設10周年にあたって』ぎょうせい　昭和五十三年六月
寺下勍『博覧会強記』ＫＫエキスプラン　昭和六十二年六月
椎名仙卓『明治博物館事始め』思文閣出版　昭和六十四年十二月

伊藤寿朗『博物館基本文献集』一巻～十八巻　大空社　平成二年十一月
椎名仙卓『大正博物館秘話』論創社　平成十四年三月
椎名仙卓『日本博物館成立史―博覧会から博物館へ―』雄山閣　平成十七年六月

第一章

平井直「西南戦争余聞―土埋めの金の鯱」『江戸は過ぎる』所収　萬里閣書房　昭和四年二月
石井研堂「金鯱は沈没せず」明治文化十巻四号　昭和十二年四月
浅岡忠詔「ふすま絵の疎開と金の鯱の行方」国立博物館ニュース三十五号　昭和二十五年十一月
名古屋市『名古屋城物語』名古屋市役所　昭和三十四年一月
名古屋市『名古屋城史』名古屋市役所　昭和三十四年十月
名古屋市文化財調査保存委員会『名古屋城紀聞』昭和三十六年三月
山田秋衛『特別史蹟名古屋城』財団法人名古屋城振興協会　昭和四十一年五月
服部鉦太郎『写眞図説 明治の名古屋―世相編年事典―』泰文堂　昭和四十三年六月
城谷久『名古屋城と天守建築』(日本城郭史研究叢書六巻) 名著出版　昭和五十六年八月
水谷盛光「伝・柿木金助の墓」覚書（補遺）郷土文化四十巻二号　昭和六十年十二月
水谷盛光「金鯱盗難事件の真相考説」郷土文化四十巻二号　昭和六十年十二月
森山栄一「金鯱献上―維新後の名古屋城」『城・天下人への夢馳せる群雄の城』所収　毎日新聞社　平成八年十二月
角山幸洋『ウィーン万国博の研究』関西大学出版部　平成十二年三月
井上章一『名古屋と金シャチ』NTT出版　平成十七年三月
木下直之『明治維新と名古屋城―金鯱・天守の行方』(講座日本美術史六巻) 東京大学出版会　平成十七年四月

第二章

大日本雄弁会・講談社編『大正大震災大火災』講談社　大正十二年十月
内務省社会局『大正震災志 付録』大正十五年二月
「東京教育博物館来観規則」『高等師範学校一覧』所収　明治二十四年四月
東京博物館『東京博物館一覧』大正十三年一月
畑市次郎『東京災害史』都政通信社　昭和二十七年五月
藤口透吾・小鯖英一共著『消防100年史』創思社　昭和四十三年三月
東京国立博物館『法隆寺献納宝物』平成八年十月
東京国立博物館『生まれかわった法隆寺宝物館』平成十一年七月
東京の消防百年記念行事推進委員会編『東京の消防百年の歩み』東京消防庁職員互助組合　昭和五十五年六月
田中真太郎・高山辰三『日本大震災史』有明書房　平成五年十一月
中島陽一郎『関東大震災』雄山閣出版　平成七年二月
東京都江戸東京博物館都市歴史研究室編『関東大震災と安政江戸地震』東京都江戸東京博物館調査報告書第十集　平成十二年三月
博物館建築研究会編『昭和初期の博物館建築』東海大学出版会　平成十九年四月
溝口三郎「私立美術館の雄」（大倉集古館の巻）国立博物館ニュース十三号　昭和二十三年九月
宮下東子「大倉集古館コレクションの礎、その精神」
譲原純子「大倉集古館年譜」
田邊三郎助「大倉集古館・美術品収集の軌跡」
以上、図録「大倉集古館の名宝」所収　平成十九年八月

第三章

京都国立博物館『京都国立博物館百年史』第四章　恩賜京都博物館の時代　平成九年十月
村井敏邦『民衆から見た罪と罰』龍谷大学矯正・保護研究センター叢書第三巻　平成十七年四月
三田村鳶魚「鼠小僧の正体」『三田村鳶魚全集』十四巻所収　中央公論社　昭和五十年八月

第四章

小川晴暘『正倉院の研究』飛鳥園　昭和四年十一月
「内外博物館ニュース・博物館の盗難」博物館研究四巻七号　昭和六年七月
「内外博物館ニュース・三井寺の盗難」博物館研究五巻五号　昭和七年五月
「内外博物館ニュース・盗難御物の修理」博物館研究五巻五号　昭和七年五月
　一記者「博物館の盗難」博物館研究五巻五号　昭和七年五月
正木直彦『十三松堂閑話録』相模書房　昭和十二年三月
「博物館ニュース・博物館の盗難」博物館研究十一巻四号　昭和十三年四月
「博物館ニュース・博物館・宝物殿の盗難について」博物館研究十一巻十一号　昭和十三年十一月
日本博物館協会調査部「博物館の盗難予防に冠する施設」博物館研究十三巻六号　昭和十五年六月
「博物館彙報・国宝の盗難」博物館研究十六巻七号　昭和十八年七月
「博物館彙報・東大寺の逸品還る」博物館研究十六巻十一号　昭和十八年十一月
「博物館彙報・日光国宝窃盗犯捕まる」博物館研究十七巻六・七号　昭和十九年七月
小川賜誠編『正倉院』高桐書院　昭和二十一年十月
岩附一雄『犯罪手口の研究』警察時報社　昭和二十三年九月
上野森介「ホラ信と金銅佛・博物館盗難ものがたり」国立博物館ニュース第四十八号　昭和二十六年五月
青柳淳郎編『明治九十九年世相・事件』オリオン社　昭和四十年十二月

三田村鳶魚「江戸の白浪」『三田村鳶魚全集』第十四巻所収　中央公論社　昭和五十年八月
カール・マイヤー著・小沢義雄訳『美術泥棒の世界』河出書房新社　昭和五十一年六月
矢内原伊作・清滝英広『古寺巡礼・京都広隆寺』株式会社淡交社　昭和五十二年五月
安達健二『文化庁事始』東京書籍ＫＫ　昭和五十三年十一月
種村季弘「モナ・リザをめぐる三人の泥棒」『泥棒の事典』所収　昭和五十四年
千足伸行監修『ロートレック展カタログ 1982-1983』アート・ライフ　昭和五十七年
沖野舜二『文化財保護物語』教育出版センター　昭和五十九年十月
南博編『近代庶民生活誌』第十五巻・第十六巻　三一書房　平成三年二月
芸術新潮編集部著『国宝』新潮社　平成五年三月
泥棒研究会『盗みの文化誌』青弓社　平成七年二月
大島一洋『芸術とスキャンダルの間―戦後美術事件史』講談社現代新書　平成十八年八月
塩崎幸夫「文書館・史料館めぐり　上田市立博物館」日本歴史七二九号　平成二十一年二月

第五章

帝室博物館『帝室博物館略史』昭和十三年十一月
斉藤隆三『日本美術院史』創元社　昭和十九年三月
朝日新聞社『原色明治百年美術館』昭和四十二年四月
浦崎永錫『日本近代美術発達史』（明治編）東京美術　昭和四十九年七月
社団法人日展『日展七十年記念展』光琳社出版　昭和五十三年十月
細野正信「日本美術院前史」『日本美術院百年史』一巻上所収　平成元年四月
佐藤道信「展覧会芸術について」『日本美術全集』二十一巻所収　平成三年四月
財団法人日本美術院・日本経済新聞社編『再興・日本美術院八十年記念展』平成五年

ＮＨＫプロモーション編『再興院展九十回の歩み』平成十七年十月

第六章

鷲塚泰光「博物館の防災事例及び対策」第二十七回全国博物館大会報告書所収　昭和五十五年三月
日本博物館協会「阪神大震災における博物館の被害状況について」（特報一）博物館研究三十巻二号　平成七年二月
国土庁防災局編『防災基本計画』大蔵省印刷局　平成七年八月
全国美術館会議事務局編『阪神大震災　美術館・博物館総合調査』報告Ⅰ　平成七年九月
宇野文男「阪神大震災と国立民族学博物館」民博通信第七十号　平成七年十月
日本博物館協会『博物館の防災方策に関する調査研究報告書』平成八年度
消防庁『阪神・淡路大震災の記録』一巻～三巻・別巻　ぎょうせい　平成八年一月
中島徳博「阪神大震災と美術館」博物館研究三十一巻二号　平成八年二月
勝盛典子ほか「阪神・淡路大震災による被害と復旧」神戸市立博物館研究紀要第十二号　平成八年三月
全国美術館会議事務局『阪神大震災　美術館・博物館総合調査』報告Ⅱ　平成八年五月
丹青研究所「特集・文化財の展示と地震」Museum Data　三十三号　平成八年七月
村井勇『兵庫県南部地震と博物館』博物館研究三十二巻六号　平成九年六月
加藤邦男『阪神・淡路大震災と歴史的建造物』思文閣出版　平成十年二月
文化財保存修復学会編『文化財は守れるか？―阪神・淡路大震災を検証する―』クバプロ　平成十一年六月

第七章

「本格始動・九十九里サロン―いわし博物館再建も」千葉日報　平成二十一年一月

第八章

文部省社会教育局社会教育施設課『第一回博物館大会報告書』昭和二十八年十二月
文部省社会教育局社会教育施設課『第六回博物館大会報告書』昭和三十三年十二月
第八回全国博物館大会委員会『第八回全国博物館大会報告書』昭和三十六年三月
第九回全国博物館大会委員会『第九回全国博物館大会報告書』昭和三十七年三月
大阪市教育委員会『第十一回全国博物館大会報告』昭和三十九年一月
社団法人日本博物館協会『第十三回全国博物館大会報告』昭和四十一年三月
社団法人日本博物館協会『第十四回全国博物館大会報告』昭和四十二年一月
社団法人日本博物館協会『第十五回全国博物館大会報告』昭和四十二年十二月
第十六回全国博物館大会委員会『第十六回全国博物館大会報告』昭和四十四年一月
第十七回全国博物館大会委員会『第十七回全国博物館大会報告』昭和四十五年三月
第十八回全国博物館大会委員会『第十八回全国博物館大会報告』昭和四十六年三月
社団法人日本博物館協会『第十九回全国博物館大会報告』昭和四十七年三月
社団法人日本博物館協会『第二十回全国博物館大会報告』昭和四十八年二月
社団法人日本博物館協会『第二十一回全国博物館大会報告』昭和四十九年三月
社団法人日本博物館協会『第二十二回全国博物館大会報告』昭和五十年三月
社団法人日本博物館協会『第二十三回全国博物館大会報告』昭和五十一年一月
社団法人日本博物館協会『第二十四回全国博物館大会報告』昭和五十二年三月
社団法人日本博物館協会『第二十五回全国博物館大会報告』昭和五十三年三月
社団法人日本博物館協会『第二十六回全国博物館大会報告』昭和五十四年三月
社団法人日本博物館協会『第二十七回全国博物館大会報告』昭和五十五年三月
社団法人日本博物館協会『第二十九回全国博物館大会報告』昭和五十七年三月

社団法人日本博物館協会『第三十回全国博物館大会報告』昭和五十八年三月
齋藤温次郎『財団法人齋藤報恩会のあゆみ―財団八十五年・博物館七十五年―』平成二十一年一月
小見秀男・戸根与八郎「新潟県中越地震における博物館の被災状況について」博物館研究四十巻六号　平成十七年六月
竹内俊道「新潟県中越地震における長岡市立科学博物館の被災状況について」博物館研究四十巻八号　平成十七年八月
松下忠洋「新潟県中越地震における十日町市博物館の対応」博物館研究四十巻八号　平成十七年八月
青柳俊弘「防災と国創り」株式会社山海堂　平成十七年三月
九州国立博物館・新潟県津南町教育委員会監修「新潟県中越大地震復興一周年にあたって」博物館研究四十一巻一号　平成十八年一月
『よみがえる被害　火焔型土器』―新潟県中越地震で被災した津南町所蔵の縄文土器の修復記録―　平成十七年五月
文化財保存修復学会『私たちの文化財を救え』株式会社クバプロ　平成十九年一月

付録1　戦前の全国博物館大会一覧

回	開催日	開催地	諮問及び提出議題等
	全国博物館施設并類似施設主任者協議会		
1	昭和4年5月22、23日	東京芝公園 日本赤十字社参考館	現時の我が国情に鑑み博物館の普及発達に関し適当なる方策如何 地方博物館并類似施設の促進完成に関する方案、博物館并類似施設を最も有効に利用せしむる方案他
	第二回全国公開実物教育機関主任者協議会		
2	昭和5年10月18日、19日	東京神田教育会館	現時の趨勢に鑑み博物館等の施設をして教育上一層有効ならしむる具体的方法如何、外遊外客に対し博物館として如何なる施設ありや、その改善を要するものあらば改善策如何 学校に公開博物館を附設せんとするには如何なる方策に出づべきか
	第三回全国博物館大会		
3	昭和6年6月6、7日	上野公園内 東京科学博物館	博物館事業を公衆に理解せしむる適切なる方策如何 本邦郷土博物館施設の最も適切なる方策 図書館学校等に附設せる郷土資料室を博物館として公開する最善の方法
4	昭和7年6月18、19日	上野公園内 東京科学博物館	博物館に関する法令制定に当り留意すべき事項如何（文部省） 郷土博物館設置の適当なる地域設立者及び管理者如何
5	昭和8年5月6、7日	上野公園内 東京科学博物館	時局に鑑み博物館として特に留意すべき事項如何（文部省） 博物館の館外貸出事業促進の方策 一地方に於ける博物館の連絡並びに統制に関する方策（博物館協会）
6	昭和9年10月6～8日	上野公園内 東京科学博物館	博物館令を急速に制定せられたき件 国定教科書中に博物館類に関する記事を採録せられたき件（文部大臣建議） 博物館週間を有効適切ならしむる方策如何（博物館協会） 町村郷土資料館の設備経営に関し適切なる法案如何（文部省）
7	昭和11年10月8～10日	大阪府浜寺公園 富民協会農業博物館 大阪市四天王寺公園大阪美術館	博物館その他の教育的観覧施設の連絡提携に関する方策如何
8	昭和12年10月6～8日	仙台市斎藤報恩会博物館	（無期延期）
8	昭和13年9月21～23日	仙台市斎藤報恩会博物館	時局に鑑み博物館の行ふべき具体的施設如何（文部省） 支那博物館の保護管理に関する建議案（博物館協会）

9	昭和14年11月11～13日	上野公園内 東京帝室博物館	博物館法令制定に関し当局へ本大会希望決議要項の具申（博物館協会） 博物館従業員養成機関設置に関する建議案（博物館協会） 新東亜文化施設として本邦の博物館対策（博物館協会）
10	昭和15年11月8、9日	上野公園内 東京科学博物館	（主催者からの申達により中止）
日本博物館協会総会			
	昭和16年11月27日	上野公園内 東京科学博物館	
博物館従業員講習会			
	昭和16年11月27日～12月1日	上野公園内 東京科学博物館	文部省、日本博物館協会主催
10	昭和17年11月16、17日	上野公園内 東京帝室博物館	大東亜共栄圏建設に即応して博物館の採るべき方策如何（文部省） 時局下博物館宣伝の最有効方策如何 博物館員の養成並再教育に関する施策如何（博物館協会）
11	昭和18年10月30、31日	上野公園内 東京帝室博物館	時局下戦力増強に資するため博物館に於いて実施すべき事業如何 空襲に対する博物館所蔵品の保管方法如何（博物館協会）

付録2　戦後の全国博物館大会一覧

回数	開催期間	開催場所	主催・共催等
1	昭和28年12月3日～5日	東京国立博物館・国立科学博物館	文部省・(社)日本博物館協会
2	昭和29年11月9日～11日	香川県高松市	文部省・(社)日本博物館協会・香川県教育委員会・高松市教育委員会
3	昭和30年11月19日～21日	東京国立博物館・国立科学博物館	文部省・東京都教育委員会・東京都・(社)日本博物館協会
4	昭和31年11月14日～17日	奈良県天理市天理大学	文部省・(社)日本博物館協会・奈良県教育委員会・天理市教育委員会
5	昭和32年7月2日～5日	北海道釧路市立教育研究所	文部省・北海道教育委員会・釧路市教育委員会・(社)日本博物館協会
6	昭和33年11月17日～19日	東京国立博物館・国立科学博物館・上野動物園	文部省・東京都教育委員会・東京都・(社)日本博物館協会
7	昭和34年10月4日～7日	長崎市国際文化会館	文部省・長崎県教育委員会・長崎市教育委員会・(社)日本博物館協会
8	昭和35年11月28日～30日	横浜市開港記念会館	(社)日本博物館協会・神奈川県博物館協議会・神奈川県・神奈川県教育委員会・横浜市・横浜市教育委員会
9	昭和36年9月5日～8日	新潟市大和百貨店ホール・佐渡博物館	(社)日本博物館協会・新潟県博物館協議会・新潟県・新潟県教育委員会・新潟市・新潟市教育委員会
10	昭和37年9月24日～26日	東京都文化会館	(社)日本博物館協会／後援：文部省
11	昭和38年10月17日～19日	大阪市立美術館・大阪市立博物館	(社)日本博物館協会・大阪市・大阪市教育委員会
12	昭和39年11月25日～27日	東京逓信総合博物館	(社)日本博物館協会／後援：文部省
13	昭和40年11月25日～27日	東京国立博物館・国立科学博物館	(社)日本博物館協会／後援：文部省
14	昭和41年9月27日～30日	北海道函館市民会館・市立函館博物館	(社)日本博物館協会・北海道博物館協会・北海道教育委員会・函館市教育委員会
15	昭和42年6月27日～30日	名古屋市教育館・愛知県文化会館・市立名古屋科学館	(社)日本博物館協会・愛知県博物館協会・愛知県・愛知県教育委員会・名古屋市・名古屋市教育委員会
16	昭和43年10月29日～11月1日	東京国立博物館・国立科学博物館	(社)日本博物館協会・東京都博物館協議会・東京都教育委員会
17	昭和44年10月1日～4日	山口県自治会館・山口県立博物館・秋吉台科学博物館・徳山市動物園・山口県福祉会館	(社)日本博物館協会・山口県・山口県教育委員会・山口市・山口市教育委員会・徳山市・徳山市教育委員会・秋芳町・秋芳町教育委員会・山口県博物館協会

18	昭和45年10月6日〜9日	長野県信濃美術館・長野市中央公民館・長野県勤労者福祉センター	(社)日本博物館協会・長野県・長野県教育委員会・長野市・長野市教育委員会・長野県博物館協議会
19	昭和46年10月25日〜28日	横須賀市文化会館・横須賀市博物館	(社)日本博物館協会・神奈川県博物館協会・横須賀市教育委員会
20	昭和47年9月19日〜22日	北海道自治会館・北海道開拓記念館・札幌円山動物園・北海道立美術館・小樽市青少年科学技術館	(社)日本博物館協会・北海道博物館協会
21	昭和48年11月12日〜14日	兵庫県民会館・兵庫県立近代美術館・神戸市南蛮美術館他	(社)日本博物館協会・兵庫県博物館協会
22	昭和49年10月2日〜4日	静岡県民会館・静岡県教育会館	(社)日本博物館協会・静岡県博物館協会
23	昭和50年10月27日〜29日	東京国立博物館・国立科学博物館・国立西洋美術館	(社)日本博物館協会・東京都博物館協議会
24	昭和51年10月18日〜20日	飛騨体育館・高山グリーンホテル	(社)日本博物館協会・岐阜県博物館協会・高山市
25	昭和52年9月22日〜24日	救世熱海美術館	(社)日本博物館協会・救世熱海美術館
26	昭和53年11月20日〜22日	科学技術館・国立教育会館	(社)日本博物館協会・(社)日本博物館協会東京支部（50周年記念式典）
27	昭和54年9月20日・21日	仙台市民会館	(社)日本博物館協会・(社)日本博物館協会東北支部
28	昭和55年10月7日〜9日	熊本市民会館	(社)日本博物館協会
29	昭和56年11月5日〜7日	科学技術館	(社)日本博物館協会・東京都博物館協議会・(社)日本博物館協会東京支部
30	昭和57年11月5日・6日	松山市立子規記念博物館	(社)日本博物館協会・四国地区博物館協議会・愛媛県博物館協会
31	昭和58年10月13日・14日	新潟県民会館・新潟会館	(社)日本博物館協会・新潟県博物館協議会
32	昭和59年10月3日・4日	盛岡市中央公民館	(社)日本博物館協会・岩手県・岩手県教育委員会・盛岡市・盛岡市教育委員会
33	昭和60年11月5日・6日	MOA美術館（熱海市）	(社)日本博物館協会・MOA美術館／後援：静岡県教育委員会
34	昭和61年11月13日・14日	福岡県立博物館・都久志会館	(社)日本博物館協会・福岡県・福岡県教育委員会・福岡市・福岡市教育委員会
35	昭和62年10月6日・7日	釧路市オリエンタルホテル・福祉会館	(財)日本博物館協会・釧路市・釧路市教育委員会・北海道博物館協会
36	昭和63年11月10日・11日	宇都宮市栃木会館	(財)日本博物館協会・栃木県・栃木県教育委員会・宇都宮市・宇都宮市教育委員会・栃木県博物館協会

37	平成元年11月9日・10日	名古屋市電気文化会館	（財）日本博物館協会・愛知県・愛知県教育委員会・名古屋市・名古屋市教育委員会・愛知県博物館協会
38	平成2年10月26日・27日	石川県社会教育センター	（財）日本博物館協会・石川県・石川県教育委員会・金沢市・金沢市教育委員会・石川県博物館協議会
39	平成3年12月9日・10日	国立教育会館・東京国立博物館	（財）日本博物館協会・日本博物館協会東京支部・東京都博物館協議会
40	平成4年11月5日・6日	徳島県立博物館・徳島県郷土文化会館	（財）日本博物館協会・徳島県・徳島県教育委員会・徳島市・徳島市教育委員会
41	平成5年10月20日・21日	札幌市教育文化会館・北海道開拓記念館	（財）日本博物館協会・日本博物館協会北海道支部・北海道博物館協会／後援：文部省・北海道・北海道教育委員会・札幌市・札幌市教育委員会
42	平成6年11月10日・11日	神戸市産業振興センター・神戸市青少年科学館	（財）日本博物館協会・兵庫県・兵庫県教育委員会・神戸市・神戸市教育委員会・兵庫県博物館協会
43	平成7年10月26日・27日	弘前文化センター・弘前市立博物館	（財）日本博物館協会・青森県・青森県教育委員会・弘前市・弘前市教育委員会・日本博物館協会東北支部・青森県博物館協議会
44	平成8年11月6日・7日	神奈川県民ホール	（財）日本博物館協会・神奈川県・神奈川県教育委員会・横浜市・横浜市教育委員会・神奈川県博物館協会・日本博物館協会東海支部
45	平成9年11月5日・6日	広島市アステールプラザ	（財）日本博物館協会・広島県・広島県教育委員会・広島市・広島市教育委員会・日本博物館協会中国支部
46	平成10年11月5日・6日	茨城県立県民文化センター	（財）日本博物館協会・茨城県・茨城県教育委員会・水戸市・水戸市教育委員会・日本博物館協会関東支部
47	平成11年11月15日・16日	福岡市アクロス・福岡イベントホール	（財）日本博物館協会・福岡県・福岡県教育委員会・福岡市・福岡市教育委員会・日本博物館協会九州支部・九州国立博物館誘致推進本部
48	平成12年11月9日・10日	仙台市民会館	（財）日本博物館協会・宮城県・宮城県教育委員会・仙台市・仙台市教育委員会・日本博物館協会東北支部・宮城県博物館等連絡協議会
49	平成13年11月15日・16日	千葉県教育会館	（財）日本博物館協会・千葉県・千葉県教育委員会・千葉市・千葉市教育委員会・日本博物館協会関東支部・千葉県博物館協会
50	平成14年11月13日～15日	宮崎観光ホテル	（財）日本博物館協会・宮崎県・宮崎県教育委員会・宮崎市・宮崎市教育委員会・日本博物館協会九州支部・宮崎県博物館等連絡協議会
51	平成15年11月6日・7日	大阪歴史博物館	（財）日本博物館協会・大阪府・大阪府教育委員会・大阪市・大阪市教育委員会・日本博物館協会近畿支部
52	平成16年11月18日・19日	新潟市朱鷺メッセ（新潟中越地震のため中止）	（財）日本博物館協会・新潟県・新潟県教育委員会・新潟市・新潟市教育委員会・日本博物館協会北信越支部

53	平成17年11月17日・18日	東京都江戸東京博物館	(財）日本博物館協会・東京都教育委員会・東京都博物館協議会・日本博物館協会東京支部・東京都江戸東京博物館
54	平成18年11月16日・17日	長崎市民会館・長崎歴史文化博物館・長崎県美術館	(財）日本博物館協会・長崎県・長崎県教育委員会・長崎市教育委員会・長崎県博物館協議会
55	平成19年11月18日・16日	ホテルニューオータニ長岡・新潟県立近代美術館・新潟県立歴史博物館	(財）日本博物館協会・新潟県・新潟県教育委員会・長岡市・長岡市教育委員会・新潟県博物館協議会・日本博物館協会北信越支部
56	平成20年11月20日・21日	島根県民会館	(財）日本博物館協会・島根県・島根県教育委員会・松江市・松江市教育委員会・しまねミュージアム協議会

付録3　日本博物館の災害・事件史　略年表

年号	月日	事項
明治元年（一八六八）	3月28日	明治新政府、神仏分離令を布告する。
	5月15日	上野山内の土地を新政府が接収する。
	7月17日	江戸を東京と改称し東京府を置く。
明治2年	2月13日	上野山内を開放し庶民の遊覧に供す。
	12月17日	大学校を「大学」と改称する。開成所を「大学南校」、医学校を「大学東校」と称する。
明治3年	9月6日	大学南校に「物産局」を設ける。
明治4年	2月29日	大学が三番薬園で博覧会を開く計画が許可される。
	5月14日	大学南校物産局、招魂社の境内で「物産会」を開く。
	5月23日	太政官が「古器旧物保存方」を布告する。
	7月14日	廃藩置県の詔書を出す。
	7月18日	大学を廃し新たに「文部省」を置く。
	7月21日	大学東校・大学南校を文部省直轄とし、単に「東校」「南校」と改称する。
	7月29日	太政官制を改め、正院、左院、右院をおく。
	9月29日	文部省に博物局を置く。
	10月4日	大成殿を文部省博物局の展観場と定める。
明治5年	1月8日	太政官正院に「博覧会事務局」を設置する。
	3月10日	文部省博物局が主催し、我が国で最初の官設博覧会を湯島聖堂で開く。
	6月6日	文部省博物館において古金十九枚紛失する。
	8月12日	宝物調査のため正倉院を開封する。
	9月12日	新橋、横浜間、鉄道が開通する。
	12月3日	改暦により、明治六年一月一日の陽暦となる。
明治6年	3月19日	博覧会事務局、文部省の博物局・博物館・書籍館・小石川薬園を併合する。

	3月25日	東京府が浅草寺、上野寛永寺、芝増上寺、深川富岡八幡、王子飛鳥山の五ヶ所を公園と定め大蔵省へ上申する。
	4月15日	博覧会事務局（山下門内博物館）初めて〝博覧会〟を開く（7月31日終了）。
	5月1日	ウィーン万国博覧会開催される（11月2日まで）。
	7月28日	地租改正条例を布告する。
	11月10日	太政官布告により「内務省」設置される。
明治7年	3月13日	フランス船ニール号　香港を出航、横浜へ向う。
	3月20日	フランス船ニール号　伊豆下田沖で座礁、沈没する。
	4月14日	金鯱横浜に到着、その後名古屋へ回送する。
	5月1日	名古屋博覧会、東本願寺名古屋別院で開催する（6月10日まで）。
	6月16日	金沢博覧会、兼六園内東別院で開館する（7月31日まで）。
明治8年	2月2日	山下門内博物館、一・六日以外に日曜日も開館することとなる。
	2月9日	博覧会事務局に併合された博物館、書籍館、小石川薬園など文部省に復帰する。
	3月1日	第四回京都博覧会、京都御所・仙洞御所で開催する（6月8日まで）。
	3月1日	東大寺大仏殿で開かれた第一回奈良博覧会に正倉院宝物を出品する。
	3月30日	博覧会事務局、内務省の所属となり「博物館」と改称される。
	4月8日	文部省所管の博物館を「東京博物館」と改称する。
明治9年	2月24日	太政官布告により内務省所属の博物館のみ「博物館」と称し、その他は「〇〇博物館」と地名などをつけることとなる。
	3月12日	太政官は四月より日曜日を休日とすることについて公布する。
	3月15日	山下門内博物館、「連日開催」で公開する（7月12日終了）。
	4月28日	山下門内博物館に展示していた金鯱の鱗はぎとられる。
	7月18日	第一回内国勧業博覧会を上野公園で内務省の管轄により開くことが布告される。
	12月14日	上野公園の寛永寺本坊跡が内務省博物館の管理となり、新博物館建設の予定地となる。
明治10年	1月26日	東京博物館を「教育博物館」と改称する。
	3月9日	教育博物館は湯島から上野公園内に移転する。

	8月18日	上野公園内に新築した文部省所轄「教育博物館」開館する。
	8月21日	第一回内国勧業博覧会、上野公園内で開催される（11月30日まで）。
明治11年	3月14日	上野公園内寛永寺本坊跡にコンドル設計の新博物館建設工事始まる。
	6月30日	内国勧業博覧会事務局を廃止する。
明治12年	3月15日	山下門内博物館、春の「連日開催」（5月13日まで）。
	10月1日	山下門内博物館、秋の「連日開催」（11月19日まで）。
明治13年	4月1日	第一回観古美術会を上野公園博物局出張所で開く（5月30日まで）。
明治14年	3月1日	第二回内国勧業博覧会を上野公園で開催する（6月30日まで）。
	4月7日	新たに「農商務省」設置される。 内務省博物局及び博物館、農商務省に移管される。
	7月14日	山下門内博物館、上野公園内へ移転のため閉館となる。
	7月27日	教育博物館を「東京教育博物館」と改称する。
明治15年	3月20日	上野公園に新築した農商務省博物館・同附属動物園、開館式を挙行、常時公開始まる。
	10月19日	田中芳男、農商務省博物局長となる。
	12月1日	法隆寺献納宝物、農商務省博物館に収蔵される。
明治18年	12月22日	太政官制を廃し内閣制度を創設する。
明治19年	3月24日	農商務省博物館を宮内省の管理に移す。
明治21年	1月18日	宮内省官吏の博物館、図書寮の附属となる。
	9月27日	宮内省に臨時全国宝物取調局が設置される。
明治22年	5月16日	図書寮附属博物館を廃し、「帝国博物館」「帝国京都博物館」「帝国奈良博物館」を設置する（宮内省達第6号）。
	7月27日	帝国博物館に天産部を設ける。
明治23年	10月15日	勅令により「高等師範学校」が成立する。
	4月1日	第三回内国勧業博覧会、上野公園で開催される（7月31日まで）。
明治25年	6月10日	宮内省に正倉院御物整理掛を置く。

明治28年	4月1日	第四回内国博覧会、京都で開催される（7月31日まで）。
	4月29日	帝国奈良博物館開館する。
明治30年	5月1日	帝国京都博物館開館する。
	6月5日	法律第四十九号により「古社寺保存法」公布される。
	10月31日	臨時全国宝物取調局が廃止される。
明治33年	7月1日	帝国博物館を「東京帝室博物館」帝国京都博物館を「京都帝室博物館」、帝国奈良博物館を「奈良帝室博物館」と改称する。
明治34年	4月15日	東京帝室博物館はパリ万国博出品の古美術品により、第一回特別展覧会を開催する（5月5日まで）。
明治35年	3月28日	高等師範学校附属教育博物館は、「東京高等師範学校附属東京教育博物館」と改称される。
明治36年	3月1日	第五回内国勧業博覧会・大阪で開催される（7月31日まで）。
明治40年	3月20日	「東京勧業博覧会」上野公園で開催する（7月31日まで）。
	6月6日	勅令で「美術審査委員会官制」が発布される。
	6月8日	文部省告示で「美術展覧会規程」が公布される。
	10月25日	第一回文部省美術展覧会（文展）上野公園で開催される（11月20日まで）。
明治41年	5月1日	東京帝室博物館に正倉院宝物掛を置く。
明治42年	5月21日	東京帝室博物館の表慶館開会式を挙行する。
明治44年	3月13日	帝国議会、貴族院と「史跡及び天然記念物に関する建議」を提出可決する。
	5月17日	文部省は「通俗教育調査委員会」を設置し、通俗教育の政策樹立に着手する。
明治45年	7月30日	明治天皇崩御「大正」と改元する。
大正2年（一九一三）	6月13日	古社寺保存会を内務省から文部省に移管する。
大正3年	3月20日	東京大正博覧会、上野公園・青山練兵場で開催する（7月31日まで）。
	6月18日	東京高等師範学校附属東京教育博物館、独立して「東京教育博物館」と称する。
	9月16日	奈良帝室博物館に正倉院掛を置く。
	10月1日	二科会は第一回二科美術展を竹の台陳列館で開催する。

大正4年	4月1日	大阪市立動物園（大阪市立天王寺動物園）開園する。
大正6年	12月25日	森林太郎（鴎外）帝室博物館総長に就任する。
大正7年	5月1日	大倉集古館公開する。
大正8年	4月10日	法律第四十四号により「史跡名勝天然記念物保存法」公布される。
	6月4日	東京教育博物館「災害防止展覧会」を開催する（7月10日まで）。
	10月14日	帝国美術院、第一回美術展覧会（帝展）を開催する。
大正9年	5月16日	東京教育博物館「時展覧会」を開催する（7月4日まで）。
	6月10日	東京教育博物館「第一回時の記念日」を実施する。
大正10年	6月24日	東京教育博物館は「東京博物館」と改称する。
大正11年	3月10日	平和祈念東京博覧会、上野公園で開催される（7月31日まで）。
大正12年	9月1日	午前十一時五十八分関東大震災発生、大倉集古館、建物・資料三千点焼失する。
大正13年	1月26日	皇太子殿下の御成婚記念で上野公園を東京市に下賜する。
	2月1日	京都帝室博物館は京都市に下賜され「恩賜京都博物館」となる。
	6月7日	恩賜京都博物館で陳列品の御物破壊事件発生する。
大正14年	8月15日	東京帝室博物館の「天産課」廃止される。
大正15年	3月26日	竹の台陳列館、内匠寮より文部省に譲渡され、東京博物館上野別館となる。
	5月1日	東京府美術館、上野公園に新築され公開となる。
	12月25日	大正天皇崩御。「昭和」と改元する。
昭和3年（一九二八）	3月6日	東京都美術館で開催中の展覧会で初盗難事件発生する。
	3月24日	大礼記念国産振興東京博覧会、上野公園で開催される（5月27日まで）。
	6月1日	博物館事業促進会『博物館研究』を創刊する。
	10月23日	関東大震災で消失した大倉集古館復興し再公開する。
	11月6日	史跡名勝天然記念物関係行政、内務省から文部省に移管する。
昭和4年	3月28日	法律第十七号により「国宝保存法」公布される。

	5月22日	博物館事業促進会「第一回博物館并類似施設主任協議会」を開催する。
	6月29日	勅令第二百十号により「国宝保存法施行令」公布される。
昭和5年	10月17日	帝国美術院附属美術研究所開所する。
	12月17日	東京帝室博物館建築設計図案懸賞募集規定を公告する。
昭和6年	2月2日	東京博物館は「東京科学博物館」と改称する。
	4月30日	東京帝室博物館建築設計図案懸賞募集締切日。
	11月2日	東京科学博物館、上野公園に新築した飛行機型新館を公開する。
	11月10日	帝室博物館復興翼賛会により、新博物館建設の地鎮祭を行う。
昭和7年	4月14日	東京帝室博物館第七号室から仏像三体盗まれる。
	5月9日	滋賀県三井寺金堂内から懸仏一面、般若経一巻盗まれる。
昭和8年	4月1日	「重要美術品等ノ保存ニ関スル法律」公布される。
昭和10年	6月1日	帝国美術院官制公布される。
昭和11年	7月31日	ベルリンでのＩＯＣ総会で、皇紀二六〇〇年にオリンピック東京開催が決定する。
昭和12年	1月4日	名古屋城、金鯱の鱗五十八枚盗まれる。
	1月27日	名古屋城金鯱盗みの犯人逮捕される。
	3月12日	奈良東大寺三月堂の本尊不空羅索観世音像宝冠前立の化仏などが盗まれる。
	6月24日	「帝国芸術院官制」公布される。
	7月7日	中国北京郊外の盧溝橋で日中両軍が衝突し、日中戦争勃発の端緒となる。
	9月11日	「文部省美術展覧会規則」を制定する。
	12月20日	帝室博物館復興翼賛会の新博物館が竣工し皇室に献納される。
昭和13年	2月20日	神奈川県下の宝物殿で太刀・脇差盗まれる。
	4月1日	「国家総動員法」公布される。
	8月20日	朝鮮平城博物館で楽浪・高句麗王朝時代の出土品二十二点盗まれる。
	8月31日	長野県上田徴古館で具足・太刀盗まれる。

	9月11日	兵庫県鶴林寺宝物館所蔵品が盗まれていることが発見される。
	11月10日	東京帝室博物館の本館公開される。
昭和14年	11月17日	日本動物園協会（現・日本動物園水族館協会）が発足する。
昭和15年	10月17日	紀元二千六百年記念式典行われる。
	11月5日	正倉院御物特別展を東京帝室博物館で開催（初めての一般公開）。
昭和16年	5月31日	日光東照宮宝物館から国宝三点、重要美術品九点盗まれる。
	8月11日	上野動物園「動物園非常処置要綱」を制定する。
	8月18日	東京帝室博物館は法隆寺献納宝物などを奈良帝室博物館へ疎開させる。
	12月8日	日本の機動部隊、ハワイ真珠湾を空襲する。米英両国に宣戦布告。「資源科学研究所官制」が公布される。
昭和17年	2月15日	日本軍シンガポールを占領、昭南市と改称する。
	6月5日	ミッドウェー海戦、敗戦への転機となる。
	11月1日	「大東亜省」設置される。
昭和18年	7月5日	東京市は東京府と合併し「東京都」となる。
	9月10日	鳥取地震発生する。
昭和19年	3月6日	新聞の夕刊廃止される。
	7月18日	東条英機内閣総辞職。
	8月15日	軍需省、精密兵器生産用にダイヤモンド買上げ開始する。
	9月28日	内閣情報局は公募展禁止などの美術展覧会取締要綱を発表する。
	12月15日	大東亜博物館設立準備委員会官制が公布される。
昭和20年	2月19日	米軍、硫黄島に上陸、守備隊全滅（戦死二万三千人）。
	3月10日	東京大空襲、江東地区全滅（死者十万人）。
	3月14日	大阪空襲（焼失十三万戸）
	4月1日	米軍・沖縄本島に上陸する。
	7月10日	奈良帝室博物館閉館する。

	8月6日	広島に原子爆弾投下される。
	8月9日	長崎に原子爆弾投下される。
	8月15日	日本、ポツダム宣言を受諾する。第二次世界大戦終了。
	11月6日	重要美術品などの認定並びに名勝天然記念物の指定事務開始する。
	11月12日	GHQ、美術品・記念建造物および文化的・宗教的遺跡並びに施設の保護に関する方針および措置について覚書を発する。
	12月5日	奈良帝室博物館、戦後の一般公開始める。
	12月15日	GHQ、国家神道の禁止を指令する。
昭和21年	3月24日	東京帝室博物館　戦後の一般公開始める。
	10月21日	奈良帝室博物館で第一回正倉院展を開催する（11月9日まで）。
	11月11日	全国博物館同種施設協議講習会を東京で開催する。
昭和22年	4月5日	東京科学博物館は、別館の緊急復旧を文部大臣に懇請する。
	5月3日	帝室博物館が国に移管され「国立博物館」となり、奈良帝室博物館は「国立博物館分館」となる。
	6月17日	上野動物園は「東京都恩賜上野動物園」と改称する。
昭和24年	1月26日	法隆寺金堂の失火により、飛鳥芸術の壁画焼失する。
	6月10日	法律第二〇七号により「社会教育法」公布される。
	7月3日	「日本芸術院令」公布される。
	11月28日	国立科学博物館の別館（旧・竹の台陳列館）自然倒壊す。
昭和25年	5月30日	「文化財保護法」公布される。文化財保護委員会設置される。
	10月13日	「文化財専門審議会令」制定される。
昭和26年	12月1日	法律第二八五号により「博物館法」公布される。
	12月10日	国立近代美術館設置準備会が国立近代美術館開設を答申する。
	12月24日	恩賜京都博物館の国立移管が決定する。
昭和27年	2月1日	国際博物館会議（ＩＣＯＭ）日本国内委員会の加盟承認される。
	3月20日	「博物館法施行令」公布される。

	3月25日	国立博物館は「東京国立博物館」となる。
	4月1日	恩賜京都博物館は「京都国立博物館」となる。
	8月1日	東京国立博物館奈良分館は「奈良国立博物館」となる。
	12月1日	国立近代美術館開館する。
昭和28年	12月3日	戦後の第一回全国博物館大会、上野公園内の東京国立博物館で開催する。
	12月4日	「松方コレクション受け入れについて」閣議了解され、文部省に「フランス美術館」（仮称）設置準備協議会設けられる。
昭和29年	5月29日	東京文化財研究所、奈良文化財研究所を東京国立文化財研究所、奈良文化財研究所と改称する。
	7月1日	重要無形文化財・重要民俗資料指定制度発足する。
昭和30年	1月26日	第一回文化財防火デーの実施。
	2月3日	重要民俗資料の第一回指定を行う。
	2月15日	重要無形文化財の第一次指定及び同保持者の認定を行う。
	10月4日	「博物館法施行規則」を定める。
昭和33年	5月1日	国立西洋美術館を設置する。
昭和34年	6月13日	国立西洋美術館開館する。
昭和35年	9月1日	六月十七日の閣議で毎年「九月一日」を「防災の日」とする。
昭和36年	4月16日	「財団法人資源科学研究所」発足する。
	11月15日	「災害対策基本法」公布される。
昭和37年	11月1日	東京国立博物館創立九十周年記念式典及び法隆寺宝物館落成記念式典挙行される。
昭和40年	10月24日	東寺宝物館一般公開始める。
昭和41年	11月11日	明治一〇〇年記念準備会議は、記念事業として「国立歴史民俗博物館の建設」を採択する。
昭和42年	6月1日	国立近代美術館京都分館、独立して「京都国立近代美術館」となる。
昭和43年	6月15日	文化財保護委員会廃止され「文化庁」に改組される。
	10月11日	東京国立博物館東洋館開館する。
	12月27日	京都国立近代美術館で開催中のロートレック展で「マルセル」盗まれる。

昭和45年	3月14日	日本万国博覧会開会式を挙行する（9月15日まで）。
	12月18日	「飛鳥地方における歴史的風土及び文化財の保存等に関する方策について」閣議決定。
昭和46年	2月9日	国立歴史民俗博物館（仮称）基本構想委員会発足する。
昭和48年	11月30日	文部省告示第一六四号により「公立博物館の設置及び運営に関する基準」を定める（平成15年6月廃止）。
昭和49年	4月20日	東京国立博物館で「モナ・リザ展」開催する。
	6月7日	国立大学共同利用機関として「国立民族学博物館」創設される。
	7月16日	国立国際美術館（仮称）設立準備調査会発足する。
昭和50年	6月16日	国立歴史民俗博物館（仮称）基本構想なる。
昭和52年	10月15日	国立国際美術館開館する。
	11月15日	国立民族学博物館開館する。
昭和55年	11月23日	東京国立近代美術館で展示中の梅原龍三郎の名画破壊される。
昭和56年	4月14日	国立大学共同利用機関として「国立歴史民俗博物館」設置される。
昭和57年	5月11日	閣議決定で毎年、防災の日を含む一週間を「防災週間」とする。
昭和58年	3月16日	国立歴史民俗博物館開館式を挙行、公開する。
平成元年（一九八九）	6月28日	国立大学共同利用機構は「大学共同利用機関」と改称される。
平成2年	6月29日	「生涯学習振興のための施策の推進体制等の整備に関する法律」公布される。
平成7年	1月17日	午前五時四十六分　兵庫県南部地震発生する。
	2月17日	「阪神・淡路大震災文化財等救援委員会」が正式に発足する。
	6月4日	文化財科学研究会が「文化財保存修復学会」と改称される。
平成10年	6月10日	「美術品の美術館における公開の促進に関する法律」公布される。
	6月12日	「中央省庁等改革基本法」公布される。
	12月2日	東大寺・正倉院正倉などが世界文化遺産に登録される。
平成11年	7月16日	「独立行政法人適則法」公布される。

	12月22日	法律第一七二号により「独立行政法人国立科学博物館法」公布される。
		法律第一七七号により「独立行政法人国立美術館法」公布される。
		法律第一七八号により「独立行政法人国立博物館法」公布される。
		法律第一七九号により「独立行政法人文化財研究所法」公布される。
平成13年	2月7日	文部科学省独立行政法人評価委員会第一回総会が開催される。
	4月1日	国立科学博物館「独立行政法人国立科学博物館」となる。
		東京国立博物館、京都国立博物館、奈良国立博物館、九州国立博物館は「独立行政法人国立博物館」へ移行する。
		東京国立近代美術館、京都国立近代美術館、国立西洋美術館、国立国際美術館は「独立行政法人国立美術館」へ移行する。
	12月7日	法律第一四八号により「文化芸術振興基本法」公布される。
平成15年	6月6日	文部科学省告示第一一三号により「公立博物館の設置及び運営上の望ましい基準」を定める。
	6月13日	地方自治法一部改正により、指定管理者制度導入される。
	7月16日	「国立大学法人法」公布される。
平成16年	4月1日	国立大学、独立行政法人に移行する。
		大学共同利用機関国立民族学博物館・国立歴史民俗博物館は独立行政法人人間文化研究機構に移行する。
	7月30日	千葉県九十九里町いわし博物館爆発事故発生する。
	10月23日	新潟県中越地震発生する。
平成17年	10月16日	九州国立博物館一般に公開される。
平成19年	1月21日	東京六本木に「国立新美術館」開館する。

付録4　博物館変遷図

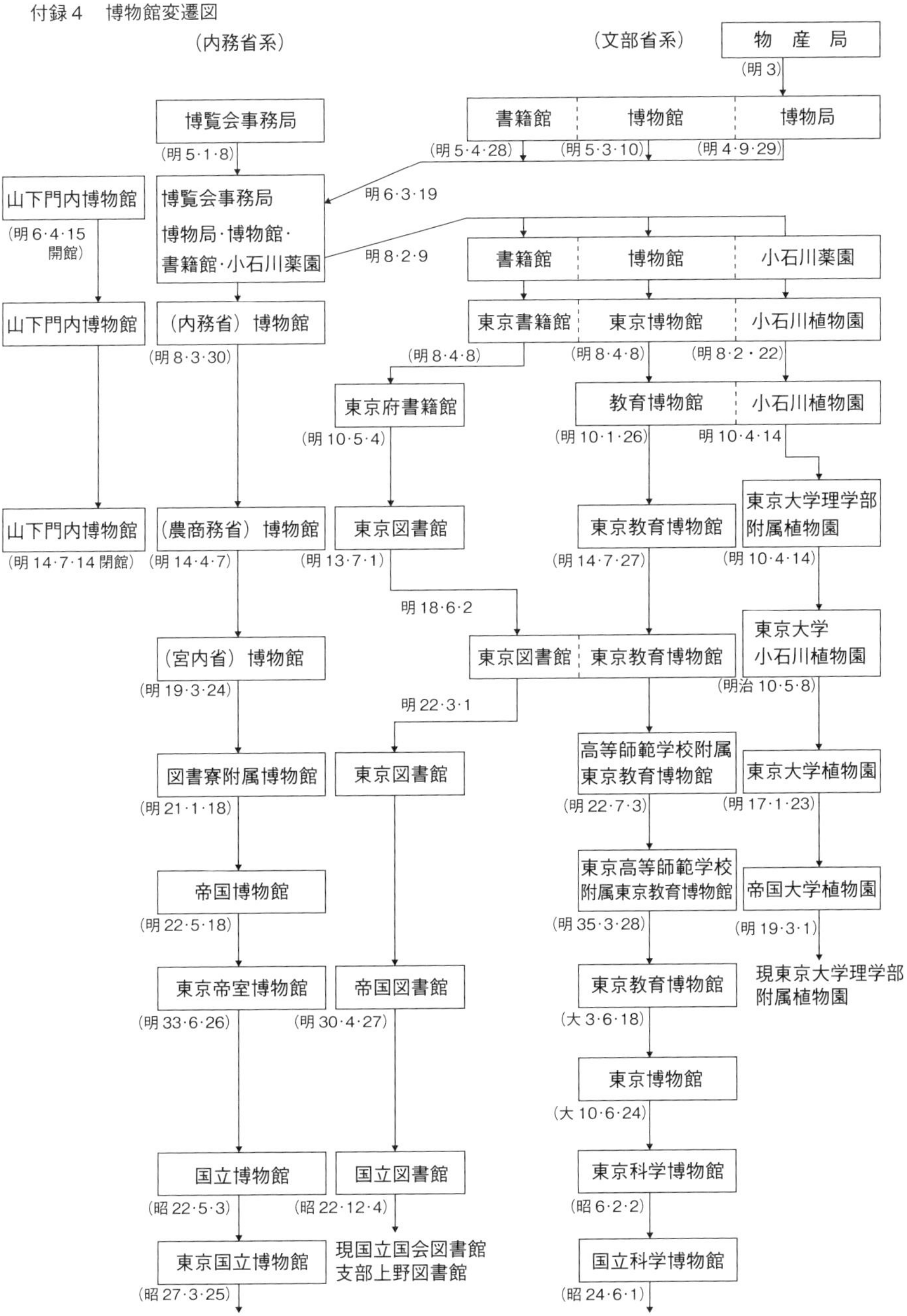

(内務省系)
(文部省系)
物　産　局
(明3)
書籍館
博物館
博物局
博覧会事務局
(明5·1·8)
(明5·4·28)
(明5·3·10)
(明4·9·29)
山下門内博物館
博覧会事務局
博物局·博物館·
書籍館·小石川薬園
明6·3·19
(明6·4·15
開館)
明8·2·9
書籍館
博物館
小石川薬園
山下門内博物館
(内務省) 博物館
東京書籍館
東京博物館
小石川植物園
(明8·3·30)
(明8·4·8)
(明8·4·8)
(明8·2・22)
東京府書籍館
教育博物館
小石川植物園
(明10·5·4)
(明10·1·26)
明10·4·14
東京大学理学部
附属植物園
山下門内博物館
(農商務省) 博物館
東京図書館
東京教育博物館
(明14·7·14 閉館)
(明14·4·7)
(明13·7·1)
(明14·7·27)
(明10·4·14)
明18·6·2
東京大学
小石川植物園
(宮内省) 博物館
東京図書館
東京教育博物館
(明治10·5·8)
(明19·3·24)
明22·3·1
高等師範学校附属
東京教育博物館
図書寮附属博物館
東京図書館
東京大学植物園
(明21·1·18)
(明22·7·3)
(明17·1·23)
東京高等師範学校
附属東京教育博物館
帝国博物館
帝国大学植物園
(明22·5·18)
(明35·3·28)
(明19·3·1)
現東京大学理学部
附属植物園
東京帝室博物館
帝国図書館
東京教育博物館
(明33·6·26)
(明30·4·27)
(大3·6·18)
東京博物館
(大10·6·24)
国立博物館
国立図書館
東京科学博物館
(昭22·5·3)
(昭22·12·4)
(昭6·2·2)
東京国立博物館
現国立国会図書館
支部上野図書館
国立科学博物館
(昭27·3·25)
(昭24·6·1)

※カッコ内の年月日はその機関の設立時。
　無カッコで記入した年月日は統合・分離の時期を示す。

あとがき

本書は、平成二十年（二〇〇八）に発刊する予定で稿をまとめた。それは外国人として、日本に博物館を建設しようとした大シーボルトの次男であるハインリッヒ・フォン・シーボルトの没後百年という節目に当たったからである。ハインリッヒ・フォン・シーボルトは、明治二年（一八六九）に来日し、貿易などに携わっていたが、後にオーストリア・ハンガリー公使館の通訳として活躍した。その間、日本伝来の民俗資料、古代遺跡の調査などで各種の考古学資料の収集にあたり、これらの資料を目黒の自宅において〝博物会〟を開き一般に公開したり、古代人工博物館の設置を提唱している。しかし、こうして博物館を設置し陳列しようとした資料は、明治九年（一八七六）十一月二十九日築地居留地の大火ですべてを焼失し、博物館の設置は夢となった。

ハインリッヒは、外国人としては初めての、日本についての博物館分類表を提示している。その中に

神代より伝えられている宝物や物品が海外へ移出されたり、舞馬《ぶば》の災《わざわい》（火災）で散乱潰毀されているので、今の時に及て早く省慮して之が計をなさざれば古代貴重の物品は地を払ふに至るべし

と記し、博物館が必要であることを説いているのである。私たちは今日に至ってもなお、このことを真摯な態度で受け止めなければならない。

近年、学界の研究発表を見ていると、初めて自分が研究したと報告したものが往々にして見られる。しかし、よく調べてみると、過去の『博物館研究』などに報告されたものがあり、古い文献にも目を通して比較研究などに意を用

いて欲しいと感じることがしばしば見受けられる。文献類に目を通してから発表する。そこから初めて、博物館を理解するということが言えるのではなかろうか。

本書が博物館に親しみ、博物館を理解する上で、少しでも役に立てば幸いである。

なお、本文中には原則として人名に敬称を略させていただいた。

最後になりましたが、執筆にあたり、学友の故島津晴久・岩見見司、聖徳大学川並記念図書館課長戸枝敏郎、同図書館特別学芸員池田重夫、資料の収集にあたっては斎藤報恩会博物館長斎藤温次郎、日本博物館協会には大変ご協力を頂きました。編集に関しては、前編集長宮島了誠、編集部の桑門智亜紀の両氏にお世話になりました。皆様に心からお礼申しあげます。

著者

博物館の災害・事件史

■著者略歴■

椎名　仙卓（しいな・のりたか）

1930年千葉県生まれ。

国学院大学文学部卒。

生涯の大半を東京・上野の国立科学博物館に勤務し、教育普及事業を担当。現在、聖徳大学川並記念図書館副館長。財団法人佐渡博物館参与。千葉県八千代市郷土博物館協議会委員長。

著書
『モースの発掘』恒和出版
『日本博物館発達史』雄山閣
『明治博物館事始め』思文閣出版
『図解博物館史』雄山閣
『大正博物館秘話』論創社
『博物館学Ⅰ・Ⅱ』聖徳大学出版会
『日本博物館成立史―博覧会から博物館へ』雄山閣　他

2010年5月30日　初版発行

著　　者　椎名仙卓
発 行 者　宮田哲男

組版・印刷　株式会社ウエタケ
製　　本　協栄製本株式会社

発 行 所　株式会社 雄山閣
〒102－0071 東京都千代田区富士見2－6－9
振替 00130－5－1685・電話 03（3262）3231

ISBN978－4－639－02132－2 C1030